中南民族大学法学文库

民族地区重点生态功能区建设的法律对策研究

廖 华◎著

中国社会科学出版社

图书在版编目（CIP）数据

民族地区重点生态功能区建设的法律对策研究／廖华著. —北京：
中国社会科学出版社，2021.1
（中南民族大学法学文库）
ISBN 978-7-5203-7786-7

Ⅰ.①民…　Ⅱ.①廖…　Ⅲ.①民族地区—环境保护法—研究—中国
Ⅳ.①D922.684

中国版本图书馆 CIP 数据核字（2021）第 018328 号

出　版　人	赵剑英	
责任编辑	周慧敏　任　明	
特约编辑	芮　信	
责任校对	王佳玉	
责任印制	郝美娜	

出　　　版	中国社会科学出版社	
社　　　址	北京鼓楼西大街甲 158 号	
邮　　　编	100720	
网　　　址	http://www.csspw.cn	
发　行　部	010-84083685	
门　市　部	010-84029450	
经　　　销	新华书店及其他书店	

印刷装订	北京君升印刷有限公司	
版　　　次	2021 年 1 月第 1 版	
印　　　次	2021 年 1 月第 1 次印刷	

开　　　本	710×1000　1/16	
印　　　张	18	
插　　　页	2	
字　　　数	277 千字	
定　　　价	110.00 元	

前　　言

一　问题的缘起、研究意义及创新

（一）问题的缘起

2010 年，国务院发布《全国主体功能区规划》后，民族地区有328
个县级行政区被划入重点生态功能区，占到了民族地区近一半的区域。
从重点生态功能区的建设目标来看，一方面，被划入重点生态功能区的
民族地区不仅获得了转变区域发展模式的机会，也能防止民族地区生态
脆弱区环境的进一步恶化。但重点生态功能区是将生态区划与国土空间
管理相结合的制度创新，其实施也会导致短期内少数民族地区发展机会
的丧失、公共服务的"流失"和地区额外成本的产生；另一方面，限制
发展所产生的环境利益具有外溢性。可见，建设重点生态功能区不仅要
关注环境保护，也要关注环境保护的实施对少数民族地区可能产生的影
响。尤其是在限制部分区域发展、保护环境的政策面前，从公平正义的
角度考量，如何通过法律的利益调控机制均衡区域与整体、个体与社会
之间的利益冲突，从而实现共享发展的理念。

此外，从建设主体的角度看，民族地区建设重点生态功能区是推行
《全国主体功能区规划》这一公共政策，实现中央政府的规划意图和政
策目标，各级政府是政策的实施主体。并且，重点生态功能区将环境管
理融入区域发展、强调在自然生态环境保护下的经济社会发展，其复杂
性和系统性决定了政府行为在建设中的主导作用，因为以逐利为目标的
市场主体不会自发改变自然资源利用方式，需要通过政府行为加以管
制、引导、激励。而在法治社会中，需要法律提供政府行使事权的依
据，也需要法律规范政府行为以防范决策风险。

（二）本研究的意义

第一，尝试建构了一套法律规则体系，规范我国民族地区重点生态功能区的建设。《全国主体功能区规划》作为公共政策，内容偏重行动目标和方向，缺乏具体的义务性规范，没有追责机制，因而不具备约束个体的强制效力。而法律实施以义务人承担法律责任为保障，侧重对个体利益的调节，并通过法的安定性发挥其指导个体行为的功效，实施力高于公共政策。研究通过对现有法律规定进行系统分析，在指出民族地区现行法律体系与建设重点生态功能区法律需求差异的基础上，建构了一套法律规则体系，为民族地区建设重点生态功能区实践提供一个良好的制度范本。

第二，被划入重点生态功能区的民族地区，也是经济发展相对落后的地区，其生态建设及解决环境保护导致经济发展受限制问题的尝试、经验及教训，将会对我国整体地协调环境保护与经济发展关系提供借鉴。近年来，随着污染事件的发生和生态环境的恶化，环境保护和治理问题已经上升到了生态安全的角度，生态文明成为新的发展理念。对民族地区重点生态功能区建设的研究，无疑将为我们提供一些经验，使我国能进一步优化国土空间开发格局、加大自然生态系统和环境的保护力度，从而更好地兼顾保护与发展、效率与公平，推动生态文明建设。

第三，民族地区的发展问题一直以来都是学界的关注点，大量学者进行了长期持续的研究。从传统发展观下的加快资源型工农业的发展，到新时代的生态扶贫、乡村振兴、文化传承，各种观点学说更迭。本书从法学的视角，尝试分析国土空间规划下民族地区建设重点生态功能区的制度因素，将建设重点生态功能区作为一部分民族地区转变发展模式、实现发展目标的途径，并就其制度需求及构建进行理论解释，以期对民族地区发展问题研究提供一个新的思路。

第四，被划入重点生态功能区的民族地区以提供生态产品为主体功能，区内主体为尽可能减少环境资源开发利用而发展权受限，但由于环境利益的溢出性和非排他性，区外主体无偿受益。因此法律对策研究不仅要关注区内环境治理制度，更应关注区内区外环境利益公平分配机制，在着眼于人与自然关系的环境问题法律治理研究中加入了社会公平的维度，丰富了环境治理理论。

（三）本研究的创新性

环境保护和生态修复是重点生态功能区建设的主要核心问题，因此现有相关研究大都围绕环境规制如生态红线制度等进行分析，产业制度也被视为环境规制手段之一，财政转移支付的绩效考核也以县域生态环境质量为考核标准。本书从《全国主体功能区规划》设定的目标入手，分析民族地区重点生态功能区背后体现的通过区域分工提高国土空间开发效率的制度背景，在细致考察重点生态功能区多重发展目标的基础上，发现环境保护并非重点生态功能区建设的唯一目标。研究尝试超越环境规制的分析框架，提出民族地区重点生态功能区的法律制度设计应体现多重价值目标：在改善区域生态环境质量的基础上践行主体功能差异化的发展理念，解决环境保护与经济发展的矛盾，彻底实现这部分民族地区的发展转型。从而在效率优先、兼顾公平、公众参与、民族区域自治这四大原则指导下，进行环境规制、生态补偿、市场激励同时起作用的综合法律制度设计，对民族地区重点生态功能区建设的法律对策进行全面研究。

二　国内外研究综述

（一）国外研究综述

世界范围的生态功能区研究来源于 19 世纪初德国地理学家 Hommever 设想出 4 级地理单元，开创了现代自然区划研究。[①] 19 世纪末美国学者 Merriam 以生物作为自然区划的依据，开始生态区划研究[②]；随后，英国生态学家 Herbertson[③]、Tansley[④]，加拿大生态学家 Crowley[⑤] 的研究奠定了划定生

[①]　傅伯杰、陈利顶、刘国华：《中国生态区划的目的、任务及特点》，《生态学报》1999 年第 5 期。

[②]　C. Hart Merriam, *Life Zones and Crop Zones of the United Stated*, Washington: Gov't Print. Off, 1898, pp. 1-79.

[③]　A. J. Herbertson, The Major Natural Regions: An Essay in Systematic Geography, *The Geographical Journal*, No. 25, p. 300 (1905).

[④]　A. G Tansley, The Use and Abuse of Vegetational Concepts and Terms, *Ecology*, No. 16, p. 284 (1935).

[⑤]　John M. Crowley, Biogeography, *Canadian Geographer*, No. 11, p. 312 (1967).

态区划的理论基础；但直到 1976 年，才由美国生态学家 Bailey 提出生
态区划的概念。① 20 世纪 80 年代起，生态区划研究进入繁荣时期，生
态区划的依据、原则与区划指标、等级及方法等成果丰富。不仅各国将
这些研究成果应用到国内生态区划的划定和分区管理，这些研究也在大
区域尺度上得到应用，如世界野生生物基金组织、联合国粮食与农业组
织的一些区划工作。

　　由于人类活动的因素在生态系统中起作用的程度日渐提升，研究开
始突破以前纯粹自然分区的不足，生态区划研究开始加入新的元素，即
将人类活动因素引入生态区划研究中。如美国生态学家 Bailey②、Rajeev
Kumar③ 开始广泛运用生态分区与生态制图的方法与成果，对区域生态
系统进行综合评价，在综合分析分区后生态系统的自然属性及人为活动
影响的基础上提出制订区域发展规划的依据。针对生态功能区的保护，
经济学研究也成果显著，如 R. H. Coase④ 和 Michael Heller⑤ 根据科斯定
理，从利益博弈的角度提出，生态功能区受益区域应与所在区域形成长
期的生态协作关系，才能遏制所在区域因进行经济开发而导致生态利益
受损。

　　在分区的基础上，一些国家已经开始结合土地利用规划机制保护环
境。Barker Paul D. Jr 分析了美国弗吉尼亚的切萨皮克湾保护法案，该法
案规定的土地使用规划限制一些土地所有者使用他们的土地，提出制订
区域计划和区域土地使用监管，是应对可能破坏大面积自然资源和环境

---

① Bailey Robert G. , *Ecoregions of the United States*, U. S. Government Printing Office, 1976.

② Bailey Robert G. , *Ecoregions of North America*, Technical Report Archive Library, 1981.

③ Rajeev Kumar Jaiswal, J. Krishnamurthy & Saumitra Mukherjee, Regional Study for Mapping the Natural Resources Prospect & Problem Zones Using Remote Sensing and GIS, *Geocarto International*, No. 20, p. 21 (2005).

④ R. H. Coase, The Problem of Social Cost, *The Journal of Law & Economics*, No. 3, p. 1 (1990).

⑤ Michael Heller, The Tragedy of the Anticommons: Property in the Transition from Marx to Markets, *Harvard law review*, No. 111, p. 621 (1998).

质量发展的有效途径。① John R. Nolan 认为旨在保护环境的条款应该添加到地方政府基本土地使用文件如综合计划和分区条例中，并提出了制定这种条例的十个步骤。② 荷兰学者则系统介绍了荷兰空间规划与开发的基础知识，对荷兰的规划系统、规划执行情况进行了描述，并就其中保护环境的内容进行了分析。③

基于环境保护的目的限制土地使用，将会带来多种利益冲突。Ryan K. Danby 和 D. Scott Slocom 提出合作努力是促进保护的关键，从横向分析了不同管理机构之间的合作、核心保护区与其周围受保护较少土地之间的管理合作，从纵向分析了美国州与联邦机构之间相互冲突的管理权限。④ 至于如何处理世居民族利益与自然环境保护的关系，Robert Poirier 和 David Ostergren 结合澳大利亚、俄罗斯和美国国家公园建设中土著人民参与保护区政策制定和管理的作用，提出应消除"原始景观"神话，承认土著人民对自然资源的权利。⑤ Fred Hobma 和 Willem Wijting 则对于土地利用规划造成财产所有者发展权损失，结合荷兰《空间规划法》提出规划补偿权，并提出评估规划索赔权的三个步骤，认为如果采取合理措施可以避免或限制损害，则受害方无权获得损害赔偿。⑥

（二）国内研究综述

重点生态功能区是依据主体功能区规划划分出来的一部分国土空

---

① Barker Paul D. Jr, The Chesapeake Bay Preservation Act: The Problem with State Land Regulation of Interstate Resources, *William and Mary Law Review*, No. 31, p. 735（1990）.

② John R. Nolan, Zoning and Land Use Planning, *Real Estate Law Journal*, No. 36, p. 351（2007）.

③ ［荷］弗雷德·霍马、彼得·扬：《空间规划与开发法导论：荷兰经验》，李林林、谷玮等译，地质出版社 2018 年版。

④ Ryan K. Danby & D. Scott Slocombe, Protected Areas and Intergovernmental Cooperation in the ST. Elias Region, *Natural Resources Journal*, No. 42, p. 247（2002）.

⑤ Robert Poirier & David Ostergren, Evicting People from Nature: Indigenous Land Rights and National Parks in Australia, Russia, and the United States, *Natural Resources Journal*, No. 42, p. 331（2002）.

⑥ Fred Hobma & WillemWijting, Land-Use Planning and the Right to Compensation in the Netherlands, *Washington University Global Studies Law Review*, No. 6, p. 1（2007）.

间，樊杰指出主体功能区划是具有应用性、创新性和前瞻性的一种综合地理区划，也同时是一幅规划未来国土空间的布局总图①；杨伟民等认为主体功能区战略的实施将促使我国经济社会发展真正走上科学发展轨道②；但薄文广等认为主体功能区建设短时期内不会缩小反而可能会加大我国本已不小的区际发展差距③。此外，主体功能区和生态功能区是两个相近概念，任洪源从内涵特征、评价体系、功能作用、管理性质四个方面概括了两者之间的区别④；张媛等从功能作用、作用范围、管理性质三个角度论述两者的不同⑤。这些关于主体功能区的研究成果有助于课题组准确理解主体功能区规划从而科学地界定重点生态功能区的功能和发展目标。

就如何推动重点生态功能区的建设而言，研究成果涵盖地理学、生态学、管理学、应用经济学等领域。如韩永伟等研究构建了重点生态功能区的生态服务及其评估指标体系⑥；李国平基于契约设计的视角，依据委托—代理理论构建了中央政府与县级政府的国家重点生态功能区生态补偿转移支付契约模型⑦；何立环等围绕国家重点生态功能区转移支付资金绩效评估目标，建立了以自然生态指标和环境状况指标为代表的评价指标体系⑧；孔德帅等认为中央政府应在激励合同设计中考虑改变

① 樊杰：《中国主体功能区划方案》，《地理学报》2015 年第 2 期。

② 杨伟民、袁喜禄、张耕田、董煜、孙玥：《实施主体功能区战略，构建高效、协调、可持续的美好家园——主体功能区战略研究总报告》，《管理世界》2012 年第 10 期。

③ 薄文广、安虎森、李杰：《主体功能区建设与区域协调发展：促进亦或冒进》，《中国人口·资源与环境》2011 年第 10 期。

④ 任洪源：《论主体功能区划与生态功能区划的关系》，《天津经济》2007 年第 8 期。

⑤ 张媛、王靖飞、吴亦红：《生态功能区划与主体功能区划关系》，《河北科技大学学报》2009 年第 1 期。

⑥ 韩永伟、高馨婷、高吉喜、徐永明、刘成程：《重要生态功能区典型生态服务及其评估指标体系的构建》，《生态环境学报》2010 年第 12 期。

⑦ 李国平：《国家重点生态功能区生态补偿契约设计与分析》，《经济管理》2014 年第 8 期。

⑧ 何立环、刘海江、李宝林、王业耀：《国家重点生态功能区县域生态环境质量考核评价指标体系设计与应用实践》，《环境保护》2014 年第 12 期。

现有的单一指标考核体系，将有利于揭示区县政府努力程度及外部不确定性的可观测变量纳入考核指标体系中，构建基于相对绩效的激励机制①；罗成书等认为应以"两山"理论指导国家重点生态功能区转型发展②；李斌等探讨了重点生态功能区的土地利用模式③；等等。这些成果为重点生态功能区建设的法学研究提供了制度构建的素材。

　　由于重点生态功能区以提供生态产品为主体功能，必须严格执行生态红线制度并辅之以各种类型的生态补偿，所以法学领域的主要成果是对生态红线制度和生态补偿制度的研究。如王灿发等提出在管控结合、分级保护原则的基础上构筑一套完整的制度体系保障生态红线④；陈海嵩立足现行法律规范，从法律解释和增加立法的角度论述了如何督促相关主体落实生态红线的要求⑤；曹明德结合政策和法律的发展渊源分析生态红线法律责任的雏形，并展望了其中民事、行政、刑事法律的定位和关系⑥。任世丹在搭建重点生态功能保护区生态补偿关系模型的基础上对相应的法律关系加以判明⑦；刘政磐认为我国应增加转移支付资金额度和资金使用的导向性、完善转移支付标准核算公式与方法以及加强财政立法，从而完善重点生态功能区转移支付制度⑧；谭洁指出应通过单行条例规范和促进横向转移支付的发展、改革财政转移支付资金的分

---

① 孔德帅、李铭硕、靳乐山：《国家重点生态功能区转移支付的考核激励机制研究》，《经济问题探索》2017年第7期。

② 罗成书、周世锋：《以"两山"理论指导国家重点生态功能区转型发展》，《宏观经济研究》2017年第7期。

③ 李斌、石永明、赵伟：《重点生态功能区"点上开发、面上保护"土地利用模式探讨》，《重庆工商大学学报》（社会科学版）2019年第1期。

④ 王灿发、江钦辉：《论生态红线的法律制度保障》，《环境保护》2014年第2期。

⑤ 陈海嵩：《"生态红线"的规范效力与法治化路径——解释论与立法论的双重展开》，《现代法学》2014年第4期。

⑥ 曹明德：《生态红线责任制度探析——以政治责任和法律责任为视角》，《新疆师范大学学报》（哲学社会科学版）2014年第6期。

⑦ 任世丹：《重点生态功能保护区生态补偿法律关系研究》，《生态经济》2013年第8期。

⑧ 刘政磐：《论我国生态功能区转移支付制度》，《环境保护》2014年第12期。

配方式、创新财政转移支付资金的使用制度、完善财政转移支付的法律
责任，实现民族地区重点生态功能区财政转移支付法治化。① 这些研究
为将重点生态功能区建设从公共政策的阶段推进到规范化实施的阶段奠
定了基础。

　　民族地区作为欠发达的后发展地区，生态是一种发展潜力，建设
重点生态功能区能解决经济发展与生态退化、环境污染的两难困境。
在《全国主体功能区规划》发布之前，张丽君等就指出建设生态功能
区是民族地区可持续发展的重要路径②；彭羽等提出了中国少数民族地
区防风固沙功能区建设的政策体系和技术体系，为少数民族地区探索经
济与生态和谐发展的道路③。《全国主体功能区规划》发布后，研究趋
向深入，郑燕燕等归纳总结了我国民族地区的主要生态功能区及其特
点④；孙志梅等探讨了主体功能区规划视野下民族地区环境规制与环境
绩效问题⑤。随着民族地区重点生态功能区建设的推进，实证研究广泛
开展，如葛少芸研究了甘肃甘南藏族自治州黄河重要水源补给生态功能
区生态保护与建设项目⑥；李红就青海藏区生态功能区的建设与保护做
了专门研究⑦；徐永明分析了内蒙古自治区国家重点生态功能区县域生

---

　　① 谭洁：《民族地区重点生态功能区财政转移支付法治化研究——以广西三江、龙胜、
恭城、富川为例》，《中南民族大学学报》（人文社会科学版）2019 年第 1 期。

　　② 张丽君、张斌：《民族地区生态功能区建设》，《黑龙江民族丛刊》2008 年第 1 期。

　　③ 彭羽、王艳杰：《中国少数民族地区防风固沙功能区的研究》，《中央民族大学学报》
（自然科学版）2008 年第 2 期。

　　④ 郑燕燕、薛达元、郭泺、张渊媛：《中国民族地区主要生态功能区划》，《国土与自然
资源研究》2013 年第 6 期。

　　⑤ 孙志梅、李秀莲、张旭丽：《主体功能区规划视野下民族地区环境规制与环境绩效问
题探讨》，《内蒙古财经学院学报》2012 年第 6 期。

　　⑥ 葛少芸：《民族地区生态补偿机制问题研究——以甘肃甘南藏族自治区黄河重要水源
补给生态功能区生态保护与建设项目为例》，《湖北民族学院学报》（哲学社会科学版）2010
年第 2 期。

　　⑦ 李红：《青海藏区生态功能区的保护和建设措施研究》，《产业与科技论坛》2011 年第
14 期。

态环境质量考核工作现状与存在问题①；黄燎隆的研究呈现了基于经济结构调整的主体功能区战略在广西民族地区的实施状况②；秦美玉等以四川羌族四县为例，构建出一套重点生态功能区民族城镇化发展水平评价指标体系③；等等。这些研究成果为本书研究提供了许多素材。

三　基本思路及研究方法

（一）基本思路

由于重点生态功能区来源于国务院颁布的《全国主体功能区规划》，而其又与原环境保护部与中国科学院联合发布的《全国生态功能区划》方案中划定的生态功能区有很大的相似性。因此，研究拟从重点生态功能区的由来和界定入手，发掘民族地区建设重点生态功能区的背景及各方权益得失。然后通过论证民族地区重点生态功能区建设的法律需求、法律定位与立法原则，形成评析现有法律制度的理论依据，从而在梳理现有立法并分析其实施成效的基础上，指出民族地区重点生态功能区法律制度存在的问题，并以此为基础，从国家立法和民族地区地方立法两个层面探讨民族地区重点生态功能区立法的完善。

第一章就民族地区重点生态功能区的建设进行宏观考察，论述如何界定重点生态功能区及其在民族地区的分布情况，凸显研究背景。继而分析重点生态功能区的功能与发展目标，及民族地区建设重点生态功能区对少数民族个体和群体权益、政府职能、社会公益等方面的影响，探讨法律治理的宏观背景。

第二章主要探究民族地区重点生态功能区立法的理论基础。首先从利益冲突、政府事权、公共政策三个角度论述了立法的必要性，继而论证民族地区重点生态功能区法律应定位于政策法和监管法，具有跨界性、交错性、综合性的特征，为后文对立法现状的梳理提供分析框架。

---

① 徐永明：《内蒙古自治区国家重点生态功能区县域生态环境质量考核工作现状与存在问题》，《环境与发展》2014 年第 Z1 期。

② 黄燎隆：《基于经济结构调整的主体功能区战略——以广西民族地区为例》，《沿海企业与科技》2013 年第 5 期。

③ 秦美玉、吴建国：《重点生态功能区民族城镇化发展评价指标体系构建研究——以四川羌族四县为例》，《西南民族大学学报》（人文社会科学版）2015 年第 10 期。

在此基础上，提出民族地区重点生态功能区立法应遵循四个原则，为后文评析现行法律制度的问题提供评价标准。

第三章旨在梳理民族地区重点生态功能区的立法现状。在提出以关联性为标准选择法律文本的基础上，将现行立法按照功能解构为限制类规范和补偿类规范两大类，并分别从国家层面和民族地区地方立法层面进行呈现，阐明立法现状。

第四章总结民族地区重点生态功能区法律实施的成效及有益经验。首先就限制类规范中的规划制度、环境管理制度、产业准入制度和环境行政公益诉讼制度展开分析，总结民族地区实施这些制度的成果和经验。然后就重点生态功能区转移支付、"项目制"转移支付和流域及其他新型生态补偿在民族地区的实施成就进行总结。

第五章结合法律文本及其实施情况评价现行立法存在的问题。由于限制类规范包含内容较多，且各类规范差异较大，问题分析还是从规划制度、环境管理制度、产业准入制度和环境行政公益诉讼制度四个方面分别进行。补偿类规范围绕生态补偿，内容比较单一，就直接指出问题。并提出立法空白即激励类规范不足，在界定概念和论证功效的基础上证明激励类规范是民族地区重点生态功能区立法所不可缺失的部分。

第六章就民族地区重点生态功能区立法中央地立法事权的划分展开论证，从央地立法事权划分的法律依据和现实依据两个角度入手，提出如何划分中央和民族地方就重点生态功能区建设的立法内容。在此基础上，从中央立法和民族地区地方立法两个层面设计完善相关法律制度的对策。

（二）研究方法

在研究方法上，重点采用以下三种方法：

1. 法学的规范分析法。立足目的解释、文义解释等基本法律解释方法，对已有规范进行内涵挖掘和整理评估，从而发现制度空白。

2. 实证研究方法。走访民族地区，在调查取样及分析的基础上，对有关专家学者、人大代表、政府部门、社会组织及个人进行深度访谈，征求各方面的意见和建议，并归纳总结，通过实证研究发现制度存在的问题。

3. 跨学科研究方法。跨学科研究要求综合运用各学科知识，实现对问题的整合性研究，完成从"学科分类"到"问题分类"的转变。民族地区重点生态功能区立法中以环境规制为目的的限制类规范，本身就是一个交叉议题，涵盖环境科学、生态学等自然科学和管理学、法学等社会科学；对国土空间开发效率的追求、生态补偿的实施又离不开经济学的知识；民族地区发展问题也需要民族学知识融入。故本书结合各学科的研究成果进行法律对策研究。

目　　录

第一章

民族地区重点生态功能区建设的宏观考察

第一节 民族地区重点生态功能区建设的背景

一 重点生态功能区制度的由来和界定

（一）从《全国生态功能区划》到《全国主体功能区规划》

"生态功能区"首次提出是在 2000 年国务院印发的《全国生态环境保护纲要》中，在此基础上，2008 年环境保护部、中国科学院联合发布《全国生态功能区划》方案①，提出生态功能区与国土空间相结合，在分析生态系统空间特征、生态敏感性和生态系统服务功能的基础上，划定了水源涵养、土壤保持、防风固沙、生物多样性保护和洪水调蓄五种类型 63 个重要生态功能区。这个《全国生态功能区划》从保护生态环境的目标出发，根据区域自然气候、地理特点及自然环境要素的组成、功能划分了生态功能区，性质上属于环境保护规划，是我国开展环境保护工作的依据。

2011 年 6 月 8 日，中国政府网全文刊载了我国首个全国性国土空间开发规划——《全国主体功能区规划》。该规划基于我国不同区域资源环境承载能力、现有开发强度和未来发展潜力，将国土空间划分为优化开发区域、重点开发区域、限制开发区域、禁止开发区域四类，其中限制开发区域又分为农产品主产区和重点生态功能区。随后，十八届五中全会提出要坚定不移实施主体功能区制度，坚持绿色发展，发挥主体功

---

① 2015 年 11 月修订。

能区作为国土空间开发保护基础制度的作用。

《全国主体功能区规划》和《全国生态功能区划》均提出要明晰空间格局、改变过去自然资源要素式管理、强化空间管制模式，同属政府管理创新，且最终要实现的目标是一致的："都是为了促进经济、社会与环境的协调发展。"① 但两者之间的区别显著，已有研究者关注到这种差异，有的从内涵特征、评价体系、功能作用、管理性质四个方面概括了两者之间的区别②，有的从功能、作用范围、管理性质三个角度展开论述③。深刻认识《全国主体功能区规划》和《全国生态功能区划》的区别是研究重点生态功能区制度的前提，因为重点生态功能区是《全国主体功能区规划》中划定的限制开发区域的一个类型，其区别于《全国生态功能区划》中确定的重要生态功能区。

《全国主体功能区规划》和《全国生态功能区划》在划定依据、功能定位、区划任务三个层面都有显著区分：首先，在划定依据上，《全国主体功能区规划》侧重综合考量区域资源环境承载能力、现有开发密度和发展潜力三个方面的指标，即划定依据要考虑区域的自然条件、经济条件和社会条件；而《全国生态功能区划》的划分以保持生态系统的完整性为目标，划定时仅考虑区域的自然属性即生态环境现状、生态环境敏感性、生态系统服务功能重要性三个因素。

其次，在功能定位上，生态功能区划定位于"明确全国不同区域的生态系统类型与格局"，旨在改善这些区域环境的质量、保护这些区域的资源和生态环境，是环境保护的专项规划。而主体功能区划则定位于明晰空间开发格局，是建立在自然生态区划基础上，综合了区域经济发展情况的一种基础性区划，立足于国土空间资源的高效开发利用，约束力更强。主体功能区划通过明确区域主体功能定位，实现各级政府分类管理和政策实施的目标。正如有学者所总结的："主体功能区划，就是

---

① 施红英：《环境功能区划与主体功能区划关系的思考》，《能源与节能》2019 年第 1 期。

② 任洪源：《论主体功能区划与生态功能区划的关系》，《天津经济》2007 年第 8 期。

③ 张媛、王靖飞、吴亦红：《生态功能区划与主体功能区划关系》，《河北科技大学学报》2009 年第 1 期。

以服务国家自上而下的国土空间保护与利用的政府管制为宗旨，因此主体功能区划是具有应用性、创新性和前瞻性的一种综合地理区划，也同时是一幅规划未来国土空间的布局总图"①。"与其他各类环境与自然保护规划相比，《全国主体功能区规划》是国土空间开发的战略性、基础性和约束性规划。"②

最后，在区划任务方面，生态功能区划的目标集中在生态系统维护与生态环境建设领域，且以每一类生态功能区的主要生态问题为基础拟定该区任务目标，如水源涵养生态功能区的主要生态问题是人类活动干扰强度大、生态系统结构单一、森林资源被过度开发、水土流失与土地沙化严重、湿地萎缩等，因而该区的任务目标被规定为在重要水源涵养区建立生态功能保护区，控制水污染、加强生态保护与恢复，严格控制载畜量、实行以草定畜。而主体功能区规划的任务则是出于发展的角度，考虑开发和经济发展的因素，实现发展转型和分类发展的目标。主体功能区规划构建的发展体系既包括主导生态功能的以"两屏三带"为主体的生态安全战略格局，也包括侧重经济开发的以"两横三纵"为主体的城市化战略格局，及以"七区二十三带"为主体的农业战略格局。

（二）重点生态功能区制度的界定

在《全国主体功能区规划》中，国家重点生态功能区被界定为对生态系统十分重要，关系全国或较大范围区域的生态安全，目前生态系统有所退化，需要在国土空间开发中限制进行大规模高强度工业化城镇化开发，以保持并提高生态产品供给能力的区域，包括水源涵养、水土保持、防风固沙、生物多样性维护四种生态服务功能类型 25 个重点生态功能区，同时确定了每类重点生态功能区包括的县域名单。2016 年 9 月14 日，国务院批复了国家发展改革委员会《关于调整国家重点生态功能区范围的请示》，同意新增部分县（市、区、旗）纳入国家重点生态功能区。至此，国家重点生态功能区的县市区数量由原来的 436 个增加

---

① 樊杰:《中国主体功能区划方案》,《地理学报》2015 年第 2 期。
② 汪劲:《环境法学》（第 3 版）,北京大学出版社 2014 年版,第 135 页。

至 676 个，总面积约 509 万平方千米，占国土面积的比例从 41% 提高到 53%，总人口约 1.9 亿人（2016 年年底），占全国总人口的 14% 左右。从总量上看，国家重点生态功能区呈现地广人稀的特征。

作为基础性规划，《全国主体功能区规划》划定了不同区域的地理范围并设定其未来发展方向。对于被划入重点生态功能区的地区来说，界限的划定只是第一步，后续还要通过从国家到地方的各项政策法规，实现区域的主体功能及发展目标。重点生态功能区制度就是在划定重点生态功能区的基础上，政府实施各种分类管理的区域政策和绩效评价体系，从而实现生态保护、区域发展转型，建设人与自然和谐共处示范区的目标。

二　民族地区重点生态功能区分布情况

民族地区①是我国重要的生态屏障和全球气候变化的敏感区，结合我国的民族分布示意图和行政区划图可以看出，重点生态功能区在各民族地区都有较大的占地面积。2016 年 9 月新增部分县市划入重点生态功能区后，民族地区的县级行政区数量增加到 328 个（见表 1），占到了全部区域的 48.5%。因此，《全国主体功能区规划》保障措施一章中设专门一节规定了民族政策。对于民族地区自身的发展而言，其作为欠发达的后发展地区，生态是一种发展潜力，而建设重点生态功能区以改善生态环境质量、优化产业结构、提升公共服务水平为目标，能解决经济发展与生态退化、环境污染的两难困境。

表 1　　　　　全国重点生态功能区涉及的民族地区县级行政区

省份	县级行政区	2016 年新增
湖北省（9）	巴东县、长阳土家族自治县、五峰土家族自治县、利川市、建始县、宣恩县、咸丰县、来凤县、鹤峰县	

---

① 部分县市虽不是自治县，但属于自治区或自治州（自治州所辖县级行政区见表 2）下面的行政区，仍属于民族地区。

续表

省份	县级行政区	2016 年新增
湖南省 （8+7）	泸溪县、凤凰县、花垣县、龙山县、永顺县、古丈县、保靖县、麻阳苗族自治县	城步苗族自治县、江华瑶族自治县、新晃侗族自治县、芷江侗族自治县、靖州苗族侗族自治县、通道侗族自治县、吉首市
吉林省 （5）	长白朝鲜族自治县、敦化市、和龙市、汪清县、安图县	
广东省 （1+2）	乳源瑶族自治县	连山壮族瑶族自治县、连南瑶族自治县
青海省 （19）	同德县、兴海县、泽库县、河南蒙古族自治县、玛沁县、班玛县、甘德县、达日县、久治县、玛多县、玉树县、杂多县、称多县、治多县、囊谦县、曲麻莱县、祁连县、刚察县、门源回族自治县	
贵州省 （8+3）	威宁彝族回族苗族自治县、平塘县、罗甸县、望谟县、册亨县、关岭布依族苗族自治县、镇宁布依族苗族自治县、紫云苗族布依族自治县	印江土家族苗族自治县、沿河土家族自治县、三都水族自治县
云南省 （18+14）	西畴县、马关县、文山县、广南县、富宁县、香格里拉县（不包括建塘镇）、玉龙纳西族自治县、福贡县、贡山独龙族怒族自治县、兰坪白族普米族自治县、维西傈僳族自治县、勐海县、勐腊县、德钦县、泸水县（不包括六库镇）、剑川县、金平苗族瑶族傣族自治县、屏边苗族自治县	宁蒗彝族自治县、景东彝族自治县、镇沅彝族哈尼族拉祜族自治县、孟连傣族拉祜族佤族自治县、西盟佤族自治县、双柏县、大姚县、永仁县、麻栗坡县、景洪市、永平县、漾濞彝族自治县、南涧彝族自治县、巍山彝族回族自治县
河北省 （2+2）	围场满族蒙古族自治县、丰宁满族自治县	青龙满族自治县、宽城满族自治县
重庆市 （4）	酉阳土家族苗族自治县、彭水苗族土家族自治县、秀山土家族苗族自治县、石柱土家族自治县	
海南省 （3）	保亭黎族苗族自治县、琼中黎族苗族自治县、白沙黎族自治县	
辽宁省 （4）		新宾满族自治县、本溪满族自治县、桓仁满族自治县、宽甸满族自治县
浙江省 （1）		景宁畲族自治县

续表

省份	县级行政区	2016 年新增
四川省 （34+12）	小金县、康定县、泸定县、丹巴县、雅江县、道孚县、稻城县、得荣县、盐源县、木里藏族自治县、汶川县、北川县①、茂县、理县、九龙县、炉霍县、甘孜县、新龙县、德格县、白玉县、石渠县、色达县、理塘县、巴塘县、乡城县、马尔康县、壤塘县、金川县、黑水县、松潘县、九寨沟县、阿坝县、若尔盖县、红原县	峨边彝族自治县、马边彝族自治县、宁南县、普格县、布拖县、金阳县、昭觉县、喜德县、越西县、甘洛县、美姑县、雷波县
甘肃省 （16）	合作市、临潭县、卓尼县、玛曲县、碌曲县、夏河县、临夏县、和政县、康乐县、积石山保安族东乡族撒拉族自治县、天祝藏族自治县、肃南裕固族自治县（不包括北部区块）、肃北蒙古族自治县（不包括北部区块）、阿克塞哈萨克族自治县、张家川回族自治县、舟曲县	
宁夏回族 自治区 （8）	彭阳县、泾源县、隆德县、盐池县、同心县、西吉县、海原县、红寺堡区	
西藏自治区 （8+22）	墨脱县、察隅县、错那县、班戈县、尼玛县、日土县、革吉县、改则县	当雄县、定日县、康马县、定结县、仲巴县、亚东县、吉隆县、聂拉木县、萨嘎县、岗巴县、江达县、贡觉县、类乌齐县、丁青县、措美县、洛扎县、隆子县、浪卡子县、嘉黎县、普兰县、札达县、措勤县
广西壮族 自治区 （16+11）	上林县、马山县、都安瑶族自治县、大化瑶族自治县、忻城县、凌云县、乐业县、凤山县、东兰县、巴马瑶族自治县、天峨县、天等县、资源县、龙胜各族自治县、三江侗族自治县、融水苗族自治县	阳朔县、灌阳县、恭城瑶族自治县、蒙山县、德保县、那坡县、西林县、富川瑶族自治县、罗城仫佬族自治县、环江毛南族自治县、金秀瑶族自治县
新疆维吾尔 自治区 （29+19）	阿勒泰市、布尔津县、富蕴县、福海县、哈巴河县、青河县、吉木乃县（含新疆生产建设兵团所属团场）、岳普湖县、伽师县、巴楚县、阿瓦提县、英吉沙县、泽普县、莎车县、麦盖提县、阿克陶县、阿合奇县、乌恰县、图木舒克市、叶城县、塔什库尔干塔吉克自治县、墨玉县、皮山县、洛浦县、策勒县、于田县、民丰县（含新疆生产建设兵团所属团场）、且末县、若羌县（含新疆生产建设兵团所属团场）	乌什县、柯坪县、疏附县、疏勒县、和田县、博乐市、温泉县、博湖县、巩留县、新源县、昭苏县、特克斯县、尼勒克县、塔城市、额敏县、托里县、裕民县、北屯市、昆玉市

---

① 2003 年国务院批准撤销北川县，设立北川羌族自治县。

续表

省份	县级行政区	2016 年新增
内蒙古自治区（35+8）	牙克石市、根河市、额尔古纳市、鄂伦春自治旗、阿尔山市、阿荣旗、莫力达瓦达斡尔族自治旗、扎兰屯市、阿鲁科尔沁旗、巴林右旗、翁牛特旗、开鲁县、库伦旗、奈曼旗、扎鲁特旗、科尔沁左翼中旗、科尔沁右翼中旗、科尔沁左翼后旗、新巴尔虎左旗、新巴尔虎右旗、达尔汗茂明安联合旗、察哈尔右翼中旗、察哈尔右翼后旗、四子王旗、乌拉特中旗、乌拉特后旗、克什克腾旗、多伦县、正镶白旗、正蓝旗、太仆寺旗、镶黄旗、阿巴嘎旗、苏尼特左旗、苏尼特右旗	清水河县、固阳县、化德县、东乌珠穆沁旗、西乌珠穆沁旗、阿拉善左旗、阿拉善右旗、额济纳旗
总计	223 个县级行政区	105 个县级行政区

表 2　　　　　全国自治州所辖县级行政区统计①

省份	自治州	所辖县级行政区
青海	青海玉树藏族自治州	玉树、称多、囊谦、杂多、治多、曲麻莱 6 县
	青海黄南藏族自治州	同仁县、尖扎县、泽库县、河南蒙古族自治县
	青海果洛藏族自治州	玛沁、甘德、达日、久治、班玛和玛多 6 县
	青海海南藏族自治州	共和、贵德、兴海、贵南、同德 5 县
	青海海北藏族自治州	门源回族自治县、祁连县、海晏县、刚察县
	青海海西蒙古族藏族自治州	德令哈、格尔木、茫崖三个市和都兰县、乌兰县、天峻县、大柴旦行政区
甘肃	甘肃甘南藏族自治州	夏河、玛曲、碌曲、卓尼、迭部、临潭、舟曲 7 县和合作市
	甘肃临夏回族自治州	临夏市、临夏县、永靖县、康乐县、和政县、广河县、东乡族自治县、积石山保安族东乡族撒拉族自治县
云南	云南楚雄彝族自治州	楚雄市和双柏、牟定、南华、姚安、大姚、永仁、元谋、武定、禄丰 9 县
	云南大理白族自治州	大理市、漾濞彝族自治县、祥云县、宾川县、弥渡县、南涧彝族自治县、巍山彝族回族自治县、永平县、云龙县、洱源县、剑川县，共 1 市 10 县

①　其中新疆维吾尔自治区、宁夏回族自治区、内蒙古自治区、西藏自治区、广西壮族自治区所辖县级行政区所辖区域均属民族地区，本表未列入统计。

续表

省份	自治州	所辖县级行政区
云南	云南迪庆藏族自治州	香格里拉县、德钦县和维西傈僳族自治县
	云南怒江傈僳族自治州	泸水、福贡、贡山独龙族怒族自治县和兰坪白族普米族自治县四个县
	云南德宏傣族景颇族自治州	潞西、瑞丽市,梁河、盈江、陇川县
	云南红河哈尼族彝族自治州	个旧市、开远2市和蒙自、建水、石屏、弥勒、泸西、屏边、河口、金平、元阳、红河、绿春11个县。
	云南文山壮族苗族自治州	文山、砚山、西畴、马关、麻栗坡、邱北、广南、富宁8县
	云南西双版纳傣族自治州	景洪市、勐海县、勐腊县
贵州	贵州黔西南布依族苗族自治州	兴义、安龙、兴仁、贞丰、普安、晴隆、册亨、望谟等8个县市和顶效开发区
	贵州黔南布依族苗族自治州	都匀、福泉2市和瓮安、贵定、龙里、惠水、长顺、罗甸、平塘、独山、荔波、三都10县
	贵州黔东南苗族侗族自治州	凯里1市和麻江、丹寨、黄平、施秉、镇远、岑巩、三穗、天柱、锦屏、黎平、从江、榕江、雷山、台江、剑河15县
四川	四川甘孜藏族自治州	康定、泸定、丹巴、九龙、雅江、道孚、炉霍、甘孜、新龙、德格、白玉、石渠、色达、理塘、巴塘、乡城、稻城、得荣18个县
	四川凉山彝族自治州	西昌市、德昌、会理、会东、宁南、普格、布拖、昭觉、金阳、雷波、美姑、甘洛、越西、喜德、冕宁、盐源、木里藏族自治县共17个县(市)
	四川阿坝藏族羌族自治州	马尔康、金川、小金、阿坝、若尔盖、红原、壤塘、汶川、理县、茂县、松潘、九寨沟、黑水等13县
湖南	湖南湘西土家族苗族自治州	吉首市、泸溪县、凤凰县、花垣县、保靖县、古丈县、永顺县、龙山县共1市7县
湖北	湖北恩施土家族苗族自治州	恩施、利川2市和建始、巴东、宣恩、咸丰、来凤、鹤峰6县
吉林	吉林延边朝鲜族自治州	延吉市、珲春市、图们市、敦化市、龙井市、和龙市、安图县和汪清县

第二节　重点生态功能区的功能与目标

一　重点生态功能区的功能

(一) 实现区域的合理开发

"点上开发、面上保护"是准确把握重点生态功能区制度内涵的核心内容。重点生态功能区属于限制开发区，其既不同于禁止开发区，也不同于优化开发区域和重点开发区域。这里所说的开发，特指大规模高强度的工业化城镇化开发。禁止开发区域是禁止进行工业化城镇化开发的区域①，这些区域相对重点生态功能区的最小单位县级行政区，在全国呈点状分布。这些区域通过实施强制性保护，杜绝工业化城镇化建设，力争污染物"零排放"，避免人为因素对自然生态和文化自然遗产原真性、完整性的干扰。而重点生态功能区允许"点上开发"，即控制开发强度，仅"对城镇、新开区、工业园、交通枢纽、能源开发基地、旅游休闲基地、新农村、特色农业园等'点'进行开发"②，提高用地效率，实现集约化开发，不影响大片开敞生态空间的环境质量。这既不同于优化开发区域在城镇体系健全的基础上发展成为具有全球影响力的特大城市群的发展目标，也不同于重点开发区域旨在扩大城市规模，发展成为新的大城市群或区域性城市群的定位。

其实，点和面已经指出了开发和保护的关系，虽然从国土空间的角度看，点和面都可大可小，但点面之间的相对关系是确定的。重点生态功能区不是不要开发，也不是大开发，重点生态功能区应在充分调研的基础上合理开发，农业人口适度聚集，建设小城镇和工业园区，但将更广阔的国土空间划为生态用地，增强生态服务功能。同时注意进行开发的这些点要尽可能控制在最小范围和空间，提升开发效率，并且避免开发过程对更大范围的生态空间产生不利影响，实现重点生态功能区有效的整体保护，形成生态建设与经济社会发展的良性互动。

（二）转变区域的发展模式

建设重点生态功能区，正如有研究者指出的"不考核 GDP，不等于简单放弃 GDP。不考核工业，不等于简单放弃工业"③。重点生态功能

---

① 主要指国家级自然保护区、世界文化自然遗产保护区、国家级风景名胜区、国家森林公园、国家地质公园。

② 李斌、石永明、赵伟：《重点生态功能区"点上开发、面上保护"土地利用模式探讨》，《重庆工商大学学报》（社会科学版）2019 年第 1 期。

③ 罗成书、周世锋：《以"两山"理论指导国家重点生态功能区转型发展》，《宏观经济研究》2017 年第 7 期。

区要放弃的是过去通过高投入、高消耗来换取的 GDP，及不考虑自然资源退化与环境污染造成环境质量下降的粗放型工业，转而发展集聚集约型和环境友好型的现代工业，追求在传统 GDP 的基础上减去自然部分虚数的绿色 GDP[1]。这就要求，在发展模式上形成环境友好型的产业结构，一方面，点式开发的点上，也要淘汰落后产能，不仅要将原有的工业园区进行升级改造，逐渐实现资源利用减量化、废弃物再利用、再循环，而且也不再新增工业园区的面积及数量；另一方面，面上的保护也要创新思路，在生态恢复、环境治理的基础上开发生态产品，"加快把生态优势转化为经济优势，走出一条从绿水青山中获得金山银山的新路"[2]。

从发展的角度看，建设重点生态功能区并不是要限制发展，而是转变发展模式，这也有利于解决环境保护与经济发展的矛盾。在重点生态功能区实地调研的时候，曾有个别群众反映并不希望自己所在的县被划入重点生态功能区，因为一说到环境保护，马上联想到的就是经济发展要受限制了，当下的经济利益将受到损害。这反映了过去人们在认识上的误区，即认为经济发展与环境保护是不可融合的矛盾面，发展经济必将带来环境问题，而环境保护必然导致经济停滞，这也是发展观问题上的两个极端观点。这些极端观点一直阻碍着环境保护和生态建设事业的发展。必须转变过去环境保护对地方经济发展"损有余而利不足"的状况，认识到环境要素也是自然资源，是可以为人们开发利用的资产，蕴含着极大的经济价值，即应拓宽国土空间资源的价值内涵。转变重点生态功能区的经济发展模式，"通过充分挖掘'绿水青山'的生态价值，以促进生态资本增值的方式实现经济增长，将内在于其中的生态效益充分转化为造福于民的经济效益和社会效益，这是一条以保护环境的方式促进经济结构转型升级，以发展经济的方式实现对生态环境积极保护的

---

① 自然部分的虚数包括环境污染造成的环境质量下降、自然资源退化与配比不匀、长期生态退化的损失、资源稀缺性所引发的成本、物质和能量的不合理利用导致的损失等，参见汪劲《环境法学》（第 3 版），北京大学出版社 2014 年版，第 111 页。

② 罗成书、周世锋：《以"两山"理论指导国家重点生态功能区转型发展》，《宏观经济研究》2017 年第 7 期。

理性模式"①。

（三）践行区分主体功能的理念

主体功能区规划，被定位为我国国土空间开发的战略性、基础性和约束性规划②，其创新性显著，核心就是重新定义了发展的内涵，并实践区分主体功能的理念。基于自然资源的多重使用价值，涵盖多种自然资源的特定区域可能同时为国家发展提供不同的贡献。区分主体功能就是在这多种可能性的基础上，结合区域自然资源现状和过去发展状况，确定每个区域的主要任务，改变过去国土空间范围内所有区域追求同样发展目标的模式。被划入不同主体功能区的地方"在区域发展和布局中承担不同的分工定位，并配套实施差别化的区域政策和绩效考核标准"③。一直以来，我国无论是在追求效率、优先让东部沿海地区率先发展的区域非均衡发展阶段，还是在缩小区域经济差距、支持中西部地区发展的区域均衡发展阶段，发展都被定义为追求传统 GDP 的增长，区域间以重复性建设的方式你追我赶地展开 GDP 竞争，导致"地区间产业结构趋同、产能过剩、重复布局、无序竞争、分工不合理等问题"④，恶性竞争的后果已然出现。

划入重点生态功能区的那些区域也曾在这种同质化的竞争中艰难前行，虽然经济得到了一定程度的发展，但因为资源禀赋和发展基础的制约，始终赶不上经济发达地区的快车道，反而造成了地方自然资源的日渐枯竭和生态环境的破坏，不仅无法持续本地区的经济发展，也危及国家生态安全。从区域发展的角度看，建设重点生态功能区就是践行主体功能差异化的发展理念，将区域的自然属性和功能属性合二为一，以区

---

① 徐琪：《论"两山"重要思想的辩证之维》，《中南林业科技大学学报》（社会科学版）2019 年第 1 期。

② 高吉喜、王燕、徐梦佳、邹长新：《生态保护红线与主体功能区规划实施关系探讨》，《环境保护》2016 年第 21 期。

③ 国家发展改革委宏观经济研究院国土地区研究所课题组、高国力：《我国主体功能区划分及其分类政策初步研究》，《宏观经济研究》2007 年第 4 期。

④ 高国力、李天健、孙文迁：《改革开放四十年我国区域发展的成效、反思与展望》，《经济纵横》2018 年第 10 期。

域的环境承载能力即环境维持良好生态系统的能力、环境能够容纳污染物的量、环境持续支撑经济社会发展规模的能力为基础，确定区域发展定位。将区域主导发展目标确定为提供生态产品，而不是追求大规模的城市化、工业化发展目标，将从根源上减弱这些区域追求传统发展模式的动力，并推动此类区域调整资源环境承载力无力负担的产业结构，进而推动全国产业布局合理化，规范空间开发秩序，改变现有"一刀切"的开发模式。而这些地区不是我国的生态屏障地区就是生态敏感地区，对于保障我国生态安全意义重大。

二　重点生态功能区的发展目标

《全国主体功能区规划》发布后，如调研中所了解的情况，学者也发现"由于发展工业将为本地创造就业并增加地区收入，各地仍想挤进重点发展区而唯恐被划入主要针对工业的限制和禁止发展区"①。这种想法源于没有认真、深刻解读《全国主体功能区规划》，虽然该规划的核心思想在于差异化发展，即不同地区根据资源禀赋的差异提供各具特色的产品，重点生态功能区提供生态产品，但该规划也明确指出了重点生态功能区的多元化发展目标。

（一）生态环境质量改善、生态服务功能增强

这是基于重点生态功能区的定位而提出的基本目标。《全国主体功能区规划》的实质是要形成全国性的地区分工格局，而分工的最基础依据是各地生态环境资源状况。重点生态功能区的普遍特征是：生态环境资源丰富且在国家生态安全保障中处于屏障地位，即这些"区域的生态系统的生态过程，对相邻环境或大尺度环境具有保护性作用，给人类生存和发展提供良好的生态服务"②，但这些地区自身的保障基础较为脆弱，经济发展相对落后进而导致基本公共服务能力薄弱。在过去同质化发展的区域竞争阶段，这些地区出于经济发展的动力，大肆开发利用自

---

① 王华、王珏、王石：《美丽中国视域下主体功能建设中的利益驱动机制》，《西安交通大学学报》（社会科学版）2018年第5期。

② 王玉宽、孙雪峰、邓玉林：《对生态屏障概念内涵与价值的认识》，《山地学报》2005年第4期。

然资源，由于技术水平受限产能不高但自然资源投入量大、污染物产出量大，生态环境急剧恶化。划入重点生态功能区后，这些地区首先应该停止过去这种不可持续的经济发展方式，进行环境治理和修复，实现改善区域生态环境质量，增强生态服务功能的目标。

区域生态环境质量改善大致可以通过以下指标来衡量：草原面积和森林覆盖率指标、水资源的量和质指标、野生动植物物种的保有量指标。规划将重点生态功能区按照提供生态服务功能的差异划分为水源涵养型、生物多样性维护型、水土保持型、防风固沙型四个类型，并就不同类型的水质和空气质量指标做了明确规定：水源涵养型和生物多样性维护型生态功能区的水质达到Ⅰ类，空气质量达到一级；水土保持型生态功能区的水质达到Ⅱ类，空气质量达到二级；防风固沙型生态功能区的水质达到Ⅱ类，空气质量得到改善。在此基础上，规划细化了 25 个重点生态功能区的环境质量综合评价指标和具体发展方向①。

（二）形成点状开发、面上保护的空间结构

重点生态功能区是限制发展区，不是禁止发展区，但要改变过去无序化的开发模式。所谓点状开发是指原则上不再新建、扩建各类工业开发区，且城镇建设与工业开发都依托于现有的城镇集中发展，禁止成片式扩张，以确保形成"面上保护"的格局，即自然生态空间所占的面积不仅要禁止减少，还要通过农村散居人口集中居住等有效措施实现增长，逐步减少受人类活动影响的区域面积，实现"保有荒野"②的理想状态。与此同时，点上开发既要提高开发水平，实现集约化、高效化的发展，提高土地使用效率，也要优化产业结构，大力发展环境友好型产业，避免点上开发对面上的不利影响。

此外，也要辩证地看待"面上保护"。"面上保护"虽然是将大面积的土地划为生态空间，实施用途管制制度，但这种用途管制制度与经

---

① 参见国务院下发的《全国主体功能区规划》第八章限制开发区域（重点生态功能区）第三节发展方向的内容。

② "荒野"一词意指保护自然免受人类行为干扰这一观念，来源于［美］科马克·卡利南《地球正义宣言——荒野法》，郭武译，商务印书馆 2017 年版。

济增长及地方财政自给并不是对立面。在不转变生态空间用途及不损害生态系统功能的前提下，这些生态空间可以因地制宜地适度发展农林牧产品生产和加工业、旅游业和服务业，依靠生态优势发挥潜力，因地制宜地实现经济创收。并且，这些地区在传统产业的发展思路之外，还要加强学习，创新思路，实践新的绿色产业发展模式，走出一条变"绿水青山"为"金山银山"的康庄大道。

（三）公共服务水平显著提高

党的十九大报告提出我国社会主要矛盾已经转化为人民日益增长的美好生活需要和不平衡不充分发展之间的矛盾。何为"美好生活"？2012年，习近平主席使用"七个更"，即"更好的教育、更稳定的工作、更满意的收入、更可靠的社会保障、更高水平的医疗卫生服务、更舒适的居住条件、更优美的环境"定义人民所期待的美好生活的主要内容；2017年7月26日习近平在省部级主要领导干部迎接党的十九大专题研讨班开班式上的讲话中使用"八个更"来界定美好生活，即在前面"七个更"表述的基础上增加了"更丰富的精神文化生活"。从这些内容可以看出，公共服务对于满足人民日益增长的美好生活需要至关重要。作为使用了公共权力或公共资源的社会生产过程，公共服务能保障公民基本的直接需求，典型领域如基础教育、医疗卫生、基础设施和社会保障等。重点生态功能区的发展以公共服务水平显著提高为目标，明确提出加强县城和中心镇的道路、供排水、垃圾污水处理等基础设施建设，发展沼气等无污染能源供给农村，提高区域基础教育水平、医疗服务水平、增加文化场馆建设等，为老百姓提供更高水平的公共服务。为保障这一目标得以实现，《全国主体功能区规划》甚至设定了重点生态功能区人均公共服务支出高于全国平均水平的数值要求。加之从增收的角度提出城镇居民人均可支配收入和农村居民人均纯收入大幅提高，绝对贫困现象基本消除，重点生态功能区人民的美好生活愿景指日可待。

从这一发展目标来看，重点生态功能区建设应该是有动力机制的，关键在于配套政策机制的落实问题。客观地看，被划入重点生态功能区的地区共25个大区，以县为基础单位，乡村面积居多，而学者们普遍认为虽然"全国城乡基本公共服务水平不断提升，但城乡基本公共服务的差距并没有明显缩小，在某些领域甚至还有扩大趋势"[1]；"当前我国城乡之间的基础设施、义务教育、基本医疗卫生服务等公共服务的差距依然比较大，严重阻碍着公共服务城乡发展一体化的发展进程"[2]。显然，乡村面积占比大的重点生态功能区公共服务水平要远低于已经实现城市化、工业化发展的地区。重点生态功能区以公共服务水平的显著提高为发展目标，正是在正视了这些地区历史发展水平的基础上，寻求化解当地人民美好生活需求和不平衡不充分发展之间矛盾的有效途径，而不是仅将重点生态功能区及其人民放在一个为国家生态安全牺牲自身发展的位置上。

第三节　民族地区建设重点生态功能区的权益分析

在一部分民族地区建设重点生态功能区，限制工业化、城镇化的大发展，彻底颠覆了人们对发展的认识，是发展观、世界观的重大改变，也将彻底转变这些地区资源配置的方式和标准。这对被划入重点生态功能区的民族地区少数民族群体、政府乃至整个国家权益都将产生重大影响。

一　少数民族群体权益的得失

（一）限制带来的财产权受限

选择被划入重点生态功能区的区域同时兼具以下多个特点：首先，其生态系统十分重要，关系全国或较大范围区域的生态安全，处于生态屏障地位；其次，该区域目前生态系统有所退化，需要进行生态保护和修复；再次，该区域的主体功能被定位为提供生态产品，生态产品是《全国主体功能区规划》中提出的一个概念，规划认为"人类需求既包括对农产品、工业品和服务产品的需求，也包括对清新空气、清洁水

---

[1]　李丹、裴育：《城乡公共服务差距对城乡收入差距的影响研究》，《财经研究》2019年第4期。

[2]　王树新、李俊杰：《公共服务城乡发展一体化的影响因素》，《河北大学学报》（哲学社会科学版）2013年第6期。

源、宜人气候等生态产品的需求"。也有最新研究"将生态产品定义为生态系统通过生物生产和与人类生产共同作用为人类福祉提供的最终产品或服务，是与农产品和工业产品并列的、满足人类美好生活需求的生活必需品"①。这三个特点共同指向的一个需求，就是重点生态功能区必须限制人类开发利用自然资源的行为，并辅之以生态治理和修复工程，恢复良好的生态环境，进而成为生态产品的主要产出地区。因为只有对特定区域环境资源开发利用的强度进行总体性控制，才有可能实现区域良好环境质量的目标。

四大类型的重点生态功能区虽然具体发展方向不同，但都体现了这一需求②。归纳四大类型重点生态功能区的控制目标，很显然这些区域的包括天然林草在内的自然植被、野生动物、湿地、能源和矿产资源等自然资源的传统利用方式都将受到限制。而"对区域发展权的整体性限制，最终会体现在所在区域的个体、组织等财产权限制"③。四大类型的重点生态功能区在民族地区都有分布，虽然我国重点生态功能区的土地多属于国家所有，但该区域内的少数民族世世代代在此居住，以当地资源为基础，从事各项生产活动，享有事实上的产权。传统产权主要侧重于"如何实现资源的经济价值，发挥资源的使用权和收益权"，尤其是

---

① 张林波、虞慧怡、李岱青、贾振宇、吴丰昌、刘旭：《生态产品内涵与其价值实现途径》，《农业机械学报》2019 年第 6 期。

② 具体内容参见《全国主体功能区规划》中的规定：水源涵养型重点生态功能区重在推进天然林草保护、退耕还林和围栏封育，治理水土流失，维护或重建湿地、森林、草原等生态系统；严格保护具有水源涵养功能的自然植被，禁止过度放牧、无序采矿、毁林开荒、开垦草原等行为。水土保持型重点生态功能区要限制陡坡垦殖和超载过牧，在小流域治理方面实行封山禁牧，恢复退化植被；加强对能源和矿产资源开发及建设项目的监管，加大矿山环境整治修复力度，最大限度地减少人为因素造成新的水土流失。防风固沙型重点生态功能区必须转变畜牧业生产方式，实行禁牧休牧，推行舍饲圈养，以草定畜，严格控制载畜量；加大退耕还林、退牧还草力度，恢复草原植被。生物多样性维护型重点生态功能区首先要禁止滥捕滥采野生动植物，保持并恢复野生动植物物种和种群的平衡，实现野生动植物资源的良性循环和永续利用。

③ 杜群、车东晟：《新时代生态补偿权利的生成及其实现——以环境资源开发利用限制为分析进路》，《法制与社会发展》2019 年第 2 期。

被划入重点生态功能区的少数民族县，农业人口占比高，以 2016 年被划入大小凉山水土保持与生物多样性国家重点生态功能区的四川省凉山彝族自治州的雷波县为例，截至 2015 年年末，其农业人口占总人口的 92.05%，以自然资源为依托的各种农业生产活动和矿产资源开发活动构成了当地群众收入的主要来源。

对于农业人口占比高的少数民族地区县域而言，在自然资源利用被限制的情况下，当地群众不能再通过出售采伐林木、猎取动物及其制品获得收入；在原来开垦林地、草地基础上形成的耕地及山区多见的坡耕地上进行农业耕种活动也被禁止或限制，种植收入锐减；开采矿产资源出售原始或初级加工矿产品的增收途径也消失。以广西为例，被划入南岭山地森林及生物多样性生态功能区的广西资源县规定旅游管理区、自然保护区禁止一切狩猎和捕捉活动；而作为木材产业大县的广西融水县也被划入同一生态功能区，该县禁止部分木片加工项目，纤维板制造产业也要求入园发展并升级改造生产工艺和环保设施。从当下来看，因为保护环境，这些民族区域的群众丧失了传统的环境资源开发利用权益，直接导致经济收入减少。

（二）建设带来的利益优化

但是，任何事物的发展都是辩证的。民族地区重点生态功能区的建设从长远来看利于当地少数民族的利益。首先，重点生态功能区的主旨在于限制生态功能退化的地区大规模、高强度的开发，这将直接防止生态脆弱区生态环境的进一步恶化，最大限度地保护区域生态环境。生态环境部划定的全国八个生态脆弱区①，其中有六个分布在民族地区，分别为大兴安岭西侧的北方干旱—半湿润区、西北半干旱—干旱区、西南横断山区、西南石灰岩山地区、云贵高原区、青藏高原区，共占全部生态环境脆弱区的82%。这些地区虽然有着不同类型的地质地貌，但共同

———————————

① 生态脆弱区也称生态交错区，是指两种不同类型的生态系统的交界过渡区域。主要特征有：（1）系统抗干扰能力弱；（2）对全球气候变化敏感；（3）时空波动性强；（4）边缘效应显著；（5）环境异质性高。参见蔡绍洪《西部生态脆弱地区绿色增长极的构建》，人民出版社 2015 年版，第 5—7 页。

特点是地质条件特殊、生态环境脆弱且敏感，极易受到人类活动的干扰，生态环境状况总体上不容乐观，且大部分地区呈现出逐渐恶化的趋势：高寒干旱严重、水土流失严重、荒漠化加剧、生物多样性锐减，最终导致自然灾害频发且环境承载能力下降。造成这些后果的原因，既有干旱、高寒等原生性的气候问题，及缺水、土薄等原生性的地质问题，也有人为破坏资源、排放污染等派生性的环境问题。这些区域建设重点生态功能区，将这些生态脆弱区域划入生态红线，禁止限制人类不理性的开发行为，同时大力开展封山育林、退耕还林、水土保持项目等生态治理工程，从次生环境问题治理和原生环境问题治理两个角度推进环境修复，还少数民族群众"绿水青山"，改善人居环境。

其次，重点生态功能区的建设是形成环境友好型产业结构的途径，这将直接推动民族地区产业转型，实现跨越式发展。重点生态功能区的建设旨在结合不同区域的环境资源特点、经济发展水平，因地制宜地发展特色产业、特色服务业，提高当地的经济发展水平、提高人均收入水平。实现这些长期目标的努力，将彻底改变过去中西部民族地区承接东南沿海地区产业转移的产业布局，而这种转变最终是有利于民族地区发展的。因为"从转移产业行业分类来看，主要以资源消耗型、人力资本密集型产业为主，例如制衣、制鞋、水泥、冶金、化工等"。[1] 其中的资源消耗型产业不仅导致这些地区位于全国产业链的低端，在区域竞争中始终处于落后地区，而且由于技术限制这些产业大量消耗了这些地区的自然资源，并且造成大量的污染物排放，是不可持续的发展道路。这些民族地区建设重点生态功能区将彻底改变这种同质化的竞争模式，通过发挥自然资源优势、提供生态产品实现产业升级转型，将资源优势转变为竞争优势，谋求区域经济的可持续发展道路。

最后，民族地区重点生态功能区的建设也有利于少数民族的文化传承。如果不建设重点生态功能区，生态脆弱区域不进行生态修复和环境治理，一些地质条件特殊、地广人稀、居住环境恶劣、生计困难的地区少数民族群体可能需要整体搬迁，民族文化就失去了赖以存在的根基，

---

① 兀晶：《西部民族地区传统产业升级路径研究》，《贵州民族研究》2016年第7期。

文化保护与传承困难重重，甚至一些民族文化就断根了。因为自然环境已经构成文化保持和传承的基础，正如民族学学者研究山水环境保护与民族文化关系时指出的："藏族人民千百年来依据自然环境创造了精美绝伦的有形文化遗产与人文景观，荒野中建立的玛尼堆、佛塔、天葬台、敖包是寄托信仰、向往神圣的标志。"① 鄂温克族的驯鹿文化也是体现文化生态学的典型代表，鄂温克族在我国主要分布于内蒙古自治区呼伦贝尔市的根河市，根河已经被划入大小兴安岭森林生态功能区。离开了高寒带的自然环境和地衣苔藓植物种落，驯鹿难以生存，没有了驯鹿，驯鹿文化就会因为丧失物质载体而消失。"鄂温克人出生、成婚、生产、旅行、迁徙、祭祀都离不开驯鹿，驯鹿的习性和特征甚至成为鄂温克人民族性格和气质的象征符号，有关驯鹿的称谓和词汇如此深刻地镶嵌在鄂温克的历史集体记忆和心灵当中，以至于驯鹿作为象征符号与鄂温克人的价值观、思维方式、审美取向紧密地联系在一起。"② 这也是社会学研究者就敖鲁古雅鄂温克猎民们为何经过三次整体搬迁和定居至今还处于定而不居的状态，进行研究得出的结论。

　　而"文化是特定群体成员所习得的和共享的概念系统、意义体系和情绪情感模式，是一套象征系统"③，尤其对于少数民族群体而言，本民族文化是维系民族存续的重要精神力量，是本民族群众心理归属感、幸福感、满足感得以产生的保障，因为"各个传统文化维系自身延续和发展的力量，也就是不同族群自身团结、认同的力量"④。保留多元文化形态、做到不同文化形态的平等对话，也是我国作为多民族国家对世界文化和文明发展做出的重要贡献。

---

① 南文渊：《山水环境保护与民族文化传承的一体性》，《大连民族学院学报》2015 年第6 期。

② 孛尔只斤·吉尔格勒、超太夫：《敖鲁古雅鄂温克猎民们的游牧与定居问题研究》，载色音、张继焦主编《生态移民的环境社会学研究》，民族出版社 2009 年版。

③ 曹昶辉：《当前边疆民族地区乡村振兴的阻滞因素及应对策略》，《广西民族研究》2018 第 4 期。

④ 谢元媛：《生态移民政策与地方政府实践——以敖鲁古雅鄂温克生态移民为例》，载色音、张继焦主编《生态移民的环境社会学研究》，民族出版社 2009 年版。

二　民族地区政府履职难度加大

首先，民族地区地方财政缺口将进一步加大。"一个地区的财政收入水平是衡量地方政府公共服务能力的重要因素"[1]，财政收入是财政支出的基础，地方政府财政收入数额较低必然影响基本公共服务供给，甚至出现供给不足的状况。民族地区由于自然条件、科技水平等历史、地理因素的影响，地方财政收入在全国处于较为落后的水平，一直是中央财政转移支付的重点对象，并通过财政转移支付基本实现民族地区公共服务均等化的目标。而建设重点生态功能区，限制地区大开发，短期内将直接导致地方政府财政收入降低；与此同时，政府公共服务支出不降反而增加。《全国主体功能区规划》中设定的重点生态功能区发展目标明确提出重点生态功能区人均公共服务支出高于全国平均水平的数值要求，对民族地区重点生态功能区而言，一方面是相对落后的地方财政收入现实，另一方面是高出全国平均水平的人均公共服务支出，难度之大可想而知。

其次，民族地区建设重点生态功能区也要求所在区域的地方政府改变发展观念，树立生态大局意识，在全国主体功能区规划中正确看待本地区所处地位，在找准发展目标的前提下履职。并且，这种对政府职能的影响还表现为对政府各职能部门之间的关系提出新要求。从环境管理的角度来看，以往环保部门执法实行"统一监督管理"和"部门分工负责"的管理体制，除环保部门外，农业、林业、牧业、渔业、水利、交通等行政主管部门都承担了一定的环保职责[2]。这种以单个环境要素为保护对象的管理体制全然没有关注这些自然资源相互之间及个体与整体之间的关系，而且由于各部门职能及利益的争夺，管理失效的现象频频出现。而重点生态功能区的管理体制必须契合生态系统的特性，生态

---

① 舒银燕、庞娟：《广西基本公共服务均等化及对策研究》，《广西社会科学》2012 年第 1 期。

② 2018 年国务院机构改革组建生态环境部，实现"地上和地下、岸上和水里、陆地和海洋、城市和农村、一氧化碳和二氧化碳"五个统一管理，这将极大地改善过去环境管理职能过于分散带来的弊端。但涉及所有开发利用自然资源行为的管理职能不可能完全收归地方环境保护行政主管部门，管理部门协调的需求依然存在。

学研究者认为"整体"就是指生态的"系统"性，并引用系统论创始人 L. V. 贝塔朗菲对系统的定义认为整体就是"相互联系的诸要素的综合体"①。无论是在重点生态功能区划定的过程中，还是在后续的管理过程中，各职能部门的管理制度、措施都集中于一个区域，且环境要素之间的物质转换和能量流动使得看似不相关的管理措施实际上紧密相关甚至互为因果。如何处理和解决好各职能部门之间在重点生态功能区履行职能的关系，是民族地区重点生态功能区建设中必须解决的问题。

此外，重点生态功能区的边界依生态系统的自然属性划定，但又以县域为基本单元，25 个重点生态功能区的区域都已经具体到了县，呈现出"山川形便"和"犬牙相入"②的区划特点。一个重点生态功能区包括数个县市，有的完全分布于民族地区，如桂黔滇喀斯特石漠化防治生态功能区包括广西壮族自治区、云南、贵州 26 个县；有的重点生态功能区跨民族地区和非民族地区分布，如三峡库区水土保持生态功能区跨湖北和重庆两省市，其中在湖北境内涵盖了巴东县、长阳土家族自治县、五峰土家族自治县三个县域。这些被划入同一个重点生态功能区的县域，为了实现重点生态功能区的建设目标，跨行政边界的政府合作必不可少。其中有典型跨界管理需求的就是以流域治理为建设目标的重点生态功能区，如三峡库区水土保持生态功能区和武陵山区生物多样性与水土保持生态功能区，这两个区域都是由民族地区和非民族地区的若干个县市构成。流域治理是一种特殊的公共品需求，在具备纯公共物品属性的基础上，还具有外溢性或渗透性、不可分性、不确定性等特点，这些问题超越传统的行政区域边界，而且其复杂程度也是传统社会治理模式能力所不敌的③。显然，跨界管理是这些民族地区地方政府要面临的挑战。

---

① 田国行、范钦栋：《绿地生态系统规划的基本生态学原理》，《西北林学院学报》2007 年第 4 期。

② "这就可以理解历史中国长期坚持的'山川形便'和'犬牙相入'这两条行政区划基本原则的宪制意义。"参见苏力《大国及其疆域的政制构成》，《法学家》2016 年第 1 期。

③ 费广胜：《经济区域化背景下地方政府横向关系研究——基于竞争与合作秉持的角度》，中国经济出版社 2013 年版，第 228—230 页。

三　国家宏观层面的利益增进

(一) 保障国家生态安全

生态安全是指一国生态环境在确保国民身体健康、为国家经济提供良好的支撑和保障能力的状态。构成生态安全的内在要素包括：充足的资源和能源、稳定与发达的生物种群、健康的环境因素和食品①。"关系全国或较大范围区域的生态安全"是认定国家重点生态功能区的要素之一，区域内限制和禁止发展的相关规定不仅影响区域内各主体的权益，也关系到国家的生态安全。我国许多少数民族地区地处大江大河的源头或大山深处，与经济发达地区相比保持了相对较为完整的自然生态，是国家的绿色生态屏障，因为任何共同体的持续存在都以生态的可持续为前提，自然是一切生命的源头。

民族地区建设重点生态功能区不仅为国家建设提供了自然资源贮备，更增强了全国绿色资源的再造能力进而增强环境的净化能力。以藏东南高原边缘森林生态功能区为例，其涵盖西藏自治区的墨脱县、察隅县、错那县，独特的自然地域格局和丰富多样的生态系统对我国生态安全具有重要的屏障作用，有研究者将其屏障作用总结为水源涵养作用、生物多样性保护作用、水土保持作用、碳源/汇作用②四个方面。因此，民族地区建设重点生态功能区对我国生态文明建设具有重要的意义，不仅是为当地少数民族群众打造了"生态宜居"的环境，而且有益于国家层面生态利益的增进，在生态文明视域下也可理解为民族地区向全国其他地区提供了生态产品。以前，自然资源丰富的西部民族地区为全国的工业发展提供能源和原料，现在建设重点生态功能区本质上仍然是提供资源性产品，只不过这种产品是无形的，更难计价。

(二) 实现地区平衡发展

党的十八届五中全会在深入分析"十三五"时期我国发展环境的基本特征和严峻挑战后，首次提出创新、协调、绿色、开放、共享五大发

---

① 任翠池、张叶锋、赵春颖：《我国的生态安全问题》，《广西轻工业》2010年第7期。

② 孙鸿烈、郑度、姚檀栋、张镱锂：《青藏高原国家生态安全屏障保护与建设》，《地理学报》2012年第1期。

展理念。这五大发展理念也是引领新时期民族地区发展的指导思想，重点生态功能区制度综合体现了这五大发展理念，其实施将直接缩小民族地区与发达地区的发展差距，实现全国范围内的地区平衡发展。

重点生态功能区发展定位为提供生态产品，划入重点生态功能区的这一部分民族地区就要以创新理念为指导，创造性地设计、生产、销售生态产品，将清洁空气、清洁水源等设计为可以通过市场交换实现经济价值的新型产品，挖掘出生态优势的市场价值，实践"绿水青山就是金山银山"的有效路径。以协调理念为指导，明确民族地区建设重点生态功能区的区域在生态文明建设中的地位和分工，探索环境保护与地区发展的互动模式，不再追求与发达地区一样的发展模式。以绿色理念为指导，坚持这部分地区环境保护优先的发展理念，摸索经济发展的生态化转型。以开放理念为指导，将民族地区的重点生态功能区建设融入全国一盘棋的大局中，实现生态产品走出去、产业投资引进来的发展理念。以共享理念为指导，要求这部分地区中已有的城镇在区域发展中要充分实施"共享"模式，吸纳周围分散居住的乡村人口进入城镇居住，保证交通、医疗、教育、卫生、养老、社会保障等基础设施的统一联动和持续跟进，从而实现城乡居民共享发展成果。

可以预见，经过一定时期的建设，体现这五大发展理念的重点生态功能区制度将为一半的民族地区找到有效可行的发展道路，最终改变我国部分民族地区大幅度落后于东部经济发达地区的不均衡局面，实现全国范围内的地区均衡发展。

（三）提升国家认同感

有研究者在探讨我国生态文明建设的公共价值这个话题时指出，新疆地区部分少数民族抵制石油开采、防止资源过度消耗和环境污染，云南境内部分少数民族和西藏地区部分少数民族集体抵制炼化石油产业和重工业入境、防止生态遭到破坏等一系列事件的涌现，致使民族团结的成果受到挑战①。这些现象的出现，一方面反映了少数民族群众的生态

① 郭小靓、原丽红：《我国生态文明建设的公共价值探析》，《学术交流》2017年第12期。

环境保护意识不断增强，另一方面也表明部分民族地区传统的经济发展模式及其在全国经济发展中的传统定位是不可持续的，也是无益于民族团结的。由于少数民族地区自然资源包括矿产资源丰富①，在过去很长一段时间作为全国工业生产的自然资源供应地区，走过了资源型地区的传统发展道路。这些自然资源的开发，虽然给民族地区带来了一定的就业机会和收入增加，但同时造成了一部分民族地区的环境问题恶化，如"新疆、云南、内蒙古和广西等省区都是矿山地质灾害的重灾区"②。更由于不同类型产品的价格剪刀差即民族地区以较低的价格卖出自然资源类产品③，同时以较高的价格买进工业发达地区的工业及高科技产品，使得民族地区的经济发展始终落后于工业发达地区。

而《全国主体功能区规划》的设计，统筹规划全国的国土空间发展，将这些生态环境有所退化的民族地区划入重点生态功能区，实现全国发展一盘棋的分工协调发展思路，将极大提升少数民族群体的国家认同感。可以预见，随着重点生态功能区的发展目标逐步实现，这部分民族地区将通过环境修复和治理，重现绿水青山的美丽画卷，并实现人均公共服务支出高于全国平均水平的数值要求、绝对贫困现象基本消除的美好图景，各民族群众的幸福感指数也将大大得到提升。这种认同感和幸福感正是将各民族凝聚在中华民族共同体中的重要纽带，将极大巩固民族团结的成果，聚合各民族的力量，最终共同实现中华民族的伟大复兴。

---

①　根据《中国统计年鉴》数据整理，《全国主体功能区规划》发布后的首年 2011 年我国五个民族自治区加上青海、云南和贵州三个享受民族地方政策的省，原煤产量占全国产量的 41.2%，原油产量占全国总产量的 14.9%，天然气基础产量占全国总产量的 53.8%。

②　何芳、徐友宁、乔冈、陈华清、刘瑞平：《中国矿山地质灾害分布特征》，《地质通报》2012 年第 Z1 期。

③　有研究指出民族地区自然资源开发地社区从资源开发企业中取得的收益一般仅占资源开发总收益的 1%—3%，而从央企取得的收益似乎更低。参见马晓青、王天雁《自然资源开发地居民利益损失补偿模式研究——以 8 省（自治区）少数民族地区为例》，《贵州民族研究》2015 年第 8 期。

第二章

民族地区重点生态功能区建设的
法律需求及立法原则

第一节　民族地区重点生态功能区建设的法律需求

一　利益冲突需要法律调控

吕忠梅教授在谈到我国自然保护地的立法时提出，立法是经济社会发展到一定时期做出的政治选择，立法中的利益博弈和协调是一个典型政治行为。通常，决定这种政治行为的经济社会因素或者条件有四个方面，首先就是立法的现实需求，社会经济发展过程中产生了现行法律不能解决的新的利益冲突，需要承认新的权利或者对旧的权利加以限制①。重点生态功能区制度将生态区划与国土空间管理相结合，是伴随我国主体功能区划战略出现的新事物。该制度不仅改变了传统的要素式环境管理模式，并且将环境管理真正融入了经济建设、政治建设、文化建设、社会建设各方面，是从生态文明和建设美丽中国的高度进行的制度创新。制度创新必然带来相关利益方的权益调整，从而引发新的利益冲突。分析民族地区重点生态功能区建设中产生的利益冲突，以公平合理的权益分配机制协调利益冲突是该制度得以推行的必要保障。

---

① 吕教授谈到的另外三个立法条件是："二是立法的内生动力，即为解决利益冲突，实践中已经有了相对丰富的探索，并形成了一些解决方案；三是立法有一定理论支撑，即理论研究达到了一定的水平，可以为制定法律提供基本理论支持；四是政治家的价值取向明确，即政治家对解决利益冲突的意志坚定。由此来看中国启动保护地立法的条件已基本成熟。"参见吕忠梅《关于自然保护地立法的新思考》，《环境保护》2019年第3期。

（一）利益冲突的表现

民族地区建设重点生态功能区产生的利益冲突源于自然资源的开发利用，因为从重点生态功能区的划定依据、功能定位和类型、规划目标、发展方向、开发管制原则来看，无一不是围绕自然资源的开发利用展开的。综合来看，自然资源利用也容易引起冲突，原因主要有四个：①不同群体对自然资源的使用形成了复杂的网络关系，实力强的群体获得对资源管理的控制权；②自然环境间相互联系，意味着个体行为的影响范围很大；③资源利用不仅是谋生的手段，常常也是一种生活方式和文化认同；④由于消耗过大、环境变迁和分布不均衡，大部分自然资源供应随时间推移而减少。① 民族地区建设重点功能区产生的利益冲突有多种表现形式，如经济发展目标和生态保护目标的冲突、民族地区当前利益和长远利益的冲突、局部利益和整体利益的冲突等，从不同的角度分类可以归纳出利益冲突的不同样态。但就分析利益冲突的目的是为法律调控研究奠定基础而言，有必要从利益冲突主体的角度进行分类，因为法律是对一定主体行为的规范，法律通过行为规制实现调控目标，法律首先作用于行为主体。从主体的角度进行划分，大致出现了以下四对新的利益冲突。

其一，民族地区重点生态功能区与中央政府的利益冲突。中央政府代表国家利益，民族地区建设重点生态功能区将整体提升国家利益，包括国家生态安全保障、区域协调发展、民族团结增进。而民族地区重点生态功能区停止大规模城镇化、工业化的发展，限制发展导致整个区域经济增长放缓。其二，区域与区域的利益冲突。《全国主体功能区规划》列出的重点开发和优先开发区域大多属于经济发达地区，而民族地区重点生态功能区则多为经济欠发达地区，开发管制原则的分类实施将加大这两类地区之间的发展差距。并且，由于生态保护具有溢出性效果，重点开发和优先开发区域可以共享民族地区重点生态功能区建设的成果，这直接导致两大区域间的利益和负担分配不均衡。其三，民族地区重点

---

① 程进：《我国生态脆弱民族地区空间冲突及治理机制研究——以甘肃省甘南藏族自治州为例》，博士学位论文，华东师范大学，2013 年。

生态功能区与区域内部自治机关的利益冲突。全国 25 个重点生态功能区，有的完全分布于民族地区，如藏东南高原边缘森林生态功能区、藏西北羌塘高原荒漠生态功能区、塔里木河荒漠化防治生态功能区；有的跨民族地区和非民族地区分布，如武陵山区生物多样性与水土保持生态功能区、三峡库区水土保持生态功能区。重点生态功能区的划定以自然区域为依据，依托于一个完整的生态空间，内部各自然要素之间能量循环、物质转化，整体性极强、关联度也很高。另外，重点生态功能区的具体区划都已经明确到县域，而县域是我国行政区划①的基层单位，"具有很强的封闭性，尤其在管理经济方面，各行政区在其区域经济发展过程中以自己为中心，各自为政，自成体系"②，有自己独立的经济利益。民族地区的县域有的是自治县，有的隶属于自治区或自治州之下，自治机关享有自治权，主导地方发展。自治机关的主导发展权与民族地区重点生态功能区的区域发展目标如何统一协调是必须关注的问题。其四，区域内部自治机关与当地群众之间的矛盾。自然资源是经济社会发展的财富源泉，是资源所在地群众获得经济收入的物质基础，民族地区的群众世代相传着利用自然资源获取生计物质的技艺和传统。当自治机关为实现重点生态功能区的发展目标而对自治区域内的自然资源实施用途管制时，当地群众传统的资源利用方式如采集、砍伐、放牧、狩猎等，将被限制甚至禁止。如由于历史原因，云南乌蒙山国家级自然保护区周边群众形成了将牲畜散养在保护区内的习惯，2018 年 8 月 15 日至 30 日，云南乌蒙山国家级自然保护区多措并举开展为期 15 天的禁牧专项行动，

---

①　行政区是指为实现国家的行政管理、治理与建设，对领土进行合理的分级划分而形成的区域或地方。行政区是行政区划的结果，带有明显的政治色彩，是一种有意识的国家行为。行政区域具有边界范围的确定性、行政系统自上而下的垂直性和系统性等特征。参见陈湘满、刘君德《论流域区与行政区的关系及其优化》，《人文地理》2001 年第 4 期。

②　陈湘满、刘君德：《论流域区与行政区的关系及其优化》，《人文地理》2001 年第 4 期。

全面清退保护区内牲畜。①

（二）法律调和冲突之利益

围绕民族地区建设重点生态功能区，产生了不同主体间的利益冲突，但"不论是高层级行为主体，还是地方层级行为主体，都具有相一致的利益目标，即实现地方社会、经济和生态的可持续发展，进而实现区域和全国的整体发展。这也就决定了不同层级行为主体之间的空间冲突并不是根本利益或目标之间的冲突，而是共同利益目标背景下各层级主体行为的非协调性关系"②。在这种可协调的利益冲突下就产生了法律需求，因为法律与利益的关系总而言之是"法律的权利界定，起于利益分歧，终于利益分配。只要存在利益分歧，就会存在界权需求"③。

古今中外的学者对法律调和利益冲突的价值都有过论断。我国台湾学者陈清秀援引儒家四书中庸所述中庸之道"执其两端，用其中于民。中也者，天下之大本也；和也者，天下之达道也。致中和，天地位焉，万物育为"阐释法律规范治理公共事务的价值理念④。德国学者主张法的必要目标之一就是调和可能相互对立与冲突之欲求⑤。我国台湾学者杨奕华指出："法的目的是使人类以最少的花费，获得需求的最大满足。法律不但要调和个人与个人之间利益的冲突，更要均衡个人与社会之间的利益的扞格"⑥。季卫东教授也指出法律制度针对复杂多变的社会发挥简化作用，有效协调处理利益博弈关系⑦。

可见，法律能够通过界定权利、规制义务的方式将重点生态功能区

① 乌蒙山管护局、易祥波、刘世凤、黄朝富：《云南乌蒙山国家级自然保护区多措并举开展保护区禁牧专项行动》，载搜狐网"昭通林业"，2019 年 3 月 5 日访问，http：//www.sohu.com/a/249783197_ 100017917。

② 程进：《我国生态脆弱民族地区空间冲突及治理机制研究——以甘肃省甘南藏族自治州为例》，博士学位论文，华东师范大学，2013 年。

③ 凌斌：《法律的性质：一个法律经济学视角》，《政法论坛》2013 年第 5 期。

④ 陈清秀：《法理学》（第二版），元照出版社 2018 年版，第 133—134 页。

⑤ ［德］迪特玛尔·冯·德尔·普佛尔滕：《法哲学导论》，雷磊译，中国政法大学出版社 2017 年版，第 94 页。

⑥ 杨奕华：《问法为何物——人本法学导论》，元照出版社 2013 年版，第 80 页。

⑦ 季卫东：《决策风险、问责以及法律沟通》，《政法论丛》2016 年第 6 期。

建设中各方主体的利益冲突化解。义务性规范约束民族地区被划入重点生态功能区的行为主体行为符合区域主体功能，同时通过赋权规范给予这些主体获得补偿的权利，实现环境利益的分配正义。现代社会，法律是有效解决环境保护与发展的冲突关系及不同群体在环境利益分配中矛盾的制度体系，使各方主体在重点生态功能区建设中求同存异，利益冲突但又和谐共处。

二　提供政府行使事权的法律依据

落实主体功能区规划，建设民族地区重点生态功能区显然不是市场行为所能完成的，环境保护作为一种典型的公共物品，其显著的"外部性"决定了政府在环境保护领域负有不可推卸的责任，"生态功能区更加强调在自然生态环境保护下的经济社会发展"①。我国政府行为领域的研究者指出，"生态功能区作为一项复杂性、系统性极强的长期工程，其重要意义和繁杂程度决定了只能由政府来主导，且是理所当然的建设主体，政府行为是政府履行这一职能和责任的表现形式"②。

首先，建设重点生态功能区是实施国家发展战略，重点生态功能区本身就是政府的规划意图和政策导向。由于限制开发的重点生态功能区以县级行政区为单元进行划分，民族地区的县域政府成为生态功能区建设的中流砥柱，首要任务就是完成本地区符合重点生态功能区定位的发展规划的编制，划定生态保护红线，确定具体的开发点，完成"点上开发、面上保护"的蓝图设计。并且，在重点生态功能区建设的起步阶段，政府成为生态服务和公共产品的提供主体，筹划并部署环境保护基础设施建设项目，甚至政府直接投资建设部分生态建设项目，如退耕还林还草、废气废水废物处理等，及道路、教育、医疗等公共产品的供给③。其次，重点生态功能区既是生态屏障地区，也是生态脆弱地区，

---

① 宁国良、杨晓军：《生态功能区政府绩效差异化考评的模式构建》，《湖湘论坛》2018年第6期。

② 曹姣星：《生态功能区建设中政府行为的理性回归》，《鄱阳湖学刊》2014年第6期。

③ 有研究表明，生态功能区的政府要确保其环保投入占 GDP 的比例超过 2% 时，生态环境才有可能从总体上出现好转。参见赵洪发、周春华等《生态城市建设的理性思考与对策研究——对胶南市生态城市建设的调查与思考》，《青岛行政学院学报》2004年第2期。

为了治理环境污染、修复脆弱的生态环境，重点生态功能区区划内的自然资源利用行为将受到限制，而市场主体以追逐利益为个体行为的导向，不会自发改变或停止自然资源利用，必须依靠政府行为引导、管制、激励市场行为朝向有利于重点生态功能区建设目标实现的方向发展。再次，重点生态功能区的主体功能定位本身就意味着区域发展受到了一定的限制，短期内发展空间和机会丧失，区域内主体丧失了在市场经济中获利的可能性，这决定了重点生态功能区建设必须坚持政府主导模式，由中央政府统一协调，通过财政转移支付等宏观调控手段弥补目标区域发展权的损失，平衡区域在环境保护上的投入与限制发展带来的利益减损。

从政府行为的角度而言，"政府行为研究面临两个基本问题，一是宏观的国家治理问题，它以中央和地方的政府间关系为基本研究对象；二是微观的社会关系问题，它以权力的各种微观运作机制为基本研究对象"[①]。具体到民族地区重点生态功能区建设中的政府行为，也可以大致分为宏观和微观两类：宏观的指向中央和自治机关在重点生态功能区建设中的事权划分，微观的指向自治机关运用行政权力主导区域发展。但这里的微观权力运作区别于传统政府职能，其最大特点在于，强化生态意识，无论是对自然的生态管理、对公众的生态服务，抑或对经济发展的生态管制，都力求通过政府行为的规制效应，实现重点生态功能区"要把社会经济体制从给环境造成重大'负荷'的现行体制转换为有益于环境的环境保全型生产体系和循环生产体系"的建设目标[②]。而在传统政府履职模式中，生态问题只是环保部门应承担的职责，其他职能部门一般很难将其视为重要职能。划入重点生态功能区的民族地区自治机关行使事权的模式、要求发生了很大改变，生态服务从局部职能、部门职能转换为全面职能、首要职能。

法治社会中，政府行使事权必须基于法律明确规定所提供的法律依

[①] 周飞舟：《政府行为与中国社会发展——社会学的研究发现及范式演变》，《中国社会科学》2019 年第 3 期。

[②] 姬振海：《生态文明论》，人民出版社 2007 年版，第 248 页。

据，"推进各级政府事权规范化、法律化，这是推进国家治理体系和治理能力现代化的必然选择"①，因为"一切有权力的人都容易滥用权力，这是万古不易的一条经验，有权力的人们使用权力，一直到遇有界限的地方才休止"②，重点生态功能区自治机关事权行使规范化、自治机关与中央政府事权划分规范化，是我国法治社会建设的有机组成部分。此外，民族地区建设重点生态功能区，是前所未有的人类实践，且"就生态功能区而言，政府是该区域经济建设和社会发展的主导者，其行为直接影响着该区域发展的方向和状况，决定着生态功能区建设的成败"③。在这样一项开创性的事业中，以法律规范政府行为，也能有效地防控决策风险，"为了减少时间限制、防控决策风险，现代法治国家的制度设计是普遍推行以'合法'与'违法'的二元化编码为特征的规范图式"④。

三　实现公共政策法律化

"公共政策就是政府选择做与选择不做的事情。"⑤ 这样一个宽泛的概念，似乎很难算得上是对公共政策的精确定义，但其已经指出公共政策几个公认的属性：一是由政府制定，随着福利国家的兴起，人们寄希望于政府能做更多的事情，尤其是那些超出个人、团体能力范围的具有重大影响的公共问题，政府是公共政策的制定和执行主体。二是有明确的指向即"选择做与不做的事情"，选择本身就是一种价值判断，公共政策具有明确的目标或方向。不同群体对社会资源有不同的利益诉求，而这些社会资源对整个社会的公众都有着重大的影响，政府作为国家管理者和社会发展主导者，必须对整个社会的资源和利益进行分配，分配的标准已然体现政府配置公共资源的价值导向。三是政策目标与政策工

---

① 楼继伟：《推进各级政府事权规范化法律化》，《人民日报》2014年12月1日，第7版。
② ［法］孟德斯鸠：《论法的精神》，张雁琛译，商务印书馆1995年版，第104页。
③ 曹姣星：《生态功能区建设中政府行为失范的具体表现与诱发因素分析》，《云南行政学院报》2015第3期。
④ 季卫东：《决策风险、问责以及法律沟通》，《政法论丛》2016年第6期。
⑤ ［美］托马斯·R·戴伊：《理解公共政策》，谢明译，中国人民大学出版社，第1页。

具一体化,即"做与不做"。"做与不做"就是为实现政策目标而制定的政策工具。

在民族地区建设重点生态功能区就是推行《全国主体功能区规划》这一公共政策。《全国主体功能区规划》是国务院制订的,根据区域资源环境承载能力进行国土开发和空间管制,实现人与自然和谐发展的政策目标,并制定分类管理的区域政策和绩效评价等工具实现政策目标,具备政府主体、政策目标、政策工具这三大属性,是典型的公共政策。探究民族地区重点生态功能区建设的法律对策,实现公共政策法律化,是有效推进这一政策的抓手。

首先,公共政策和法律的指向对象不同,两者发挥社会影响的路径不同。《全国主体功能区规划》指向区域整体利益调节,政策的实施主体是各级行政机关,"这些规划主要对政府及其主管部门依法审批规划范围内相关开发利用环境资源项目以及规划所确立的环境与自然保护类项目具有指导意义和依据作用,但它们一般不对行政机关以外的人和事具有直接的法的拘束力"①。而法律不同于公共政策的整体宏观性治理,其通过对个体行为的赋权和规范,重在调节个体利益,从微观但普适的角度实现社会治理。即法律具有普适性,法律面前人人平等,所有的社会主体都要受法律规制的约束。

其次,公共政策和法律的实施效力有区别。《全国主体功能区规划》的内容是行动目标和行动方向,缺乏明确具体的义务性规范,没有追责机制,实施主要依靠宣传和教育等鼓励性手段,实施强度弱。而法律的实施以承担法律责任这一否定性后果为保障,法律明确规定了认定法律责任的具体标准和完善的追责程序,法律的强制性高于公共政策,从而法律的实施效果优于公共政策。

最后,法律的明确规定使人们得以预期自己的行为后果,从而发挥法的指导行为、宣传新发展观的功效。我国台湾学者陈清秀指出,安定性是法的基本理念之一,在行政法上,法的安定性追求的目标之一,在于个别行政法律规定,如果课予人民义务负担,包括其法定构成要件与

---

① 汪劲:《环境法学》(第三版),北京大学出版社2014年版,第132页。

法律效果，均应尽可能具有"明确性"，以及其整体法律秩序应尽量具有"透明性"，以便人民可以实现预测其公法上负担内容，并安排其生活①。建设重点生态功能区的公共政策实现法律规则的转化后，可以通过确定性的法律话语体系，使公众知悉并预测自己行为的法律后果，而不是在公共政策实践中，各级政府处于各种关系的连接点上，政策目标实现的不确定性因素众多，公众难以明晰自己行为的后果。尤其是一种新的、会带来利益冲突的发展方式，需要权威性的法律加以推行，让公众明确认知其权利义务体系及行为的法律效果，通过预测可能性从而遵守规则，进而实现法律规则所倡导的发展方式。

第二节　民族地区重点生态功能区法律的定位与特性

"新旧秩序的交接时代，法律几乎实现了对社会各个领域和各个环节的全覆盖。这意味着，所有的与人有关系的社会问题最终都将演变为'法律问题'。"②民族地区重点生态功能区的建设也不例外，前文已经从利益冲突需要法律调控、政府行使事权需要法律依据、公共政策的法律化需求三个方面论述了法律需求的必要性。在探讨现有法律及其实施的问题并思考完善对策之前，有必要就民族地区重点生态功能区立法的法理基础进行分析，因为"法是法学的产品"，法首先是一种知识，虽然直接的生产者是立法和司法（执法）机构，但间接生产者是包括法学家在内的法律职业共同体，如每一个立法都有法学的支撑，如立法理由书，通过司法的法律续造和判例法，都须有法学的论证，立法和司法拥有显性制度性权力，在其背后的法学共同体因而拥有隐性制度性权力，使得法学是一种权力性知识。③

---

① 陈清秀：《法理学》（第二版），元照出版社 2018 年版，第 141 页。

② 梁文永：《一场静悄悄的革命：从部门法学到领域法学》，《政法论丛》2017 年第 1 期。

③ 郑永流：《重识法学：学科矩阵的建构》，《清华法学》2014 年第 6 期。

一　法律定位：政策法与监管法一体

（一）法律定位之一：政策法

政策法有两个层面上的含义：第一，从法源的角度看，政策法是政策向法的转化，如产业政策法就是最典型的政策法，美国 1969 年《国家环境政策法》也是政策性环境立法的典范。第二，从法的内容来看，政策法是和监管法相对而言的一个概念，如有学者以气候变迁为例，说明新兴环境问题的出现，要求环境法从管制法向管制法和政策法相结合的方向发展，因为"光是温室气体减量的议题，例如是否减量、减量目标的订定、实施的对象，所涉及的考量不仅是管制的问题，还包括外交的角力、经济与环境利益的权衡、产业的走向等。这些事情的决定，往往不是单纯管制有效性的问题，而是需要各种利益的权衡、妥协与规划，通过政策法形成环境立法的基本框架与走向。"①

首先，从法源的角度看，围绕民族地区建设重点生态功能区的系列法律是政策法，是政策向法的转化。"实证主义认为，法律是一种人类创造，不能回应任何更高或更基本的规范体系。法律表达了立法者的意志或者可能。"② 但是，从法源的角度来看，作为人类创造的法律是可以回应更高或更基本的规范体系的，如自然法中反映的公平、正义、自由、平等、人性等自然理性的集合，可以成为实证法的来源，它的目的是保护人与生俱来的自然权利。此外，自有国家以来，政策就是国家能力的延伸和国家意志的体现，政策成为重要的法源。如环境政策影响环境法治的理念、导向，进而促成政策性环境立法，2014 年我国《环保法》的修订就是一系列环境保护政策、理念的产物，其作为我国环境法律体系的基本法，是典型的政策法。当然不是所有的政策都可以通过立法程序转变为法律，有学者以产业政策为例，将产业政策分为法源性产业政策和非法源性产业政策，法源性产业政策应当是成熟产业政策，这

---

① 叶俊荣：《环境立法的两种模式：政策性立法与管制性立法》，《清华法治论衡》2013 年第 3 期。

② Hanina Ben-Menahem & Yemima Ben-Menahem, The Rule of Law: Natural, Human, and Divine, *Studies in History and Philosophy of Science*, 2019.

类产业政策必须对经济可持续发展与社会整体利益有深远且重大影响①。即"并非所有产业政策都能上升为法律,那些具备全局性、整体性和重大影响性的中长期成熟产业政策可以上升为法律,短期政策则不易如此为之"②。同理,政策是产业政策的上位概念,也可以区分为法源性政策和非法源性政策。重点生态功能区是《全国主体功能区规划》中划定的一种类型的区域发展模式,《全国主体功能区规划》是国务院制订和发布的,我国国土空间开发的战略性、基础性和约束性规划,是国家计划体系中的框架性规划纲要,与现有各类空间规划之间具有指导与被指导的关系。甚至有学者将其地位上升为"软法"。显然,《全国主体功能区规划》是具备全局性、整体性和重大影响性的国土空间开发政策,其中建设重点生态功能区的政策可以认定为是法源性政策。

其次,从法的内容来看,围绕民族地区建设重点生态功能区的系列法律是政策法。作为政策法,"是透过立法或行政作为来具体化国家的政策方向与制度,指引国家行政及立法部门的施政"③,其主要内容是在于建立框架,对政府行为做出引导性规定,通过政府行为实现建设重点生态功能区的目标,因为政府是执行政策的主体,通过"目标—行为"模式"对公共政策权力的合理约束和对公共政策程序的适当规定"④。主体功能区规划作为国家层面的发展规划体现了国家通过宏观调控干预地方经济发展进程的主观意志,并且国家干预目标的实现要求发挥从中央到地方各级政府的职能。政策明显的价值取向转化为立法目的后,即可借助法律的话语体系确认并宣示重点生态功能区建设的基本目标、价值定位和发展方向。从而通过以授权、指引为特征的政策法去引导政府的行为,并通过政策法明确规定行政权的边界、具体内容、监督制约机制,这是政策法律化的核心。附带的,同时也借助法律的权威性、稳定

---

① 曹书、陈婉玲:《产业法之政策法源考——基于产业政策与产业法的关联性分析》,《辽宁大学学报》(哲学社会科学版) 2019 年第 2 期。

② 张雪梅:《产业结构法研究》,中国人民大学出版社 2005 年版,第 27 页。

③ 叶俊荣:《环境立法的两种模式:政策性立法与管制性立法》,《清华法治论衡》2013年第 3 期。

④ 张小雁:《公共政策的法治化》,《探索》2003 年第 6 期。

性向社会各界昭示新的发展理念，发挥法律形塑社会新秩序的功效。

（二）法律定位之二：监管法

《全国主体功能区规划》划定的四种类型区域中，重点生态功能区的建设目标最需要通过监管实现，既需要中央政府对地方政府进行监管，也需要地方政府对市场主体进行监管。因为无论是优化发展区域还是重点发展区域，都重在工业化城镇化开发，都属于城市化地区，开发内容总体上相同，开发强度和开发方式也大致一样，以提供工业品和服务产品为主体功能。即便是同为限制发展区域的农产品主产区，虽然也是要限制进行大规模高强度工业化城镇化开发，但以增强农业综合生产能力作为发展的首要任务。无论是工业品、服务产品还是农产品，在消费上都具有排他性及独占性，能够衡量其相对确定的市场价值，产品输出地区可以通过市场交换实现产品的经济价值，这样的发展模式符合地方政府和市场主体发展经济增收的内生动力。

而禁止开发区域是依法设立的各级各类自然文化资源保护区域，这些不同类型的自然保护地有些在我国已经有相应立法进行专门保护，如《自然保护区条例》；有些专门立法正在制定过程中，如国家公园立法。无论是否有专门立法，部分类型的自然保护地在我国出现已久，管理经验丰富。最重要的是，这些禁止开发区域呈点状分布，范围较小，人地矛盾可以通过生态移民即迁出人口的方式加以解决。

唯独以提供生态产品为主体功能的重点生态功能区例外。第一，生态产品具有非独占性和消费上的非排他性，市场定价困难，受益主体不确定，生产产品的价值难以通过自发的市场交换实现。第二，为了提供生态产品这些地区又必须限制工业发展甚至禁止世居少数民族获取自然资源谋求生计，因此作为限制发展区域，传统经济发展方式要实现转型。第三，重点生态功能区占国土面积较大区域，人地交织，不可能通过迁出人口实现封闭式管理和保护。因此，综合以上种种因素，无论是这些区域的地方政府还是市场主体，都缺乏自发调整行为模式契合重点生态功能区发展目标的内生动力，需要外部监管实现行为转型。"那些简单的、不需要重大的程序性改变和不涉及利益重新分配的政策领域相对容易执行。相反，创新性的、复杂的和涉及利益重新分配的政策领域的执行非常困难。"① 显然民族地区建设重点生态功能区就是一项具有创新性、复杂性和涉及利益重新分配的政策，没有以"行为—责任"模式为模板的监管法规范，政策目标难以实现。

作为监管法，结构要素应该包括监管者、被监管者（监管对象）、监管目的、监管工具以及执行手段，并在执行中考量监管目的、监管工具和监管手段之间的相关性。从主体因素的角度考量，可以参考政治学的研究成果，将民族地区建设重点生态功能区的监管法分为两大类，一类是中央政府对地方政府的监管法，一类是地方政府对市场主体的监管法。政治学的研究成果指出，中国治理体制的基本特征是治官权与治民权分设，形成上下分治的治理体制，"中央政府主要执掌治官权，即选拔、监督和奖励官员的权力，至于实际管治各地区民众的权力（简称治民权），则交给地方官执掌"②。在民族地区建设生态功能区的过程中，一方面，中央政府要通过限制民族地区自治机关的资源配置权，实现地方发展模式的转变；另一方面，民族地区的自治机关要通过管制实现民族地区市场主体开发、利用自然资源的范围、途径、方式方法朝着提供生态产品的目标发展。而法律作为治理体制的重要组成部分，监管法可以相应分为管官和管民两大类。

因此，民族地区建设重点生态功能区的法律综合了政策法的引导性规定和监管法的管制性规定。一方面，这些法律要通过"目标—行为"的政策性规范引导行政权有目的地、主动地干预社会经济；另一方面，这些法律又通过"行为—责任"的监管性规范约束政府干预行为和市场主体行为，实现区域发展目标。

二　法律特性：跨界性、交错性、综合性

（一）跨界性

以民族地区建设重点功能区为目标，探讨法律适用问题，最终将落实到法律制定、法律实施的分析框架里，但不同于相对成熟的部门法，

① 冉冉：《中国地方环境政治——政策与执行之间的距离》，中央编译出版社 2015 年版，第 24 页。

② 曹正汉：《中国上下分治的治理体制及其稳定机制》，《社会学研究》2011 年第 1 期。

其无法在封闭的法律体系内进行规范的逻辑演绎。以问题为取向的"新兴法律领域不具备体系化的、完备的法律规范体系与可操作性的法律解释方法,而其中又涌现出大量的事实性、非常规的问题,身处这些领域之中的法律工作者需要直面的,不仅仅是相关法律条文的适用,更具挑战性的是特定行业的技术知识习得、政策走向把握与业内突发事件解决等具体任务"[1]。

　　具体到本论题,无论是法律制定还是法律实施环节的研究都需要综合多方面的法外知识,法律研究跨界性明显。一方面,建设重点生态功能区是在特定区域内实现社会发展模式的转型,法律规范研究要以经济学、社会学、管理学、生态学、环境科学等社会科学和自然科学的研究成果为基础,将多学科的主流观点"翻译"为法律语言,借助法律的强制性、权威性、共同性和持续性的特征引导和规范政府及市场主体的行为。尽管有些立法是政策性立法,是倡导性的具宣示意义的行为规范;或者有些立法是管理性立法,照搬了特定领域的技术规范,又或者有些立法只是将财政政策用法律语言固定下来。另一方面,民族地区重点生态功能区建设,不仅因为民族地区的自然条件、地理环境的复杂性具有特性,还会受当地民族风俗习惯、民族传统文化的影响。作为规则的法律如何与法律外文化融合并承继不同地理、不同时间维度的要求,法律思考要运用情境思维,结合民族地区的实际情况,研究对策保证相关主体在重点生态功能区的划定和落地中严格执行和遵守法律规范,突破现有研究囿于单纯概念思辨与规范定性之樊篱,广泛深入地考察民族地区重点生态功能区建设的区域背景、地方知识、引发的社会问题与法治疑难,全面分析不同主体的权责,强调法律和其他社会文化的沟通,提出法律治理方案。

　　(二)交错性

　　民族地区建设重点生态功能区可谓牵一发而动全身,法律适用主体多元,法律调整社会关系形成的法律关系呈现出纵横交错的显著特性。

---

　　① 刘剑文:《论领域法学:一种立足新兴交叉领域的法学研究范式》,《政法论丛》2016年第5期。

1. 纵向法律关系

纵向来看，民族自治地方的自治机关依照《宪法》和《民族区域自治法》的规定享有包括经济发展自主权在内的自治权。但该权力来源于国家权力的授权与让渡，因此自治权的行使要贯彻国家的法律、政策，资源配置权的行使要接受国家计划的指导，这为建设重点生态功能区要限制民族地区资源配置权提供了直接法律依据。重点生态功能区是《全国主体功能区规划》中划定的一种类型的区域发展模式，《全国主体功能区规划》是国务院制订和发布的国土空间开发的计划。同时，为贯彻区域分工的国家发展计划和空间规划，自治机关应行使自治权，依法对市场主体进行管制、引导，使市场主体行为趋向于朝着有利于环境保护、产业转型的方向发展，形成管理主体与被管理主体之间的法律关系。

2. 横向法律关系

从理论上说①，依法建设重点生态功能区还将产生诸多不同类型的横向法律关系。第一，重点生态功能区与其他主体功能区之间的生态补偿关系。在我国主体功能区规划背景下，重点生态功能区为了维护其生态服务的主体功能，必然对妨碍这一功能实现的相关产业进行限制和禁止，这一土地用途管制限制了重点生态功能区域内人们对土地发展增益的分享，而其提供的生态服务反过来增加了其他主体功能区所能分享的发展增益②。

第二，重点生态功能区区内政府之间的合作关系。生态功能区的边界依生态系统的自然属性划定，同一区划辖诸多县市，"如地域辽阔的青藏高原，同一主体功能区内涉及不同的同级行政区，其公共服务究竟应该由谁提供，同级行政区之间应该以怎样的比例、以怎样的方式来提供主体功能区公共服务供给等等"③都是问题。考虑到主体功能区规划的落地需要，规划划定的最小单位为县域，依托现有层级的地方政府提

---

① 从应然而非实然的角度分析这个论题，故使用理论上说这一提法。

② 任世丹：《重点生态功能区生态补偿正当性理论新探》，《中国地质大学学报》（社会科学版）2014 年第 1 期。

③ 王永莉：《主体功能区划背景下青藏高原生态脆弱区的保护与重建》，《西南民族大学学报》（人文社会科学版）2008 年第 4 期。

供重点生态功能区建设所需的公共品，但功能区内有些自然资源的管理必须通过跨行政区域的合作才有效果。

第三，重点生态功能区所在行政区域政府不同职能部门之间的分工协调关系。如何处理和解决好各职能部门之间在生态功能区履行职能的关系，是自治机关必须面对的问题。规划是管理的源头，因此以当下学者们热议的"多规合一"问题为例，产业规划、城镇规划、土地利用规划、环保规划与社会发展规划五规并行，空间边界重叠、期限各有长短、甚至内容冲突，导致政府公信力下降，影响资源有效配置。2014年中央新型城镇化工作会议提出要开展"多规合一"，国家发展改革委、住建部、国土部和环保部联合发文在全国 28 个市县开展"多规合一"试点，解决权力的部门化及部门的利益争夺带来的管理源头问题。建设生态功能区，自治机关首先要制订统一的资源配置规划，从管理依据入手，在统一划定的不同区域内各部门各自履职，如发改部门制定行业准入清单，环保部门确定环境质量标准，国土部门审批土地用途，林业部门主导实施复绿垦殖，等等。

第四，重点生态功能区区内外特定市场主体间的交易关系。前面已经论及建设重点生态功能区限制区域发展权，最终会体现在所在区域个体的财产权损失，生态功能区的市场主体难以通过提供农产品、工业产品获得经济收益。但《全国主体功能区规划》提出的生态产品，有望成为生态功能区新的经济增长点，如果能通过制度确定生态产品的权属，区内市场主体就可以以生态产品为交易客体与区外市场主体形成交易关系，如碳汇交易、自然保护区的经营活动等。

（三）综合性

我国财税法学界学者首先提出"领域法"的概念，刘剑文教授认为"领域法"以"问题"和"领域"为基本定位，如果说"领域法"也着眼于"归类"二字的话，"领域法"所归类的对象是社会政治经济文化领域的"特定的法律问题"，是"对问题的归类"①。侯卓博士继而通过

---

① 刘剑文：《论领域法学：一种立足新兴交叉领域的法学研究范式》，《政法论丛》2016年第 5 期。

考察领域法思维之于立法、执法、司法的促进功效，揭示其对国家治理的积极作用①。国家治理体系和治理能力现代化是我国全面深化改革的总目标，而"国家治理现代化本体上和路径上就是推进国家治理法治化"②。随后，环境法学界也开始将领域法思维引入环境法学研究中③。借鉴这种思维，以社会政治经济文化领域的"特定的法律问题"为归类标准，似乎民族地区建设重点生态功能区的相关法律也是一个特定的问题集，也可以从领域法的角度展开研究。其实，鉴于问题领域划分可大可小，领域法是一个可大可小的法域，且随着解决问题对策集合的扩张，领域法自身的范围也是开放性的。只能说，财税法和环境法研究范围相对稳定，可以形成大致固定领域，从领域法的角度对二者进行问题辨识与规范建构。

从国家治理法治化的角度来看，民族地区建设重点生态功能区的相关法律涉及领域众多，用综合性来形容其特质更为恰当，因为其不仅综合了各相关部门法的内容甚至还超越了领域法的界限。民族地区被划入重点生态功能区的区域是国土空间的一部分，也是自然资源配置、环境保护、产业聚集、公共服务供给有机融合的区域，《全国主体功能区规划》中规定的保障措施包括如下领域：财政政策、投资政策、产业政策、土地政策、农业政策、人口政策、民族政策、环境政策、应对气候变化政策，显然这些政策对应的法域不是某一部门法，也不是某一领域法。综合性的特质决定了问题的复杂性，要求研究必须跳出部门法的思维，以问题为导向，快速回应国家治理的需求，无法追求规范的体系化、完备化，也缺乏固定的法律解释方法，而是集政策法与监管法于一体，法律渊源上综合运用宪法规范、民族区域自治法规范、财税法规范、环境法规范、产业政策法规范、规划法规范、诉讼法规范，等等。

---

① 侯卓：《领域法思维与国家治理的路径拓补》，《法学论坛》2018 年第 4 期。
② 张文显：《法治与国家治理现代化》，《中国法学》2014 年第 4 期。
③ 吴凯、汪劲：《论作为领域法的环境法：问题辨识与规范建构》，《辽宁大学学报》（哲学社会科学版）2019 年第 1 期。

第三节　民族地区重点生态功能区立法的基本原则

　　基于民族地区重点生态功能区法律的定位与特性，梳理分析其基本原则是十分有必要的。首先，法律并不只是一种社会事实的描写，其作为制度性和普遍性规范，有明确的价值导向，作为政策法的民族地区重点生态功能区立法，更是要贯彻鲜明的政策目的，是典型的"为政策立法"，以保障政策的有效运行。当然，法律主要还是从实体和程序两个方面，防止政策决策和政策实施的随意性，保障公共政策的合法性与科学性，进而保障人权，维护社会的和谐与稳定①。同时作为监管法，民族地区建设重点生态功能区立法最终要通过具体制度规范各级政府及市场主体的行为，实现政策意图，而法律原则是连接法律价值导向与具体制度之间的桥梁，"法律原则是法律的基础或原理，或是为其他法律要素提供基础或本源的综合性原理或出发点"②，通过法律原则将建设重点生态功能区的政策目标传导到具体的法律制度中。其次，民族地区建设重点生态功能区立法具有跨界性、交错性、综合性的特点，内容繁杂，所有法律规范不可能统一规定在一个法律文本之中，也不主张制定一个专门的基本法，但法律原则可以协调各种具体的法律规则之间的内在联系，组成一个宏观微观相结合、抽象具体相统一的相对完整的法律体系。从制定法律填补法律空白的角度来说，民族地区重点生态功能区立法的基本原则是构建该领域法律制度体系的重要基础与基本统领。最后，在民族地区建设重点生态功能区法律的实施过程中，面对各种类型的重点生态功能区及复杂多变的管理对象，执法主体的自由裁量不可避免，而基本原则就是执法自由裁量的理论依据和重要指引，保证执法活动不偏离法律目标。

　　集政策法与监管法于一体的民族地区重点生态功能区法律，其基本原则内容的确定既要关注法律内在的价值理念，也要考虑主体功能区政

---

　　①　胡平仁：《法律政策学的学科定位与理论基础》，《湘湘论坛》2010 年第 2 期。

　　②　吕世伦、文正邦主编：《法哲学论》，中国人民大学出版社 1999 年版，第 421 页。

策实现的需求。一方面，法的基本原则是法律价值和理念的载体，是法律解释论的基础；另一方面，"理想的法规范应该能够通情达理，只有当法规范之规律本身，适合其规律对象之事物结构，亦即符合事物的法则性（事物之道理），才能被称为'适当的规律'"①。在综合考虑这两方面因素的基础上，将基本原则确定为以下几点。

一　效率优先原则

（一）效率优先的含义

效率原则指资源配置最优原则，表示以有限的投入获取最大可能的产出。《全国主体功能区规划》制订和实施的目的，就是要推进形成主体功能区，各个区域因地制宜地选择发展目标和发展路径，提高国土空间开发效率。此处效率原则的体现是实现国土空间资源开发利用的效益最大化。国土空间是宝贵资源，指国家主权管辖下的地域空间，是国民生存的场所和环境，也是各种自然资源汇聚的场所；效益是经济效益、生态效益、社会效益的统一体。

1. 国土空间是复合生态系统

国土空间概念的提出，改变了过去以单一环境要素为资源配置对象的发展思路，体现了综合生态系统管理的科学理念。国土空间首先是一个复合生态系统，包含着需要利用和保护的各种自然资源，例如森林、湖泊、湿地等，它们本身就是完整的生态系统，彼此之间又进行着物质交换和能量流动，组成了更大的生态系统。国土空间与其他纯自然属性的生态系统相比存在特殊性，国土空间内部会有人类的活动，在生态学上，这种生态系统又被称为区域复合生态系统，"是指以人为主体的经济社会系统和自然生态系统，在特定区域内通过协同作用而形成的复合系统"②。这个概念最早由我国著名生态学家和环境科学家马世骏提出，尽管经济、社会和自然环境是三种不同性质的系统，但是它们彼此联

---

① ［德］Karl Larenz：《法学方法论》，陈爱娥译，2010 年版，第 237 页，转引自陈清秀《法理学》（第二版），元照出版社 2013 年版，第 59 页。

② 周慧杰：《复合生态系统演变与生态经济发展模式——以广西大新县湿热岩溶山区为例》，科学出版社 2015 年版，第 36 页。

系，又同时受到其他系统的影响和制约，应当把它们看作一个整体系统来考量，这种整体性的复合系统被称为"社会—经济—自然复合生态系统"。

国土空间是复合生态系统的观点体现了生态经济学的系统观，即把经济看作环境的一个子系统，实现了从生态与经济对立到生态与经济协调发展。国土空间并不是单纯地由各种自然力量构成的生态系统，人类发展经济的社会活动会影响这个生态系统物质和能量的输入、输出，因而经济活动作为一个子系统也是一个变量，会影响生态系统这个大的物质和能量循环体系。当然，从反作用的角度来看，位于生态大系统中的人类经济活动的小系统，本身并不是完全受自然规律支配，经济活动也体现人的意志性。因而，国土空间是混合了人类行为及人类意识，且这些人为因素也会产生影响的生态系统。应该说，复合生态系统的观点比较切合实际，有现实意义，毕竟现在完全没有人类踪迹的生态系统已经是微乎其微了。

2. 经济效益、社会效益与环境效益的最大化

效率是从投入和产出的比例关系来判断一项活动的收获大小，而效益是指一项活动的产出。所以效率原则追求的是在投入一定的前提下，效益最大化；或者是在效益一定的前提下，投入最小化。市场经济活动中，一般情况下追求的效率多指前者，即如何在既定的资源投入下，获得最大的效益产出，是一项经济活动的终极目标。以前人们仅从自然资源的角度来认识国土空间资源，通过攫取自然资源为自己创造财富，充分利用其经济价值，追求经济效益最大化。

但生态学和环境科学的发展逐步让人们认识到这些自然资源作为生态系统的组成部分发挥作用具有环境要素的功能，环境要素相互作用保证生态系统处于相对稳定的状态。这种整体相对稳定的状态为人类生命的存续提供了基本的保障，也是自然资源从自然界中源源不断持续产出的物质基础，构成国家可持续发展的自然基础，生态安全的概念由此而来。因而，国土空间资源作为一个复合生态系统，是一个国家稳定发展的自然条件，国土空间资源的配置追求效率最大化必须体现环境效益、经济效益、社会效益一体化，综合考量国土空间资源利用带来的各种效

益。因此，这里的效率优先原则是协调发展基础上追求的国土空间资源配置效益最大化，要求开发利用自然资源的行为要追求多方面的产出最大化，包括经济收益、环境收益及社会收益。这也是以前人类传统发展观所忽视的问题，单纯追求经济效益最大化的原则并不利于整个人类社会的可持续发展。

首先，从国家资源配置的角度来看，民族地区建设重点生态功能区体现了有效分工、物尽其用的效益最大化原则。重点生态功能区定位于"关系全国或较大范围区域的生态安全"的地区，在民族地区，这部分地区由于自然和历史原因，往往也是经济发展较为落后的地区。过去，在区域竞争的背景下，这部分地区承接了东南沿海地区资源消耗型、人力资本密集型的产业作为经济增长点，虽然一定程度上实现了地方增收，但更多的是得不偿失。这些地区依然部分处于全国产业链的低端，没有区位竞争优势，并且造成了当地自然资源和生态系统的破坏，威胁国家生态安全，甚至由于地区发展不平衡，少数民族的国家认同感和文化传承也面临挑战。通过推行主体功能区战略，这部分地区可以扬长避短，发挥区域资源优势，提供生态产品参与区域竞争，实现国土空间利用效率即单位面积工业用地产值大幅度提高，单位面积城镇用地人口承载能力显著提高，单位面积生态空间蓄积的林木数量、产草量和涵养的水量明显增加的目标，体现全国发展一盘棋的分工协调发展思路，保障国家生态安全、实现地区均衡发展、促进民族团结。

其次，建设重点生态功能区，也是民族地区自身实现跨越式发展的最有效途径。从发展道路的选择上来看，低水平地重复工业建设模式，不仅极大地浪费了民族地区自然资源和文化资源优势，更造成了这部分地区与优化发展和重点发展区域发展水平的差距拉大。建设重点生态功能区，以资源禀赋为基础，实施"点上开发、面上保护"的发展模式，实现生态环境质量改善、生态服务功能增强、公共服务水平显著提高的发展目标，无疑是发挥地区资源优势、实现这部分地区资源优化配置的最佳选择。

再次，从环境资源保护的层面看，"'宁要绿水青山，不要金山银山'强调的是'绿水青山'相对于'金山银山'而言的优先性，'绿水青山'可以带来'金山银山',但'金山银山'却买不到'绿水青山'"①。人类环境保护和污染防治的历史也证明,事后治理和修复比事前的预防和保护经济代价更大;且由于技术限制和科学认知水平有限,有些环境问题也是人力所不可逆转的。更有甚者,部分极端环境问题的后果是人类自身无法承受的,如全球气候变暖、臭氧空洞、核电站泄漏,等等。因此,"绿水青山"是民族地区重点生态功能区社会发展过程中重点考虑、优先解决的主要矛盾,是民族地区重点生态功能区的区域发展目标,也是环境保护预防原则的体现,改变过去末端治理的环境保护路径,提高环境资源保护的效率。

(二) 从开发目的到法律原则

建设重点生态功能区,实现主体功能区规划,是我国国土空间资源配置的一次大变革,体现了国家通过宏观调控和市场规制干预地方经济发展进程追求资源配置效益最大化的主观意志。集政策法与监管法于一身的民族地区建设重点生态功能区法律,其立法具有鲜明的主观追求,这个主观追求将通过法律原则渗透到法律制度中,即"法规范要考量合目的的效率问题"②。重点生态功能区的划定和建设首先体现了国土空间开发效率的追求,因此其立法首先应将此效率追求作为基本原则,因为如果法律的制定和适用不符合"事理",法律将成为阻碍社会发展进步的绊脚石。

类似的教训早在 150 余年前的机动车市场规制实践中便已发生:1865—1869 年英国的《机动车道路法案》是最早的机动车安全规制立法,该法案规定至少要有 3 个人驾驶一辆机动车,其中必须有 1 人在车前 50 米摇动红旗步行,为机动车开道;机动车的速度不得超过每小时6.4 千米,通过城镇和村庄时,则不得超过每小时 3.2 千米。从表面看,这些立法有利于解决因为机动车发明所造成的在安全方面的"市场失灵",但彼时正处于机动车技术突飞猛进的历史时期,安全性问题完

① 徐琪:《论"两山"重要思想的辩证之维》,《中南林业科技大学学报》(社会科学版) 2019 年第 1 期。

② 陈清秀:《法理学》(第二版),元照出版社 2013 年版,第 136 页。

全可以通过后续科技创新自主克服，但由于法案严格限制机动车的时速和行驶效率，因而意味着通过市场先行所进行的科技创新是无效益的①。各国对证券市场的监管从否认混业经营到逐渐放开混业经营，也是在权衡了证券及整个金融市场发展所追求目标的基础上，做出的改变。因为对金融市场而言，以牺牲效率为代价追求的安全价值是毫无意义的，法律原则的确定和法律制度的出台，首先应该符合法律规制对象的内在规律，才能促进规制领域的发展，而不是相反成为限制所规制领域发展的阻力。

民族地区建设重点生态功能区的活动作为法律规范的对象，有其自身固有的、客观的内在规律性及价值追求，作为外部规范的法律必须尊重该客观规律及价值追求，法律制度构建及适用客观上应促进国土空间资源配置效率最大化的价值追求，而不是反其道行之，成为实现效率最大化的阻碍。因此，"实定法的制定者，在遵守其所应遵守的法的价值理念时，也应斟酌事物之本质的事理以及社会生活的实际事实情况"②，让"事物之本质，对于法规范的形成结果发挥引导作用"③。以效率优先原则引导民族地区建设重点生态功能区的立法活动，并发挥基本原则作为法律解释论根源的功能指导法律适用活动，保证法律规范作为外部正变量而非负变量发挥构建建设活动中良好社会秩序的功能，促进国土空间资源配置效率最大化目标的达成。

（三）效率优先的适用

1. 严格管制，保护生态环境

在资源配置上，首先应将区域主体功能定位作为一项重要的配置目标，最大限度地促进区域主体功能的形成。以弥补市场缺陷、优化配置经济资源，实现国民经济效益最大化为目标的经济法也追求效率优先的原则，且基于市场机制在资源配置中的基础性作用，经济法学者主张为了实现效率优先原则，应秉持政府谦抑干预的理念，通过市场基础原

---

① 刘大洪：《论经济法上的市场优先原则：内涵与适用》，《法商研究》2017 年第 2 期。

② 黄茂荣：《法学方法与现代民法》，元照出版社 2011 年版，第 599 页。

③ 陈清秀：《法理学》（第二版），元照出版社 2013 年版，第 67 页。

则、国家干预与市场失灵相适应原则、市场先行原则坚持市场优先的立场①。因为按照古典经济学的观点，市场主体就是会算计、有创造性、能寻求自身利益最大化的经济人，而每一个市场主体追求自身经济利益最大化的行为将自动促成整个社会经济资源配置的最优目标实现，虽然市场有缺陷，需要政府干预，但政府干预应严格秉持这一理念。

不同于民商事法律，根植于乡土社会的各种家庭伦理和交易习俗，体现环境规制要求的环境法作为工业社会国家应对工业污染的产物，发端于城市污染治理，对于广大民族地区来说，是外来的制度变迁。尽管民族地区也有一些传统文化对生态的保护和改善是有益的，如崇拜多种植物的云南彝族不会滥伐他们视之为神灵的树木，生活在高原的藏族也不会捕河里的鱼。但整体上，作为国家法的环境规制法律在民族地区的执行需要依靠公权力的推动。"在经济领域，规制的普遍缺乏会导致经济停滞不前；在生态领域，这种缺乏会导致对初级生产性资源的极大浪费。"② 因此，贯彻效率优先原则，首先要严格执法，运用各项环境规制工具，禁止滥砍滥伐、滥捕滥猎、过度放牧、超标排污等各种污染破坏环境资源的人类活动，从消极修复的层面保护生态环境。在经济效益与生态效益、当前利益与长远利益的价值悖论中理性选择后者，放弃当下以牺牲环境资源生态效益而获取的经济利益。因为以牺牲生态效益换取的经济利益不仅是不可持续的，也得不偿失，不仅破坏了当地的生活环境，甚至可能造成人体健康损害。

2. 加大投入、增强生态服务功能

基于民族地区重点生态功能区的主体功能定位，仅有消极修复保护生态环境是远远不够的。一方面，消极修复只能阻止新的环境破坏或污染出现，对于既有的环境损害无能为力。人类不当地开发利用环境所造成的损害，有些可以通过自然界的自我修复缓慢完成，有些则无法通过

---

① 刘大洪、段宏磊：《谦抑性视野中经济法理论体系的重构》，《法商研究》2014 年第 6 期；刘大洪：《论经济法上的市场优先原则：内涵与适用》，《法商研究》2017 年第 2 期。

② ［瑞典］托马斯·思德纳：《环境与自然资源管理的政策工具》，张蔚文、黄祖辉译，上海三联书店、上海人民出版社 2005 年版，第 27 页。

自然的自净或再生功能实现，需要外力加入，如国务院办公厅 2016 年发布的《湿地保护修复制度方案》① 提出的修复要求就明显体现了这一点。其实，不管是湿地修复还是污染场地修复，各种自然资源损害的修复，都离不开人类活动的主动介入，在认识并尊重自然规律的基础上为自然修复提供有利条件。以美国路易斯安纳州的自然资源损害赔偿制度为例，自然资源损害修复首先要求自然资源受托人和责任方实地调查和预评估，以确定自然资源本身的损害和自然资源服务损失。在此基础上，再制订恢复计划，考虑受影响自然资源的独特性质和位置，确保恢复计划的执行能重现自然资源受损害之前的价值②。

另一方面，民族地区重点生态功能区的主体功能定位是提供生态产品，这提出了比环境修复、生态修复更高的要求。修复旨在对受损的生态环境进行恢复，而提供生态产品意味着要挖掘甚至创生出更多的生态效益，将更广阔的国土空间划为生态空间。这涉及农业空间、城市空间向生态空间的转化，需要投入人力财力改变空间内的资源属性及资源数量，如退耕还林增加森林覆盖率、退牧还草增加草原面积、生态移民迁出人口等积极提升生态空间生态价值的途径和方法。可见，无论是积极治理进行生态修复还是改变国土空间属性以增加生态空间面积，都要求这些地区加大环境保护、生态治理的投入，重点生态功能区的生态服务功能难以在规划制定出来圈定功能区范围后就自发实现。

3. 设计制度，实现生态效益增收

随着人们对美好生活的追求，以生态效益为基础的生态产品可以通过市场交换实现经济价值，增加重点生态功能区城镇居民人均可支配收

---

① 国务院办公厅下发的《湿地保护修复制度方案》第十五项规定："坚持自然恢复为主、与人工修复相结合的方式，对集中连片、破碎化严重、功能退化的自然湿地进行修复和综合整治，优先修复生态功能严重退化的国家和地方重要湿地。通过污染清理、土地整治、地形地貌修复、自然湿地岸线维护、河湖水系连通、植被恢复、野生动物栖息地恢复、拆除围网、生态移民和湿地有害生物防治等手段，逐步恢复湿地生态功能，增强湿地碳汇功能，维持湿地生态系统健康。"

② 廖华、潘佳宇：《美国路易斯安那州自然资源损害评估制度及其启示》，《中国环境管理》2019 年第 3 期。

入和农村居民人均纯收入水平，基本消除绝对贫困现象，在生态保护和发展中改善民生，让当地百姓享受到建设重点生态功能区带来的实惠，切实感受到保护绿水青山就是保护金山银山，从而牢固树立保护就是发展、提供生态产品也是发展的理念，实现生态效益与经济效益、社会效益的统一，这也是提升重点生态功能区建设效率的有效方法。《国家发展改革委、环境保护部关于做好国家主体功能区建设试点示范工作的通知》中已经明确指出"要结合产业链条延伸、产业价值链提升、产业集群发展和产业园区建设，把生态环境保护与发展生态经济结合起来，探索壮大特色生态经济的发展模式和发展途径"。通过产业发展转型，实现生态效益的经济价值，为地区经济发展找到新的增长点，从而弥补地方政府财政收入及居民个体收入因为限制发展所减少的部分，甚至使得这两部分收入能够增加。

因此，以优质生态环境作为核心资源发展生态经济是重点生态功能区的发展路径之一，但"生态经济模式的构建需要满足三个基本条件，第一是完备的基础设施建设，第二是优质的生态资源基础，第三是充足的市场需求。我国现有中央对地方重点生态功能区转移支付资金的重要用途就是生态保护与基础设施建设，良好生态环境是生态经济发展模式的根本，基础设施中公路、铁路、机场等交通体系的建设是生态产业开发最重要的条件"①。而市场需求通过市场交易实现生态效益的经济价值，是生态经济的发展动力。生态经济涵盖多种产业类型，应有针对性构建需求机制，保障发展动力。

以生态经济的载体——生态产品的需求能否基于市场供求关系自发产生为分类标准，可分为传统生态经济和新型生态经济两大类。传统生态经济如生态农业、休闲旅游、养生健康等绿色产业，这类产业随着人们对美好生活的追求将自发产生市场需求，地方政府做好产品推介的引

---

① 许光建、魏嘉希：《我国重点生态功能区产业准入负面清单制度配套财政政策研究》，《中国行政管理》2019 年第 1 期。

导服务、消费者保护的市场规制即可。而新型生态经济以林业碳汇经济①为典型，其以林业碳汇这一抽象商品为交易对象，不是基于市场供求关系自发产生的交易形式，需要在政策和立法的驱动下，创生出市场需求，培育出市场主体。伴随民族地区重点生态功能区建设的逐步推进，林业碳汇经济发展大有潜力，因为水源涵养型、生物多样性维护型、水土保持型、防风固沙型四个类型的重点生态功能区都要求较高的森林覆盖率指标，森林碳汇经济将成为这些地区创新生态经济发展模式的有效途径。未来在碳排放权交易体系中增加碳汇交易的市场需求量，将直接推动民族地区重点生态功能区碳汇经济的发展。

二　兼顾公平原则

（一）公平分配"环境善物"

建设重点生态功能区在效率优先的前提下也要兼顾公平原则，这里所言公平是指公平分配"环境善物"。"环境善物"常常被用来指涉被赋予积极价值的环境的一切方面：它可以是一种自然特性、一种动物，也可以是一个栖息地、一个生态系统，诸如此类。"无论是臭氧层的保护、河流免受污染、西伯利亚虎的继续生存，还是可为登山者利用的开阔山地，以及古代纪念碑的保护"②，都可以算作潜在的"环境善物"。"环境善物"的分配是环境正义领域所要解决的问题，从亚里士多德到晚期斯多亚学派，再到近代西方的休谟及其后的边沁和密尔、现代西方的罗尔斯，哲学家们对正义的阐述呈现出多样化，视角和维度多有不同。但追寻正义的发展脉络，正义一直是政治哲学领域的话题，正义也总和公平联系在一起。而环境正义作为正义的一个领域，是"环境问题中所引发和折射出来的关于正义的思考，是在一个相对专门化的题域内，保持与政治、经济和社会等广泛领域内的一般正义原则的相关性，

---

① "林业碳汇是指通过实施造林再造林和森林管理、减少毁林等活动，吸收大气中的二氧化碳并与碳汇交易结合的过程、活动或机制。"参见张伟伟、高锦杰《碳汇林供给的经济条件分析——兼论政府在碳汇交易机制中的作用》，《东北师大学报》（哲学社会科学版）2019年第1期。

② 王韬洋：《基本的环境善物与罗尔斯的"基本善"》，《华东师范大学学报》（哲学社会科学版）2012年第6期。

同时发展其特有的一些原则"①。

正义理论源于现实中的不平等,从 20 世纪开始,正义理论就针对现实世界各种不平等的议题展开问题与对策分析,从实践层面开启了当代政治哲学与应用伦理的发展去向。环境正义理论就是在这样的大背景下出现的,从美国环境正义运动发展的历史来看,环境正义运动开始于人们强烈反对有毒和一般废弃物造成的环境不良影响由少部分人承担,尤其是有毒废弃物大部分放置于非裔美人的家园。其中,1982 年发生在北卡罗来纳州的抗议运动正式开启了美国的环境正义运动。可见,最初的环境正义观点源于种族因素所导致环境损害的不公平负担,即"环境恶物"的分配,与环境种族主义联系在一起。但现在所言环境正义,其范围和深度都要大于环境种族主义,不仅关注"环境恶物"的分配,也关注"环境善物"的分配。日本学者户田清认为,"所谓'环境正义'的思想是指在减少整个人类生活环境负荷的同时,在环境利益(享受环境资源)以及环境破坏的负担(受害)上贯彻上'公平原则',以此来同时达到环境保全和社会公正这一目的"②。

民族地区重点生态功能区建设的目的就是产出"环境善物"即环境利益,无论是各类开发都要控制在尽可能小的空间范围之内、严格控制开发强度,实行更加严格的产业准入环境标准的要求,还是逐步减少农村居民点占用的空间,腾出更多的空间用于维系生态系统良性循环的要求都是为了在国土空间中扩大、划定和保护绿色生态空间。因为生态空间是"具有自然属性并以提供生态产品或生态服务为主导功能的国土空间,包括需要保护和合理利用的森林、草原、湿地、河流、湖泊、滩涂、岸线、海洋、荒地、沙漠、戈壁、冰川、高山冰原等"③。生态空间所附着的各种自然资源可以给人们带来多样化的积极价值,位于首位的就是生态平衡,生态平衡是整个生物圈保持正常的生命维持系统的基本

---

① 梁剑琴:《环境正义的法律表达》,科学出版社 2011 年版,第 35 页。

② 韩立新:《环境价值论》,云南人民出版社 2005 年版,第 176 页。

③ 国土资源部会同发展改革委、财政部、环境保护部、住房城乡建设部、水利部、农业部、林业局、海洋局、测绘地信局九个部门,研究制定的《自然生态空间用途管制办法(试行)》第二条。

条件，它为人类提供生命存续的环境条件和经济发展的物质资源，产出生态产品或生态服务。

虽然民族地区建设重点生态功能区将直接防止生态环境恶化，长远来看也将推动民族地区产业转型走绿色发展的道路，并因自然环境的保持而有利于少数民族的文化传承，但重点生态功能区毕竟是限制发展区域，当地群众开发利用自然资源的范围和方式都受到了限制。并且，这样的发展模式并不是当地人民群众自主选择的，是基于国土空间分工的效率原则由政府制定发展规划并通过行使公权力进行管制而实现的。规划实施的结果是重点生态功能区内的主体为尽可能减少对自然生态系统的干扰而发展权受限，与此同时区外主体由于环境利益的溢出性和非排他性无偿享受此利益。这种人为制造的发展权受限状况，实质上造成了环境公共利益这一"环境善物"不正义的分配格局，有学者认为这"已经逾越了其社会责任所能容忍的界限，构成一种特别牺牲"①，因为"若不存在国土空间开发管制，在每个区域都享有自主选择土地利用方式及开发强度的权利的情势下，任何一个区域都会选择最大限度地利用其生态环境资源开展工业化城镇化建设从而实现最大经济效益。而政府通过功能区划的手段，强制重点生态功能区进行生态环境建设，使这些区域内土地的经济性功能受到严重抑制，且与其他主体功能区的土地相较，明显遭受不平等之待遇"②。

因此，规范民族地区建设重点生态功能区的法律应在坚持效率优先的原则下，秉持公平，实现"环境善物"的分配正义，让产出"环境善物"而发展权受限的主体得到对等补偿，让享受"环境善物"的主体付出成本。

（二）确立公平原则的价值

首先，体现公平原则的法律有助于重点生态功能区建设的规划落地。民族地区重点生态功能区建设旨在落实国务院主体功能区规划，制

---

① 任世丹：《重点生态功能区生态补偿正当性理论新探》，《中国地质大学学报》（社会科学版）2014 年第 1 期。

② 同上。

定及执行规划是典型的公权行为，规划作为社会共同遵守的准则，既体现公共利益的需求，也必然限制规划区域的开发建设活动。而规划区域内的财产权人必须依据私益服从公益的原则，遵循限制性规定，公权与私权的矛盾由此产生。已有研究者就青藏高原限制开发和禁止开发区为例，分析"因政府行使公权中的规划权而使私权益受到侵害的权利当事人，如青藏高原贫困的农牧民，必然通过各种私下的抗争和抵制来争取自己的权利，例如'上有政策，下有对策'等。最终国土空间开发中最脆弱的这部分可能受到伤害，甚至无法恢复，四大主体功能区的战略构想也就只能流于形式，公权行使的效率和公平都将受到影响"①。"国家重点生态功能区内的资源禀赋现状和地理位置因素决定了其经济发展的落后，而国家重点生态功能区生态环境保护和建设目标又进一步限制了经济增长，使其面临生态环境保护成本增加和机会成本损失的双重压力，中央政府和其他受益地区理应对此进行补偿。"② 在民族地区建设重点生态功能区的过程中，应发挥法律的双重调节作用，既作为行政管制的依据约束人们开发利用环境资源行为的恣意，又作为调整复杂利益关系的准则在环境保护、生态修复及利益输出导致的资源配置及环境利益分配不平衡问题上寻找再分配的均衡点，实现分配正义。如果不能通过公平的利益再分配机制弥补当地群众发展权受到限制的损失，将严重损害他们保护环境的积极性，这也是实地调研发现部分地区的群众并不愿意自己所在县域被划入重点生态功能区的主要原因。"法制的建构，除理性规律外，有时也需要注意符合'一般国民之法律感情'，注意情感的感性面向。"③ 如果说效率原则体现了区域分工实现国土资源配置效率最优化的开发目的，公平原则则关注了法律的"感性面向"，通过确定的法律规制固化并公开体现分配正义的利益再分配机制，将极大减少当地群众因发展权受限而产生的抵触情绪及行为，从而积极守法、约束行

① 王永莉：《主体功能区划背景下青藏高原生态脆弱区的保护与重建》，《西南民族大学学报》（人文社科版）2008 年第 4 期。

② 徐鸿翔、张文彬：《国家重点生态功能区转移支付的生态保护效应研究——基于陕西省数据的实证研究》，《中国人口·资源与环境》2017 年第 11 期。

③ 陈清秀：《法理学》（第二版），元照出版社 2013 年版，第 100 页。

为，实现重点生态功能区的建设目标。

其次，公平原则的研究与运用拓展了环境公平的内涵。虽然理论上环境正义的思想应涵盖环境利益的享有以及环境破坏的受害负担两个方面，但由于整个环境保护问题始于环境损害的救济，学界一直关注的是环境损害的公平负担问题。从环境损害的概念由对人的损害扩展至对环境自身的损害开始，研究不同类型环境损害救济制度的完善，从环境侵权到环境公益诉讼到生态环境损害赔偿，这些制度构建无一不围绕着环境损害这一"环境恶物"的公平负担展开，甚至我国有环境法学者认为应该以环境损害作为环境法学的逻辑起点[①]，这是环境问题发展阶段所导致的现象。但伴随我国环境保护上升到生态文明建设高度，开发利用环境资源行为越来越多在预防原则下展开，生态红线、生态空间、重点生态功能区等概念开始出现，这些新兴概念共同的特点是划定出特定区域，对人类行为进行严格管制，以产出更多环境利益。所涉领域已经超越了环境保护，上升到了整个国土空间资源配置效益最大化的开发战略高度，所涉法域也超出环境保护法，呈现出交错性、跨界性、综合性的领域法特色。由此环境利益公平分配也应得到关注，因为环境资源作为环境利益的物质形态在种类和数量上都是有限的，每一种资源作为生产过程的投入产出经济价值后，其作为保护和优化生态系统的功能就不能同时发挥。由于大部分环境资源"物"的属性，其经济价值是可以独占的，但限制一部分人从环境资源中直接获取经济利益而产出的环境利益确具有消费上的非排他性和受益上的非竞争性，具有公共品的特性。如果没有相应的补偿机制均衡这些特定区内外主体的利益得失，显然有失公平；而公平的环境利益分享机制也将同时实现环境保全和社会公正，提高人们建设生态文明的积极性。可见，我国生态文明建设的实践活动将促进环境正义理论的全面阐释，并构建出"环境善物"的公平分配机制，丰富环境正义理论的实践运用活动。

---

① 胡中华：《论环境损害为环境法学的逻辑起点》，《中国地质大学学报》（社会科学版）2012 年第 1 期。

（三）实现公平原则的路径

享受环境利益的主体向因为产出环境利益而进行环境保护、生态修复等工作的主体或放弃从环境资源中获取直接经济利益的主体进行生态补偿是实现"环境善物"公平分配的最有效途径。也许，没有哪一个词像生态补偿一样，目前来源尚无一个确切的考证，就已经频繁地出现在生态文明建设中的诸多理论与实践中。但正如汪劲教授所言："'生态补偿'的原意已然无关紧要，重要的是通过什么样的方式来保障和激励人们采取措施实现这一目的"①。目前，从我国学者对生态补偿概念的运用来看，主要可以分为两个层面的含义，一个层面是对生态的补偿，如有学者指出，"所谓生态补偿就是从利用资源所得到的经济收益中提取一部分资金并以物质或能量的方式归还生态系统，以维持生态系统的物质、能量输入输出的动态平衡"②；另一个层面是对人的补偿，即对做出生态保护举动的人的补偿。2007年，中国科学院李文华院士等人将生态补偿界定为"以保护和可持续利用生态系统服务为目的，以经济手段为主调节相关者利益关系的制度安排"③；2010年，他们又将生态补偿的定义扩展为"以保护生态环境，促进人与自然和谐发展为目的，根据生态系统服务价值、生态保护成本、发展机会成本，运用政府和市场手段，调节生态保护利益相关者之间利益关系的公共制度"④。从重点生态功能区的建设目的和公平原则的含义来看，显然应该取第二个层面的定义作为生态补偿的界定，通过建立调整环境利益相关主体利益分配关系的制度，达到激励生态保护行为、实现区域协调发展、实现社会公正的目的。

---

① 秦玉才、汪劲主编：《中国生态补偿立法路在前方》，北京大学出版社2013年版，第6页。

② 张诚谦：《论可更新资源的有偿利用》，《农业现代化研究》1987年第5期。

③ 李文华、李世东、李芬、刘某承：《森林生态补偿机制若干重点问题研究》，《中国人口·资源与环境》2007年第2期。

④ 李文华、刘某承：《关于中国生态补偿机制建设的几点思考》，《资源科学》2010年第5期。

目前，虽然我国尚无生态补偿制度的专门立法①，但生态补偿条款已经出现在多部法律和政策性文件中，地方性专门生态补偿立法②也已经出现，生态补偿机制在流域保护、森林资源保护、生态功能区建设等实践中有广泛运用，生态补偿制度围绕环境利益的权利、义务在区域之间、个体之间的合理配置实现对公平正义的追求。结合已有实践，在重点生态功能区建设立法中，可以通过以下三个方面的生态补偿制度建设贯彻公平原则。

1. 完善纵向财政转移支付机制

国内外学者将生态补偿方式分为政府和市场两种，市场机制发展程度相对较高的国家倾向通过市场体系进行生态补偿，我国作为发展中国家主要选择转移支付的方式进行生态补偿。1994 年分税制改革后，在我国财政分权体制的框架之下，中央政府一直运用转移支付这种在不同层级政府之间通过行政机制无偿划拨资金的方式，来调节不同区域发展差距过大的状况。虽然"分税制"能够充分调动地方各级政府发展经济的积极性和主动性，但由于各地资源禀赋及发展基础不同，地方政府通过税收、规费等各种方式获得的财政收入不可能完全均衡，极少部分经济落后地区的地方政府甚至缺乏与履行公共事务责权所匹配的基本财力。为弥补"分税制"激励有余而导致的区域间财政收入差距过大的问题，当然本质上是为了保障地方政府获得履行公共事务职责所需的基本财力，实现地方基本公共服务均等化的发展目标，中央对地方政府进行无偿的资金划拨，以纵向财政转移支付的方式实现地区均衡发展。

过去 20 年，这种转移支付对经济发展相对落后的民族地区发挥了极大的作用。2000 年伴随西部大开发战略的实施，国务院批准中央财

---

①　2010 年起，国务院就将研究制定生态补偿条例列入立法计划。成立了由国家发展改革委、财政部、国土资源部、水利部、环保部、林业局等 11 个部门和单位组成的条例起草小组，开展立法工作。但由于建立生态补偿法律制度是一项艰巨而复杂的系统工程，涉及各个方面的关系，事关不同主体利益，该条例目前尚未出台。

②　2014 年 5 月 28 日江苏省第十二届人民代表大会常务委员会第十次会议批准《苏州市生态补偿条例》；2019 年 3 月 29 日江苏省第十三届人民代表大会常务委员会第八次会议批准《无锡市生态补偿条例》。

政专门设立民族地区转移支付；2006 年，扩大民族地区转移支付适用范围，将 53 个非民族省区及非民族自治州管辖的民族自治县纳入民族地区转移支付范围，支持民族地区加快发展；2010 年，经国务院批准，中央财政进一步完善了民族地区转移支付办法[①]，保障支付金额总量逐年增加、分配因素更注重考虑支持少数民族发展。有学者经统计得出结论："无论是人均转移支付数额的绝对量，还是转移支付占地方本级财政收入比值的相对量，中央对民族地区的转移支付都以绝对优势高于全国地方一般水平，可见中央财政转移支付对增强民族地区财力具有重要的作用。"[②] 转移支付极大促进了民族地区水、电、气、交通和通信等基础设施的建设，推动了科技、教育、文化、医疗卫生、社会保障等社会公共服务的发展。

现在民族地区建设重点生态功能区，被划入重点生态功能区的民族省州所辖县和非民族省州所辖民族自治县都将环境保护作为首要任务。一方面，短期内采取的种种限制传统工业发展模式的环境规制措施将削弱地方政府财政自给能力。且生态维护系列工作又需要持续的资金投入，加大了地方财政缺口，难以保障基本公共服务的提供，更加需要中央转移支付发挥财力在国土空间和功能区之间二次分配的功能，保证民族地区重点生态功能区的财力能满足提供基本公共服务的要求。另一方面，生态产品是典型的具备外部性特征的公共产品，从外部性及环境正义的角度看，这部分民族地区牺牲自身经济发展利益，提供了外溢于行政辖区边界的公共产品，但不能通过市场机制自动获得经济收益，因而需要中央政府通过转移支付解决地方利益外溢问题，实现环境利益的分配正义。"只要环境公共品的外溢效应足够大，公共利益完全覆盖地方供给成本，采取主体功能区与生态转移支付制度相结合的自上而下式环境治理体系，存在着地方采取合作策略

① 《财政部关于印发〈中央对地方民族地区转移支付办法〉的通知》，财预〔2010〕448 号。

② 张冬梅、李茂生、吴凡：《中央对民族地区转移支付和税收返还的效果评价与调整建议》，《西南民族大学学报》（人文社科版）2018 年第 8 期。

贯彻落实中央政策的均衡路径。"①

2. 鼓励地方同级政府间开展横向财政转移支付

横向财政转移支付是指同级地方政府间发生的资金转移，由于转出主体和转入主体属于同一级别，故为横向，以区别于中央政府对地方政府、上级政府对下级政府的纵向财政转移支付。横向财政转移支付一般在联邦制国家比较盛行，如德国、美国，都有较为完善的横向财政转移支付规范，对转移主体、标准、程序进行明确规定。我国目前相对于纵向转移支付而言，横向转移支付的总量和覆盖范围都相对较小，更没有建立相应的制度规范，但实践中我国在中央政府主导下，已经开展了不同省份之间的对口帮扶工作，由发达地区对欠发达地区进行帮扶，在诸多帮扶措施中就包含了地方政府间的财政资金转移。从我国已有的横向财政转移支付实践来看，中央政府的作用极其重要，地方政府是在中央政府要求实施对口帮扶的政策指令下进行财政转移支付，地方政府自身缺乏自主性；适用范围也主要是针对经济发展相对落后的少数民族地区及因为遭受自然灾害而陷入贫困的灾区，前者如经济相对发达省份对新疆、西藏等少数民族地区的帮扶，后者如汶川地震后实施的灾后恢复重建对口支援机制，由一个省对口支援地震灾区的一个县。

从 1979 年 4 月中央政府在全国边防工作会议上部署了北京支援内蒙古，河北支援贵州，江苏支援广西、新疆，山东支援青海，天津支援甘肃，上海支援云南、宁夏，全国支援西藏开始，随后 40 年一系列对口支援少数民族地区发展的政策安排先后实施②，其中横向财政转移支付是主要手段，极大促进了财力相对落后的少数民族地区加快发展、缩小与发达地区的差距。现在一部分民族地区建设重点生态功能区，仍然要坚持以横向财政转移支付为主要方式的对口"帮扶"，但此"帮扶"非彼"帮扶"，称为"补偿"更合适。在国土空间根据资源禀赋区分主

①　祁毓、陈建伟、李万新、宋平凡：《生态环境治理、经济发展与公共服务供给——来自国家重点生态功能区及其转移支付的准实验证据》，《管理世界》2019 年第 1 期。

②　已有学者梳理了针对民族地区对口支援政策酝酿过程及对口援藏、对口援疆的政策轨迹。参见余翔《对口支援少数民族地区的政策变迁与发展前瞻》，《华北电力大学学报》（社会科学版）2013 年第 6 期。

体功能的背景下，"一方面，生态功能区承担了较多的保护环境、维护生态平衡的义务，同时也丧失了发展经济的机会；另一方面，重点开发区域的快速发展透支占用了大量的环境容量和资源存量，成为生态环境问题的主要制造者和生态保护的受益主体，却未承担应该承担的义务"①。为体现公平原则，赋予生态功能区地方政府受偿权，受益地区地方政府以横向财政转移支付的方式履行补偿义务是有必要的，我国《环境保护法》已经明确提出生态补偿制度应包含受益地区和保护地区之间的横向补偿②。这也有助于我国横向财政转移支付的理论研究深化和制度规范化，毕竟与对口帮扶不同，生态补偿的标准不是经济实力强的一方来支援经济实力弱的一方，而是以享受到的生态利益为标准，作为资金转出主体的地方政府也处于完全不同于对口帮扶政策下的动力机制之下。

3. 市场化补偿方式的运用

在坚持政府主导、多投入财政资金进行生态补偿的同时，还要探索多渠道多形式的生态补偿方式，重视发挥市场机制的作用。通过制度建设和实施培育资源市场，使自然资源资本化、生态价值资本化，通过市场交换实现经济价值，弥补生态价值创造者因为保护生态而付出的机会成本代价。过去，由于人口数量少、科技发展水平落后，自然资源的稀缺性体现不明显，生态学知识的缺失也让人们看不到自然资源作为物的经济价值和作为环境要素的生态价值的区别与分立。在严重的环境问题面前，伴随环境科学的发展，人们终于认识到，自然资源的生态价值与财产利益并非完全一致。环境资源构成的生态系统作为人类生存和发展条件的总和，是人类生命得以持续存在的根本条件，也提供人类社会经济发展的物质资料。但自然提供的每一种物质资料都只能作为单一生产过程的投入而不能同时作为其他生产过程的投入，且实现自然资源物质

---

① 万本太、邹首民主编：《走向实践的生态补偿——案例分析与探索》，中国环境科学出版社 2008 年版，第 227 页。

② 《环保法》第三十一条明确"国家建立、健全生态保护补偿制度"，已经提出"国家指导受益地区和生态保护地区人民政府通过协商或者按照市场规则进行生态保护补偿"。

资料价值的前提是将其从生态系统中取出，成为孤立静止的"物"。可见，获得自然资源作为物质资料经济价值的途径与通过生物多样性保护等自然保全途径实现生态系统稳定的生态价值是相悖的。

市场化补偿方式的运用就是要在认识并区分自然资源经济价值与生态价值的基础上，既对自然资源产品化利用产生的经济价值付费，也对自然资源作为生态系统组成部分发挥的生态功能付费。一方面，提高获取自然资源经济价值的成本，比如砍伐利用木材时资源的获取者要支付因为砍伐这部分木材导致的森林生态效益的减损。森林资源具有丰富的生态效益，仅以其提供的水文服务为例，功能主要有三类：调节流量、维持水质、调节地下水位①，这些生态功能是以木材作为树木活体存在于自然界中为前提的，主要通过发达的根系与水流、水体之间的动态作用实现生态功能。一旦这些森林资源被砍伐后作为木材使用，其就变成孤立静止的物，从生态系统中脱离出来，无法再发挥生态功能。另一方面，通过付费改变社会主体无偿享受森林生态效益的状况。由于森林的生态效益具有外溢性，林区居民大规模从事森林建设产生的生态价值具有消费上的非排他性，无法自己独享，如"我们很难甚至无法阻止下游的社区享受上游恢复森林所产生的改善水质的好处"②，但林区居民为了维持森林生态效益就必须限制甚至禁止自己开发林木资源的经济利用行为，因此必须设计由受益主体向林区居民付费的机制。

三　公众参与原则

（一）公众参与的含义

"公众参与本质上是一个政治概念，公众参与是社会各阶层、各利益群体通过一定的社会政治与法律机制，使公众能够在更广泛意义上介入到政策制定的过程中来，以此保证公众尤其是弱势群体的声音在决策

---

① 具体论述参见李小云、靳乐山、[英] 伊凡·邦德《生态补偿机制：市场与政府的作用》，社会科学文献出版社 2007 年版，第 72—73 页。

② 李小云、靳乐山、[英] 伊凡·邦德：《生态补偿机制：市场与政府的作用》，社会科学文献出版社 2007 年版，第 74 页。

中得以彰显，真正实现资源公平、合理配置和有效管理。"① 公众参与作为法律的基本原则最初主要体现于环境法领域，环境法学者认为，公众参与原则之所以在环境法中得到普遍的承认，有其深厚的思想和理论渊源，主要是环境权理论和现代民主理论②。一方面，公众依赖于环境提供的生命保障系统得以存续，从而享有在良好环境中生活的权利，有权利制止一切破坏环境的行为；另一方面，参与是直接民主的体现，尤其是参与决策的权利，体现了人民的主动性，也是有效维护公众权益的途径。

虽然民族地区建设重点生态功能区适用的法律并不完全是环境法领域的规范，但重点生态功能区的建设要求转变区域的发展模式以实现区域的合理开发，显然一个地方自然资源的开发利用方式及资源利益的空间配置将对当地公众的环境权益乃至生存发展权产生重大影响，公众应该具有发言权。且重点生态功能区的主体功能决定了环境治理在建设中的重要作用，"环境治理是典型的公共事务，环境治理体系都是多层面、多领域的，包含着大量不同利益、立场和权限的利益相关者"③，尤其需要公众参与。因此，借鉴环境法上公众参与原则的内容，民族地区建设重点生态功能区立法应坚持的公众参与原则可以表述为：民族地区被划入重点生态功能区的地区，公众对于一切影响自身权益的禁止、限制经济发展的决策和计划有知情并参与决定的权利，立法应通过实体和程序规定保障这部分公众有参与的途径、方式、方法，并规定参与权受侵害时的救济机制。

（二）公众参与是重点生态功能区的建成途径

1. 凸显地方知识的重要性

建设重点生态功能区既是民族地区新的发展契机，也是挑战，需要世居群众的智慧力量。重点生态功能区建设中，地方性知识是不可忽视

---

① 任雪萍、左孝翰：《承接产业转移中环境保护的公众参与研究》，《学术界》2018 年第 1 期。

② 参见吕忠梅主编《环境法学概要》，法律出版社 2016 年版，第 87 页。

③ 王彬辉：《加拿大环境法律实施机制研究》，中国人民大学出版社 2014 年版，第 10 页。

的重要力量，"地方性知识是与普适性知识相对应的一个学术概念，它是指在一定的情景（如历史的、地域的、民族的、种族的等）中生成并在该情景中得到确认、理解和保护的知识体系"①。比如，地方政府制定生态修复、保护规划时应听取当地群众的意见，因为生态学学者的研究结果表明，在生态建设和生态恢复的工程中，大自然的确比人类更高明、也做得更好，在生态恢复的过程中，虽然不能排斥人的主观能动作用，但要学会遵照自然之道和生态规律来参与生态恢复。以退耕还林选择栽种树木为例，并不是所有的树种都适宜在某一地区栽种。有学者以2008年南方各省的重大雪灾为例，指出这场雪干扰给不同林分排了座次：原生林与天然次生林优于人工林，人工针阔混交林优于人工纯林，乡土树种优于外来树种②。当地群众世代居住于此，可能比外来专家更熟悉当地的"自然之道"，这也是地方性知识中重要的一部分。

2. 完善对公权力的监督机制

公众参与的另一方面是要发挥公众在生态功能区建设中对政府行为的监督作用。虽然行政机关内部建立有完善的自我监督机制，行政机关外部有人大的监督检查机制，但行政行为在地方事务管理中发生频次极高，发生地域也广为分布，行政机关的内部监督和人大的外部监督难免有所遗漏。但任何行政行为都有相对人，尤其是具体行政行为直接决定相对人利益的增加或减损，作为利益相关方的相对人监督往往是能最早发现问题的，这种社会监督的效率远远高于行政监督和人大监督。建设重点生态功能区，要求地方政府承担起组织空间规划制定实施、施行产业准入负面清单制度、环境执法的重要任务及作为生态补偿的重要相关主体和生态移民的组织者。行政行为对重点生态功能区能否实现建设目标至关重要，"行政机关不当或滥用权力会给环境公共利益造成更为严重的损失"③。且在重点生态功能区的建设中，政府主导职责的履行主要

---

① 安富海：《论地方性知识的价值》，《当代教育与文化》2010年第2期。
② 参见沈孝辉《自然干扰、人为干扰与生态修复》，《世界环境》2009年第3期。
③ 王彬辉：《新〈环境保护法〉"公众参与"条款有效实施的路径选择——以加拿大经验为借鉴》，《法商研究》2014年第4期。

依靠具体的行政职能部门及其工作人员的职务行为实现，这些具体机构和人员的行为因为种种原因可能出现偏差，不利于生态功能区的建设目标。所以，除了要继续发挥行政机关的内部监督和人大机关持续的监督功用外，政府应充分利用公民参与政策执行这一形式，防止公共政策执行失效，维护公共政策的权威。

（三）实现公众参与的途径

由于政府在民族地区重点生态功能区建设中的主导作用，公众参与是通过公众和政府这一公共政策的制定者和执行者之间的真诚合作，完成政府主导的社会决策和个体行为规范两个层面的行为体系重建，实现重点生态功能区的发展目标。公众通过参与平台，表达自己的意见，用沟通代替对抗，其中知情是参与的前提，参与决策是参与的核心、监督是参与的重要保障。

第一，知情是参与的前提和基础。要让民族地区的公众充分认识到"在主体功能区域划分的背景下，自治并不能当成目标来看待，我们更关注的是治理结果，是各行政区划的配合和协调。因此，自治是手段，治理绩效才是目的。从这个角度上讲，国家主体功能区划与民族区域自治制度是契合的，民族自治区域应该就是重要的文化生态保护区域，因此，主体功能区域规划的实施，有利于我国民族区域自治制度的改善"。① 主体功能区域划分虽然在当下看来限制了民族地区大规模工业化城镇化的发展，但公共服务水平显著提高的目标实际体现了分区发展模式下共享发展成果的理念。被划入重点生态功能区的民族地区，获得了环境保护改善人居环境、产业转型实现跨越式发展的良好机会，且这种新的发展模式将获得中央财政的大力支持，并伴随各项优惠政策的实施，这部分民族地区迎来了历史上最好的发展时机。因此，重点生态功能区建设要充分调动少数民族的积极性，把重点生态功能区的发展目标向少数民族群众讲清楚、讲透，让他们理解自己所在的区域并不是为了国家生态安全做出了限制发展的牺牲，以减少推进主体功能区建设过程

---

① 余俊：《生态保护区内世居民族环境权与发展问题研究》，中国政法大学出版社 2016 年版，第 148 页。

中可能遇到的各种阻力。并且，地方政府应进行彻底的环境信息公开，把禁止类、限制类项目造成的污染状况、资源破坏状况向公众公开，争取在环境规制和产业制度的实施上获得他们的理解与支持。

第二，参与决策权是参与的核心。这主要是从程序的角度保障公众的表达自由权，即注重从程序上保障公众能够在决策过程中表达自己的意见。如重点生态功能区要求提高用地效率，实现集约化开发，建设小城镇和工业园，将大片国土空间划为生态用地，增强生态服务功能，这就可能要实施生态移民项目，选择合适的点进行人口集中。但生态移民涉及人数多、时间长，从迁入地的选择到安置计划、安置补偿、进行移民及后期发展各个阶段，都需要政府介入。政府应充分保障生态移民的参与权，让其知晓整个移民计划及实施过程，知晓自己权益如何得到保障。其实，公众参与相关决策的过程可以让公众了解政府决策所面临的艰难抉择，因为"更多时候，公众不是无理地、一味地要求政府提供其所需要的公共产品的，而是不相信政府是在有效率地做正确的事情。增进对政府的信任，了解选择的困境及其成本，获得公众的支持与合作，让更多的决策有公众的团结鼎力支持，并对未来的发展和努力产生正确的预期，这对政府来说是件可以到达双赢的好事"①。并且，参与决策将充分调动公众的积极性，认同并理解政府行为从而减少各种阻力，使公众自觉参与到重点生态功能区的建设活动中，最终实现建设目标。

第三，监督政府行政行为是参与的重要保障。生态功能区建设是改变传统的发展模式，需要政府制定规划指导发展，但也需要公众参与实现规划并监督政府执法行为。政府作为发展规划的组织制定主体，也是当然的实施主体，必须严格实施规划才能实现规划目标。一方面，地方政府在公共财政支出的压力下仍有追求经济发展即刻获取经济利益的动机；另一方面，政府各职能部门的工作人员也可能因为各种原因出现行为偏差，执法行为偏离重点生态功能区的建设目标。虽然针对政府行为，体系内已经形成了一套完善的监督机制，但体系外的监督也是必不

---

① 谭丽：《论地方政府财政预算监督的公众参与——一个财政立宪角度的分析》，《法治论坛》2010年第1期。

可少的。尤其是公众,他们数量众多,是无所不在的监督力量,而且他们生于斯长于斯,非常了解生活地的各种自然资源,可能比一部分外来且入职时间不长的政府职能部门的工作人员更清楚应如何保护管理那些资源。因此,要提高公众的监督意识、监督水平和健全监督途径,保证地方政府行为不偏离重点生态功能区的建设目标,从而保证规划落地。

四　民族区域自治原则

依照《中华人民共和国宪法》的规定,我国在民族地区实行少数民族区域自治制度。重点生态功能区中位于民族地区的 328 个县级行政区,或者是少数民族自治县,或者是位于少数民族自治区或自治州管辖之下的行政县,建设重点生态功能区是在民族区域自治的基本政策和国家制度下进行的,民族区域自治是立法必须遵循的原则。

(一) 民族区域自治与重点生态功能区建设并行不悖

"民族区域自治,是在国家统一领导下,在各少数民族聚居的地方,依据民族因素与区域因素、经济因素与政治因素、历史因素与现实因素、制度因素与法律因素的原则,设立自治机关,行使相应自治权,管理本地区国家事务和民族内部事务的一种基本政治制度。"① 可见,民族区域自治制度是在承认少数民族人民公民身份的基础上对其族体身份的认同。公民身份源于政治国家,是基于国籍而获得一体性对待的身份资格;而族体身份源于各民族划分,是基于民族识别而获得差异化政策对待的身份资格。"对中国来说,56 个民族具有平等的公民身份,同时也有各自的民族身份,这两个身份的共生关系是平等、团结、互助的社会主义民族关系,联结这种共生关系的是建立在根本利益一致性基础上的'三个离不开'。"② 民族区域自治制度赋予各少数民族在其聚居地区自主管理地方事务和民族内部事务的权利,通过立法自治、经济管理自治、财税自治、人事管理自治、文化发展自治等内容充分展现少数民族的"特殊公民权利"。事实证明,民族区域自治制度作为一种差异化的

① 文晓波、郎维伟:《身份与权利:民族差异化政策的思考——基于"正义"双重含义的视角》,《行政论坛》2015 年第 4 期。

② 郝时远:《构建社会主义和谐社会与民族关系》,《民族研究》2005 年第 3 期。

政治制度设计，既尊重了我国多民族共存的历史事实，也实现了社会主义民族关系的巩固和发展，是构建社会主义和谐社会的重要组成部分，即"通过这样一个制度性的政策安排和权利分享措施，中国境内的民族关系逐渐从清末'驱逐鞑虏'的尖锐对峙甚至敌视的状态，逐步改变为和谐友好与繁荣发展的平和状态。"[①]

虽然重点生态功能区制度和民族区域自治制度源于不同的历史背景，依据不同的理论主张，其所要达成的直接目的也相差甚远，但同为差异化政策的制度体现，两者之间的关联之处也是十分明显的。

首先，两者都着眼于区域空间的发展。生态功能区通过对国土空间不同区域的功能界定和发展定位实现区域协调发展，在实际的区划工作中，以行政县为基本的地域单元组成各种生态功能区。而民族区域自治是在少数民族集中居住的国土空间设立自治机关，行使自治权，实行区域自治，在具体的机关设置中，有分别对应于省、市、县三个行政区划级别的自治区、自治州、自治县三个层级的自治机关，是少数民族发展和地区发展相结合的产物。正如有学者指出的"中国实行民族区域自治制度，对少数民族聚居地区实行'民族的、区域的'自治，是政治因素与经济因素、民族因素与地方因素的结合"[②]。

其次，两者都立足于对区域过去发展水平的尊重。《全国主体功能区规划》将国土空间分为四大类型，依据的就是每个地区的自然资源状况、人口及经济发展情况，是典型的因地制宜型发展规划。民族区域自治制度的创建和应用，也是根据少数民族的分布特点和聚居区域，以历史上形成的民族成分和区域界线为依据，灵活多样地建立不同级别、包含单一或多个民族的自治地方。可见，两者都以一个区域的现实状况和历史地位作为基础，进而决定区域发展制度，只不过前者侧重经济社会发展，后者侧重政治体制构建。

再次，两者都寻求多元化的发展目标。重点生态功能区定位于保持

① 陈建樾：《以制度和法治保护少数民族权利———中国民族区域自治的路径与经验》，《民族研究》2009 年第 4 期。

② 彭建军：《少数民族发展权法律保障研究》，博士学位论文，武汉大学，2012 年。

并提高生态产品供给能力，不同于之前的西部大开发战略，其以多元化指标替代单一经济指标，评价地区发展的成就。过去的西部大开发战略，以单一的 GDP 指标评价区域发展结果；现在建设重点生态功能区，在衡量区域主体功能实现程度的基础上以国土空间均衡发展为评价体系。重点生态功能区内部又细分为防风固沙、水土保持、水源涵养、生物多样性维护四种生态功能类型，实行差别化的考核评价。民族区域自治谋求各少数民族经济发展、文化传承、自然资源保护等多样化目标，国务院发布的《十三五促进民族地区和人口较少民族发展规划》明确提出经济发展、协调发展、共享发展、绿色发展、开放发展、创新发展、团结发展七大类定量指标。

（二）民族区域自治的实现途径

1. 自治机关行使自治立法权

由于自治区和自治州层面的立法机关同时享有地方立法权和自治立法权，且如果从最宽泛的意义来理解立法法中关于设区的市（州）地方立法权限于"城乡建设与管理、环境保护、历史文化保护"等语词的话，自治州的绝大部分事务包括建设重点生态功能区中的事务都可归入上述三类事项并纳入地方性法规的立法范围之中。且由于与单行条例相比，制定地方性法规的成本较小，自治州更有一种以地方立法替代自治立法的冲动，从而使自治立法活动式微。因此，在自治区和自治州层面，地方立法可能更多地体现为一般性的地方立法，而不是自治立法。在自治县层面，立法机关虽然只享有自治立法权，但囿于人才缺乏立法水平有限，自治立法权也行使不够充分。

但赋予聚居少数民族自治权的基本功能就是为了保障其自我管理本民族内部事务的权利的实现，否则，民族区域自治权就没有存在的必要。将此制度意旨结合《民族区域自治法》第十九条"民族自治地方的人大依据当地民族的政治、经济和文化的特点制定自治条例和单行条例"的规定来理解，民族地区被划入重点生态功能区的那部分地区，在建设重点生态功能区的过程中，各级自治机关应行使自治立法权，依法管理重点生态功能区建设中的本民族事务。至于如何甄别本民族事务，学者已有成果发表，在此不再赘述①。

2. 尊重少数民族群众的主体地位

根据《民族区域自治法》的规定，"实行民族区域自治，体现了国家充分尊重和保障各少数民族管理本民族内部事务权利的精神"，数十年来，民族区域自治制度实现了我国社会主义民族关系的和谐发展，有助于保障和谐行政环境、维护社会政治稳定。但民族区域自治不仅仅体现为成立自治机关行使自治权，也包括少数民族群众通过各种方式方法参与到本民族事务的管理中，如《民族区域自治法》第五十一条规定"民族自治地方的自治机关在处理涉及本地方各民族的特殊问题的时候，必须与他们的代表充分协商，尊重他们的意见"。民族地区自治机关行使地方政府管理职能的环境不同于一般地方政府，一方面民族地区在长期发展中各民族水乳交融，形成了大杂居、小聚居的局面，多民族不同的文化价值观易于发生冲突；另一方面，少数民族群众大多有宗教信仰，民族关系夹杂宗教关系，位于边疆地区的民族地区又有维护边疆稳定的职能。这种复杂的执政环境要求民族地区的自治机关在管理地方事务时，必须审慎权衡各种利益，既要执行国家统一的政策规划，也要保障各民族尤其是少数人群的生存发展权。

因此，在地方事务管理中，自治机关要创造条件让各民族群众表达对公共政策制定和执行的意见，尤其是那些利益直接受到政策执行结果影响的群众，他们是直接的利益相关方，也是决定公共政策能否得以平稳推进的关键因素。尤其是建设重点生态功能区这一公共政策，短期内直接限制少数民族群众的资源开发利用方式，导致生存发展高度依赖自然资源的这部分群体经济收入大为减少，而限制发展保护环境带来的生态效益具有外溢性，生态效益转化为经济效益也需要相关配套制度建设跟上。可见，建设重点生态功能区直接关乎少数民族群众的生产和生活，要体现自治，尊重少数民族群众的主体地位，创设制度保障公众参与，而不仅仅将其视为既定公共政策的管理对象。

---

① 潘红祥：《论民族自治地方自治立法权和地方立法权的科学界分》，《法学评论》2019年第3期。

第三章

民族地区重点生态功能区的立法现状

第一节　民族地区重点生态功能区的法律解构

民族地区建设重点生态功能区带来了新的利益冲突，需要法律调控；也需要法律授权政府相关事权推行公共政策，实现重大公共政策的法律化。可见，民族地区建设重点生态功能区的活动需要法律规范。但现行法律体系中并没有一部以生态功能区抑或主体功能区为名称的法律文件，那么这是否意味着目前重点生态功能区建设毫无法律可以适用呢？答案显然是否定的。我们有必要对现有的立法及其适用做一个梳理，将可以适用于民族地区建设重点生态功能区的法律文本找出来，为后面要进行的法律评估工作确定评估对象，从而在评估的基础上思考如何完善民族地区建设重点生态功能区的适用法律。

一　评估对象的选择

（一）以关联性标准选择法律文本

进行评估，首先要确定评估对象，解决对谁进行评估的问题，即对哪些内容的法律文本进行评估。关联性[①]是选择的核心标准，这个关联性体现在内容及空间范围两个层面：（1）内容上，直接适用于规范重点

---

① 王曦教授和郑少华教授在他们的论文中都提出了以关联性作为选择评价对象的标准。参见王曦、胡苑《水土资源管理法律制度评价的要素量化评估法》，《上海交通大学学报》2006 年第 6 期；郑少华、孟飞《生态文明市场调节机制研究——以法律文本的要素量化评估和法律适用评估为视角》，《法商研究》2012 年第 1 期。

生态功能区的建设活动，规范目的直接体现《全国主体功能区规划》中设定的重点生态功能区发展目标。如现行法律体系中从环境规制的角度要求环境保护规划与主体功能区规划相结合、限制重点生态功能区自然资源开发利用的制度以及相应的生态补偿制度。但基于评价成本和评价目的的考量，这个选择标准不宜扩大到环境保护甚至生态文明建设，虽然环境保护及生态文明建设的相关法律也在重点生态功能区适用，发挥保护环境、促进生态文明建设的功效。但从评价成本的角度看，随着我国生态文明建设进程的加快，相关法律数量上升，仅环境保护体系的法律就有几十部，将这些法律全部纳入评价范围任务过重，不可行；从评价目的的角度看，以评价重点生态功能区建设方面的法律为目标和以评价环境保护方面的法律为目标所需评价的对象显然是不同的，不同的评价有不同的价值标准和目标。（2）与民族地区的关联度。基于我们研究的对象位于民族地区，也不能忽略民族法①规范中的相关条款，尤其是对民族地区资源配置权进行限制和民族地区获得补偿权利的条文，以及民族地区运用立法自治权制定的关于重点生态功能区建设的自治条例、单行条例及运用地方立法权制定的一般性地方性法规。

（二）评估对象包括国家层级的立法和地方层级的立法

法律渊源是多层次性的，既有国家层级的立法，也有地方层级的立法。且无论是国家层级的还是地方层级的立法，都是既有立法机关颁布的法律文件，也有政府及政府部门颁布的行政法规、部门规章和规范性文件。是否将这些多元化、多样化的法律文本都作为评价对象呢？首先，从国家层级的立法来看，由于我国重点生态功能区建设并没有体现在专门的一部法律文本中，且由于政策推行时间不长，法律规范数量有限，不像其他领域的法律评估，有大量文本可供评价，如郑少华教授在评估生态文明市场调节机制时总结的"有关市场调节机制的法律规范有

---

① 民族法指我国有关少数民族的法律制度，参照学者对民族法学的定位："中外民族法学研究都从该国有关少数民族（族裔、族群、种族）的法律制度的制定与实施而展开，即本国民族法律制度是民族法学研究的主体内容。"见曲艳红《民族法学的学科定位与研究进路——兼与法人类学、法社会学比较》，《中南民族大学学报》（人文社会科学版）2019年第1期。

的体现在专门的一部法律文本中，有的则与其他内容结合在一起统一规定在一部法律文本中"①。因此，在选择国家层级的立法作为评估对象时，宜尽量扩大选择面，只要是能够重复适用的规范性文件，都纳入评价范围，正如首次将要素量化评估法引入我国法律评价领域的王曦教授所言法律评估"原则上以由立法机关制定的法律、法规、规章等为限。其他的规范性文件由于效力低下，且情况复杂，故可不将其纳入评估范围。但是根据评价目的，如果某一规范性文件非常重要，如相关问题没有法律对其进行规定，而仅有该规范性文件涉及，那么这种情况下应将该规范性文件纳为评价对象"②。

　　其次，从地方层级的立法来看，与国家层面的立法不同，我们只选择民族地区地方人大及其常委会制定的法律文本作为评价对象，地方政府发布的法律文本不在评价范围。"地方立法包括地方性法规和地方人民政府规章。经过几轮的立法制度改革，实质的立法权逐渐又收回到人大及其常委会，强调发挥人大在立法上的主导作用，这实际上是回归了主权在民、人民主权原则。"③ 本书研究对象是民族地区被划入重点生态功能区的那部分区域，涉及五大自治区和五大自治区以外的数十个自治州、自治县，这些拥有自治立法权的自治区、自治州、自治县在《国家主体功能区规划》出台后，针对当地的重点生态功能区建设修改或出台了自治条例、包括环境保护条例在内的诸多单行条例及地方性法规，评估对象已经比较丰富。因为，"根据生态文明法治建设的内在特征，其既需要在中央层面进行'顶层设计'和总体性制度供给，更需要各地进行积极探索，呈现'百花齐放'的局面，从整体上不断推进全国范围的生态文明法治建设"④。从属于生态文明法治建设的重点生态功能区法治

---

① 郑少华、孟飞：《生态文明市场调节机制研究——以法律文本的要素量化评估和法律适用评估为视角》，《法商研究》2012 年第 1 期。

② 王曦、胡苑：《水土资源管理法律制度评价的要素量化评估法》，《上海交通大学学报》2006 年第 6 期。

③ 余凌云：《地方立法能力的适度释放——兼论"行政三法"的相关修改》，《清华法学》2019 年第 2 期。

④ 陈海嵩：《生态文明地方法治建设及浙江实践探析》，《观察与思考》2014 年第 5 期。

建设也不例外，其区域特性体现得更为明显，从各民族地区推进生态功能区建设的实践情况来看，立法领域已有较大进展。据不完全统计①，民族地区建设重点生态功能区的相关立法主要包括以下三种：修订自治条例回应重点生态功能区建设需求、根据新《环保法》的实施修订环境保护条例、根据重点生态功能区规划和新《环保法》的颁布出台单行条例②。

因此，从评价成本的角度看，无须再对地方政府发布的规范性文件进行文本评价，且地方政府发布的规范性文件稳定程度不高，经常修改甚至废止，只适宜作为制度实施的内容进行研究。

二　评估对象的解构

这里，"解构"一词是分而析之的需要，因为民族地区重点生态功能区的建设关乎大量亟须解决的问题及手段，所有问题不可能在一部法律文件中得以规范，课题组的最终结论也没有提出要制定一部这样的专门立法。只能对以这些目的及手段为立法内容的法律进行分解，即解析相关法律中的规范条文，梳理研究的立法背景。本部分在前文考察重点生态功能区多元化发展目标的基础上解析现有法律规范，将其分为限制类和补偿类两大类。

首先是限制类规范，这是现行法律中能适用于生态功能区建设的数量最多的一部分。重点生态功能区建设的首要目标就是"生态环境质量改善、生态服务功能增强"，因此，法律规定的各种限制资源开发利用的环境规制措施都属于此类规范，典型代表是《中华人民共和国环境保护法》中规定的各种环境保护制度。此外，围绕重点生态功能区建设的规划制度、产业制度都要体现出限制这些区域大规模工业化和城镇化的发展，也属于限制类规范。其次是补偿类规范，重点生态功能区的终极目标是公共服务水平显著提高，在限制这些地区大规模工业化、城镇化发展的同时却要求地方政府财政支出能力相应提升，生态补偿制度不可

---

① 以《全国主体功能区规划》的发布时间为起点。

② 此处没有区分单行条例是自治立法权的体现还是地方性法规，仅从这些条例的内容是为解决某一具体领域的问题及法律文件采用了条例这一名称来界定单行条例。

或缺。可见，两类规范相互配合，限制类规范强调保护环境的立法目的，通过环境规制、产业规制等手段实现区域生态环境质量改善、生态服务功能增强的建设目标；补偿性规范体现环境公平原则，也有助于主体功能区规划的落实。

第二节　民族地区重点生态功能区的限制类规范

一　国家层面的限制类规范

（一）《宪法》和《民族区域自治法》的规定

自然资源是经济发展的物质基础，少数民族地区经济的发展依托于自然资源提供的物质支持，这是生态规律和经济规律共同决定的。因此宪法及民族区域自治法规定，民族自治地方的自治机关享有对本地区自然资源进行配置的权利。民族自治地方资源配置权也一直是民族法学界的关注重点，如宋华维指出资源配置权是少数民族经济发展权的一项重要内容[1]，黄军锋指出经济综合类自治权包括自治机关对自然资源确定权属、管理和保护的权力[2]，但在建设生态功能区的目标下，这些民族地区自治机关资源配置权的行使受到了一定的限制。

《宪法》第一百一十五条规定："自治区、自治州、自治县的自治机关行使宪法第三章第五节规定的地方国家机关的职权，同时依照宪法、民族区域自治法和其他法律规定的权限行使自治权，根据本地方实际情况贯彻执行国家的法律、政策"，这确定了自治权的来源与权限。《宪法》第一百一十八条规定："民族自治地方的自治机关在国家计划的指导下，自主地安排和管理地方性的经济建设事业"，这一条具体规定了自治机关经济发展自主权。虽然宪法没有明确提出资源配置权，但可以认为资源配置权隐含在经济发展自主权中，因为自然资源的开发利用是经济社会发展的物质基础，

---

[1]　宋华维：《资源配置权是少数民族经济发展权的一项重要内容》，《内蒙古农业大学学报》（社会科学版）2008年第1期。

[2]　黄军锋：《自治权与〈民族区域自治法〉及其在西藏的实施》，《西藏民族学院学报》（哲学社会科学版）2014年第5期。

经济发展模式也决定了资源禀赋能否得到合理利用和有效管理。"这两条条文已经清楚地表明民族区域自治权来源于宪法，又服从于宪法，印证了宪法至上的原则。"① 依照宪法的规定，自治权的行使要贯彻国家的法律、政策，资源配置权的行使要接受国家计划的指导，这为建设生态功能区而限制民族地区资源配置权提供了直接法律依据。

重点生态功能区是《主体功能区规划》中划定的一种类型的区域发展模式，《主体功能区规划》是国务院制定和发布的，我国国土空间开发的战略性、基础性和约束性规划，是国家计划体系中的框架性规划纲要，与现有各类空间规划之间具有指导与被指导的关系。甚至有学者将其地位上升为"软法"，"主体功能区规划是政府机关公共治理的新实践，其关注基本公共服务均等化、环境保护、资源综合利用、区域协调平衡以及重大基础设施的布局，提倡多元化主体参与与协商民主，其创制与实施过程所体现的前瞻性、引领性、科学性、可持续性、可操作性、可接受性等理念与软法强调的平等互利、合作共治、柔性管理、富含人文关怀、非国家强制性、利益诱导、社会舆论、组织自律等特征具有高度的契合之处。因此，主体功能区规划当属软法范畴。"②

民族地区资源配置权的行使统一于国家法律和计划，其根本原因在于我国的民族区域自治不同于国际社会的居民自治和团体自治。居民自治和团体自治是国际社会地方自治的两种类型，但两者之间关系密切，根据学者对"地方自治权"的界定："由当地居民通过民主选举的方式产生的地方自治当局，在宪法或者法律规定的自治权限范围内，为了当地居民的合法利益，管理本地方事务的权力"③，居民自治是团体自治的权利来源，团体自治是居民自治的途径和形式。可见，国际社会地方自治机关的自治权源于地方居民基于自治的授权，其以中央和地方分权为

---

① 李春晖：《民族区域自治权的宪政分析》，《中央民族大学学报》（哲学社会科学版）2012年第 3 期。

② 吕中国、强昌文：《论软法视野下的主体功能区规划创制与实施》，《华东经济管理》2013 年第 4 期。

③ 沈寿文：《国际视野下的中国民族区域自治权》，《云南大学学报》（法学版）2010 年第 1 期。

前提,地方自治机关在本区域内行使自治权不受中央政府的干预。而我国"自治地方的自治权力是国家赋予地方政府的,而不是赋予哪个民族的,因此,自治地方政府与上级政府之间的关系体现为权力隶属关系而不是对等关系"①,这是一种不以地方分权为前提且相对于一般地方政府而言,强调政府权力横向比较而言的"自治权",自治权的行使要受国家的统一领导和监督。

(二)《环保法》中的规划和环境管理制度

1. 环境保护规划与主体功能区规划相衔接

虽然大多数生态功能区所辖区域跨越了两个或数个省级行政区,但25个重点生态功能区最终划定界限为县级行政区,民族地区国家级重点生态功能区涵盖328个县级行政区。这体现了生态功能区划定与我国现行行政区划相结合,以保证权威主体有效推进顶层设计的发展策略。由于不同县域,所属省份不同,资源特色和经济发展水平更不同,如何实现区域的合理开发、转变区域的发展模式、增强生态服务的主体功能,首先需要各县制定县域发展规划,部署点状开发、面上保护的空间结构,这是后续各种准入、禁止、限制、补偿乃至激励机制实施的基础,也是落实生态红线划定、环境质量分区管控、自然资源保护、产业发展制度的前提。因此,根据重点功能区的设定类型及目标,区内各县首先要制定县域规划,这是落实重点生态功能区区域目标的基础。

从国家层面的立法来看,仅有《环保法》第十三条规定:"县级以上人民政府应当将环境保护工作纳入国民经济和社会发展规划。国务院环境保护主管部门会同有关部门,根据国民经济和社会发展规划编制国家环境保护规划,报国务院批准并公布实施。县级以上地方人民政府环境保护主管部门会同有关部门,根据国家环境保护规划的要求,编制本行政区域的环境保护规划,报同级人民政府批准并公布实施。环境保护规划的内容应当包括生态保护和污染防治的目标、任

---

① 朱伦:《关于民族自治的历史考察与理论思考——为促进现代国家和公民社会条件下的民族政治理性化而作》,《民族研究》2009年第6期。

务、保障措施等，并与主体功能区规划、土地利用总体规划和城乡规划等相衔接。"

2. 以生态红线制度为代表的一系列环境管理制度

建设重点生态功能区的直接目标是改善区域生态环境质量，以污染防治和自然保护为立法目的的各项环境管理制度是建设重点生态功能区的主要法律手段。2010 年《全国主体功能区规划》发布后，《环保法》进行了全面修订，第二十九条明确规定："国家在重点生态功能区、生态环境敏感区和脆弱区等区域划定生态保护红线，实行严格保护。各级人民政府对具有代表性的各种类型的自然生态系统区域，珍稀、濒危的野生动植物自然分布区域，重要的水源涵养区域，具有重大科学文化价值的地质构造、著名溶洞和化石分布区、冰川、火山、温泉等自然遗迹，以及人文遗迹、古树名木，应当采取措施予以保护，严禁破坏。"这是目前国家层面直接关于重点生态功能区的最高位阶立法，其效力在于将国务院制定的重点生态功能区制度上升为法律制度，也是民族地区相关地方立法的依据。该条款要求国家在重点生态功能区、生态环境敏感区和脆弱区等区域划定红线，禁止各种类型的人类开发利用活动，并指明地方各级人民政府作为红线的监管主体，采取有效措施禁止人类破坏行为。

（三）国家重点生态功能区产业准入负面清单制度

2015 年 7 月，国家发展改革委印发《关于建立国家重点生态功能区产业准入负面清单制度的通知》，要求各地在开展资源环境承载能力综合评估的基础上，按照"县市制定、省级统筹、国家备案、对外公开"的机制，制定形成不同类型国家重点生态功能区的产业准入负面清单。2016 年 10 月，国家发展改革委出台《重点生态功能区产业准入负面清单编制实施办法》，对清单编制实施程序、规范要求、技术审核等方面作出了明确规定。该产业制度核心在于负面清单由限制类的产业和禁止类的产业两大部分构成，限制类产业是指在国家重点生态功能区内，市场主体应当依照一定管控条件发展的现有产业和规划产业；禁止类产业是指在国家重点生态功能区内，市场主体不得进入的产业。"重点生态功能区产业准入负面清单制度是从企业投资管理中汲取有益经验，将负面清单管理模式引入区域环境治理当中的产物"①，该"制度落脚点在产业，但其首要任务却是生态环境保护"②。产业准入负面清单制度作为典型的环境规制手段，其实施直接禁止、限制与主体功能区主导功能不相符产业的发展，具有行政强制性、效果即时性的显著特点，能够立刻阻止经济发展对环境保护的不良影响，是实现重点生态功能区环境质量改善的有效制度。

（四）环境行政公益诉讼制度

在建设生态功能区的过程中，地方政府正当履职尤其是环境管理职责的履行状况关乎重点生态功能区"生态环境治理改善、生态服务功能增强"这一基本目标能否实现。一方面，重点生态功能区本身就是政府规划的产物，且其建设内容短期内与市场主体的逐利目标相背离，必须通过政府行为管制、引导、激励市场行为朝着有利于生态环境保护的方向发展。另一方面，地方各级政府本身就是地方环境质量的责任主体，我国环境保护法体系中的诸多单行法也都规定了政府各职能部门的环境管理职责，如《中华人民共和国水污染防治法》（以下简称《水污染防治法》）的规定就是典型，该法不仅规定了地方政府对本区域水环境治理负责③，还规定了地方水污染防治的主管部门④。

环境行政公益诉讼是指当行政机关的行政行为对环境公共利益造成侵害时，由法律规定的机关和有关组织针对行政机关的违法行政行为，提起环境行政诉讼，并由法院进行司法审查的活动，这里的机关和有关

---

① 邱倩、江河：《论重点生态功能区产业准入负面清单制度的建立》，《环境保护》2016年第14期。

② 邱倩、江河：《重点生态功能区产业准入负面清单工作中的问题分析与完善建议》，《环境保护》2017年第10期。

③ 《中华人民共和国水污染防治法》第四条："县级以上人民政府应当将水环境保护工作纳入国民经济和社会发展规划。地方各级人民政府对本行政区域的水环境质量负责，应当及时采取措施防治水污染。"

④ 《中华人民共和国水污染防治法》第九条："县级以上人民政府环境保护主管部门对水污染防治实施统一监督管理。交通主管部门的海事管理机构对船舶污染水域的防治实施监督管理。县级以上人民政府水行政、国土资源、卫生、建设、农业、渔业等部门以及重要江河、湖泊的流域水资源保护机构，在各自的职责范围内，对有关水污染防治实施监督管理。"

组织不要求与行政行为有直接利害关系。从环境行政公益诉讼的指向客体和公益性的特点来看，它是监督地方各级政府及其职能部门依法有效履行环境管理职责，实现"生态环境治理改善、生态服务功能增强"目标的强有力手段。经过两年的政策试点，《中华人民共和国行政诉讼法》正式确立环境行政公益诉讼，该法第25条规定"人民检察院在履行职责中发现生态环境和资源保护、食品药品安全、国有财产保护、国有土地使用权出让等领域负有监督管理职责的行政机关违法行使职权或者不作为，致使国家利益或者社会公共利益受到侵害的，应当向行政机关提出检察建议，督促其依法履行职责。行政机关不依法履行职责的，人民检察院依法向人民法院提起诉讼"。可见，检察机关依法可以运用支持起诉、督促起诉、诉前建议、提起诉讼等多种手段，就地方政府环境履职问题进行法律监督，从司法层面确保环境公共利益得到有效保护，这一制度也将极大促进民族地区重点生态功能区建设。

二　民族地区的地方立法

（一）宁夏回族自治区空间规划条例

规划立法方面，已有民族地区走在国家立法前面，"先行先试"① 出台了空间规划条例，以解决"多规合一"的问题。宁夏回族自治区人大2014年11月25日通过了《宁夏回族自治区空间规划条例》（2017年5月25日进行修订），条例首先明确指出"编制空间规划应当以主体功能区规划为基础，整合经济社会发展、城乡建设、国土资源、环境保护、林业、水利、农牧、交通等空间性规划，实现'多规合一'"。这为宁夏在重点生态功能区制定空间规划进而实施国土空间用途管制提供了法律保障，确保改革于法有据。其次，条例明确了自治区人民政府和市、县级人民政府在空间规划实施方面的职责，并强调重大开发建设项目的布局、立项、审批、实施，应当符合空间规划的要求，项目审批机关在做出项目审批决定前，应当根据空间规划进行合规性审

---

① 先行先试"是在国家没有出台相关的法律法规和顶层政策设计，地方治理和发展又迫切需要的情形下，地方率先进行的具有探索性和实验性的地方治理法治化实践"。参见朱未易《我国地方法治建设的实践、问题及其路径》，《政法论丛》2017年第3期。

查，维护了规划的权威性。再次，条例完善了规划实施中的监督机制，包括人大监督、社会监督等，并且对于违反条例规定的行为设定了相应的法律责任。

（二）民族地区修订自治条例强化环境管理制度

自治条例是民族地区立法自治权实现的基本形式，统领民族地区法治建设。通过查阅人大网、法律之星以及民族自治地方人大网站，2010年12月21日国务院发布《全国主体功能区规划》后，共计有九个自治州、县发布或修订自治条例，强化自然资源保护和生态建设的内容。其中包括被划入国家重点生态功能区的一州五县①：一个自治州即甘肃临夏回族自治州，该自治州管辖的八个县中有四个被划入甘南黄河重要水源补给生态功能区，分别是临夏县、和政县、康乐县、积石山保安族东乡族撒拉族自治县。五县是：湖北五峰土家族自治县、湖北长阳土家族自治县、青海门源回族自治县、甘肃积石山保安族东乡族撒拉族自治县、甘肃阿克塞哈萨克族自治县。

这一州五县的自治条例分别结合本区域被划入重点生态功能区的类型特点增加了改善生态环境的相应条款，如下辖四个县被划入"甘南黄河重要水源补给生态功能区"的甘肃省临夏回族自治州2011年修订的自治条例第二十八规定："自治机关加强自然资源保护和生态环境建设。坚持造林与管护并重，实施国家天然林保护、三北防护林体系建设、重点公益林、退耕还林、自然保护区建设等重点工程和其他林业生态工程。大力保护、培育和合理开发利用森林资源，提高森林覆盖率。"

被划入"三峡库区水土保持生态功能区"的湖北五峰土家族自治县2014年修订的自治条例第五十三条规定："自治机关坚持封山育林、植树造林、退耕还林，提高森林覆盖率和活立木蓄积量"；第五十五条规定："自治机关对后河国家级自然保护区、柴埠溪国家森林公园、五峰国家地质公园及省市级自然保护区、自然保护小区、湿地、国家重点生

---

① 此外虽然还有两个自治县即辽宁本溪满族自治县、辽宁桓仁满族自治县在2012年修订了自治条例，但这两个自治县是在2016年新增进入国家重点生态功能区县域名单的，其自治条例的修改在划入重点生态功能区之前，故不在统计范围。

态公益林区实行重点保护"。被划入同一生态功能区的湖北长阳土家族自治县 2011 年修订的自治条例以"第六章生态环境保护"专章的形式规定了十个条款，规范指引该县的生态功能区建设。

被划入"祁连山冰川与水源涵养生态功能区"的青海门源回族自治县、阿克塞哈萨克族自治县，被划入甘南黄河重要水源补给生态功能区的积石山保安族东乡族撒拉族自治县的自治条例也就环境保护、生态建设做了特别规定。作为水源涵养生态功能区和重要水源补给生态功能区的组成部分，这三个县都必须加强天然林、草场保护，实施退牧还草、退耕还林，这种需求在自治条例中都有体现。如《青海门源回族自治县自治条例》第三十二条规定，"自治县的自治机关重视生态保护和建设。按照'谁种、谁管、谁受益'的原则，大力鼓励单位、集体和个人承包荒山、荒滩植树、种草。积极开展森林、草原病虫害防治和植物的检疫工作。禁止乱砍滥伐林木和毁坏草原植被，禁止在严重退化、沙化、水土流失以及生态脆弱的林地、草原上放牧、采挖植物和其它损毁活动。"

（三）民族地区根据新环保法的实施修订环境保护条例

我国五大民族自治区已经全部根据《环保法》的规定修订了自治区环境保护条例，将生态红线、自然保护等生态功能区建设制度落实到民族地区的地方环境保护立法中：

已有两个自治区环境保护条例明确细化规定了生态红线制度：《广西壮族自治区环境保护条例》（2019 年颁布实施）第十八条规定："自治区、设区的市人民政府应当在本行政区域内的江河源头区、重要水源涵养区、水土流失重点预防区和重点治理区、重要渔业水域以及生物多样性丰富区等重要生态功能区域，生态环境敏感区和脆弱区等划定生态保护红线，设置明显标志标识，并实行严格保护。"第十九条规定："县级以上人民政府及其林业主管部门应当采取有效措施，鼓励和支持在饮用水水源保护区、江河源头、自然保护区、风景名胜区、自治区级以上公益林区等重要生态功能区和主要河流两岸、水库周围等生态保护红线范围内的区域，种植有利于涵养水源、保持水土、保护植被的树木。"《新疆维吾尔自治区环境保护条例》（2016 年颁布、2017 年实施）第十六条规定："自治区人民政府环境保护主管部门在生态环境现状调查的基础上，编制生态功能区划，确定重点生态功能区、生态环境敏感区和脆弱区，并划定生态保护红线，实施严格保护。"

另外三个自治区分别结合本地实际情况在环境保护条例中将自然保护区、生态功能保护区等制度作出规定，并制定了相应的保护措施。《内蒙古自治区环境保护条例》（2018年颁布实施）第十五条规定："各级人民政府应当在具有代表性的各种类型的自然生态系统区域，珍稀、濒危的野生动植物自然分布区域，重要的水源涵养区域，具有重大科学文化价值的地质构造和化石、火山、温泉等分布区域，建立自然保护区。对人文遗迹、古树、名木采取其他措施加以保护，严禁破坏。"《宁夏回族自治区环境保护条例》（2016年颁布实施）第二十九条规定："县级以上人民政府应当将自然保护区、风景名胜区、湖泊湿地和封山围栏禁牧、退耕还林还草、小流域治理和其他需要保护的生态区域，划定为生态功能保护区，采取措施防止生态环境破坏和荒漠化、沙化，恢复生态。禁止在生态功能保护区内从事可能导致生态功能退化的开发建设活动。在饮用水源保护区、自然保护区、风景名胜区、重要生态功能保护区等环境敏感区，环境保护行政主管部门和相关行政管理部门应当严格限制审批建设项目。"《西藏自治区环境保护条例》（2013年修正）第九条规定："县级以上人民政府应当根据本行政区域生态环境现状，制定生态环境建设和保护规划，加强对重要生态功能区、生态良好区以及重点资源开发区的监督管理。"第十一条规定："在风景名胜区、自然保护区、城市规划确定的居民区和饮用水源地、重要生态功能保护区、湿地等其他需要特别保护的区域内，禁止新建可能污染和破坏环境的建设项目。对已建的产生污染和破坏环境的项目应当限期治理或责令其停业、停产、转产或关闭。"

此外，民族地区开始重点生态功能区建设后，也有自治州层面的环境保护条例出台，内容有一些创造性的规定，如设立专门的环境管理机构编制实施当地的主体功能区划，落实环境保护规划与主体功能区规划一致的要求。所辖县被划入"阿尔泰山地森林草原生态功能区"的新疆伊犁哈萨克自治州制定的《阿勒泰地区生态环境保护条例》（2013年颁布实施）第五条规定，伊犁哈萨克自治州（以下简称自治州）阿勒泰

地区行署（以下简称地区行署）设立生态环境保护委员会，负责全地区
生态环境保护工作。其主要职责包括组织编制并实施全地区的主体功能
区划、生态功能区划和环境功能区划，明确不同区域的功能定位和发展
方向。该条例全面规定了各种环境资源的保护制度，如水资源、土壤、
湿地、动植物资源等。

（四）重点生态功能区建设开始后颁布的单行条例①

由于环境保护是民族地区重点生态功能区建设的直接目标和主要任
务，民族地区颁布了大量的以自然资源保护或污染防治为主要内容的地
方性法规，规范指导着民族地区的环境保护工作，将建设重点生态功能
区的发展目标融入当地的环境保护工作。单行条例（除去前文已做专门
统计的环境保护条例）数量较多，因此有必要进行分类分析。"根据我
国现有的地方法治建设实践，如果以地方法治建设的内在运行为逻辑，
其实践模式大致可以分为体制回应型、先行先试型及自生自发型三
种"②。在这种分类模式下，"自生自发型主要还是体现在全国各地乡
镇、农村、社区和社会组织基层治理法治化的实践和探索过程之中，凸
显了基层治理的规则之治"③。单行条例不属于基层治理的规则之治，因
此民族地区的单行条例大致可以分为体制回应型、先行先试型两大类。

1. 体制回应型

虽然体制回应型这种类型提出的初衷是指"全国各级地方党委和政
府的这些法治建设意见或规划都是在中央的'法治中国'的战略部署和
国家宪法法律的统摄下，地方各级党委与政府以形式相似和内容相近的
方式出台相关法治建设意见或法治政府建设规划"④。但其本质在于
"国家宪法法律的统摄下"，因此可以借鉴这个提法，将有上位法的规
定，民族地区为贯彻实施上位法而制定的单行条例归纳为"体制回应

---

① 此处没有区分单行条例是自治立法权的体现还是地方性法规，取单行条例"是指只规
定某一事项的法律，或只适用于某地区或某些人的法律"的含义，参见百度词条，仅从这些
条例的内容是为了解决某一具体领域的问题及法律文件采用了条例这一名称来界定单行条例。

② 朱未易：《我国地方法治建设的实践、问题及其路径》，《政法论丛》2017 年第 3 期。

③ 同上。

④ 同上。

型"，并根据立法内容分为以下几种。

第一，自然资源保护法的单行条例。民族地区自然资源丰富，各地区结合当地自然资源的具体类型，对我国自然资源法体系中的某些法律进行细化，根据本行政区域的实际情况作出具体规定。以拥有丰富的森林资源和水能资源的广西壮族自治区为例，其单行条例多针对森林资源和水能资源的开发利用。2016 年，广西根据《中华人民共和国森林法》《森林防火条例》，制定了《广西壮族自治区森林防火条例》；2013 年，为了规范水能资源开发利用管理，实现水能资源可持续利用，根据《中华人民共和国水法》《中华人民共和国可再生能源法》等有关法律、行政法规，广西颁布了《广西壮族自治区水能资源开发利用管理条例》；2013 年，为了保护和改善海洋环境，合理开发利用海洋资源，根据《中华人民共和国海洋环境保护法》制定了《广西海洋环境保护条例》，随后 2015 年颁布了《广西海域使用管理条例》，填补了广西作为沿海大省在海洋地方性法规方面的空白。

第二，污染防治法的单行条例。2019 年 3 月 1 日起开始施行的《内蒙古自治区大气污染防治条例》是《中华人民共和国大气污染防治法》的补充和细化，提出了许多具体措施，将内蒙古自治区多年来在大气污染防治方面的成熟做法通过法定程序转化为规范体系，保障其有效实施。内蒙古一方面作为能源经济大省，煤炭占能源消费的比重高，大气污染治理压力大；另一方面又拥有丰富的气候资源，包括太阳光照、风、云等在内，大气污染对这些气候资源也形成了破坏，使得气候资源的利用一直处于较低级、效率差、不均衡的层次。该《条例》的出台强化了政府职责，贯彻源头治理的理念，确立了联防联控机制，加大了财政补贴力度。并分别对工业污染防治、燃煤污染防治、机动车污染防治、扬尘污染防治、沙尘污染防治及其他方面的污染防治工作规定了法律责任，具体而言如"对排放恶臭污染物的单位在规定期限内未达到国家标准的，需要有旗县级以上人民政府生态环境主管部门责令改正，并处于 1 万元以上 10 万元以下的罚款；拒不改正的，责令停业整治或者关闭"。该《条例》不但对政府责任的规定十分明确，且一旦发现有滥用职权、玩忽职守等行为的，依《条例》的规定必须给予严惩，更不必说构成犯罪的政府工作人员①。

第三，对《环保法》的某项具体制度进行细化。我国《环境保护法》第二十九条规定了生态红线制度，实现了该制度在我国从政策层面到法律层面的提升。但从立法内容来看存在操作性弱的问题，其规定原则而抽象，生态红线的法定概念、划定主体、划定标准、后续如何落实等问题都没有明确。民族地区可以发挥地方立法权的优势，以单行条例的方式对少数民族地区的生态红线制度进行细化，使之更具操作性和针对性。"并且民族地区生态环境的特殊性和当地世居民族与环境朴素的人环关系也决定了民族地区生态红线划定立法应有其特殊性。民族地区结合当地独有的自然条件、环境容量、经济发展水平、人文环境，在《民族区域自治法》的指引下，出台地方生态红线制度的单行条例，规范生态红线划定工作及保障红线的落实，既是全国生态红线制度落实的一部分，也能极大地推动民族地区生态保护和可持续发展。"②2018年11月29日，宁夏十二届人大常委会第七次会议通过了《宁夏回族自治区生态保护红线管理条例》，2019年1月1日施行，为宁夏生态环境保护筑起坚实的法律屏障。该条例首先明确了生态保护红线的定义，其次明确了生态保护红线中各部门的管理责任以及内容，包括生态保护红线划定方案，制定生态保护红线准入清单，建立生态保护补偿机制以及对生态保护成效进行考核等内容。最后，规定了生态补偿、监督监管、评价考核的制度和违反生态保护红线管理的法律责任，明确规定评价考核的结果可以作为有关部门负责人生态环境损害责任追究的依据③。

2. 先行先试型

"先行先试型"是"在国家没有出台相关的法律法规和顶层政策设

---

① 《宁夏生态保护红线管理条例出台——破坏、侵占生态保护红线最高罚款50万元》，新华网2018年12月1日，http：//www.xinhuanet.com/politics/2018-12/01/c_ 1123793756. htm。

② 廖华：《民族地区生态红线制度的地方立法研究》，《湖北民族学院学报》（哲学社会科学版）2015年第3期。

③ 《〈内蒙古自治区大气污染防治条例〉将于2019年3月起实施》，《内蒙古日报》网站2018年12月11日，http：//www.ybzhan.cn/news/detail/72619.html。

计，地方治理和发展又迫切需要的情形下，地方率先进行的具有探索性和实验性的地方治理法治化实践"①，据此，可以将民族地区单行条例中尚无国家层面法律渊源的部分归纳为"先行先试型"，根据立法内容，大致可以分为以下几类。

第一，自然保护地条例。2019年1月23日，中央全面深化改革委员会第六次会议审议通过了《关于建立以国家公园为主体的自然保护地体系指导意见》，明确指出：要按照山水林田湖草是一个生命共同体的理念，创新自然保护地管理体制机制，实施自然保护地统一设置、分级管理、分区管控，把具有国家代表性的重要自然生态系统纳入国家公园体系，实行严格保护，形成以国家公园为主体、自然保护区为基础、各类自然公园为补充的自然保护地管理体系。但目前，我国国家层面只有《中华人民共和国自然保护区条例》，自然保护地的立法体系尚不健全。拥有各种类型自然保护地的民族地区，充分利用地方自治立法权制定了相关法律，为全国自然保护地立法积累了地方经验。2013年，云南省迪庆藏族自治州制定了《云南省迪庆藏族自治州香格里拉普达措国家公园保护管理条例》，不仅积极探索了生态环境脆弱、经济欠发达的少数民族边疆地区科学保护与合理利用自然资源的有效路径，而且作为全国首个国家公园的地方性立法，实现了很好的示范引领功能。

自然保护地法律体系另外一个充分体现地方立法先行先试的领域就是湿地立法，虽然我国早在1992年就加入了《关于特别是作为水禽栖息地的国际重要湿地公约》（又称《拉姆萨尔公约》，以下简称《湿地公约》），2014年修订《环保法》时也在第二条增加了湿地作为自然因素的列举项，但我国一直没有国家层面的湿地立法。2011年《云南省大理白族自治州湿地保护条例》、2012年《新疆维吾尔自治区湿地保护条例》、2015年《广西壮族自治区湿地保护条例》正式施行，丰富了我国湿地保护的地方立法。尤其是《广西壮族自治区湿地保护条例》注重了地方特色，把湿地作为一个完整的生态系统来考虑，在湿地保护和利用方面统一立法，进而统一管理，依法对诸多破坏和滥用湿地的行为进

---

① 朱未易：《我国地方法治建设的实践、问题及其路径》，《政法论丛》2017年第3期。

行处理，真正解决了湿地利用中存在的诸多问题，被广西壮族自治区人大列为环境保护精细化立法的第一个案例。

第二，流域保护条例。"流域是地表水及地下水分水线所包围的集水区域的统称。"① 但现实中，我们往往更习惯将一个水系的干流和支流所流经的整个水域称之为流域。民族地区有多个水土保持生态功能区，流域资源丰富，"流域生态治理应确立流域治理整体观，尊重流域自然特征，以流域为单元综合治理。还需兼顾其他相关环境要素的维护，也就是说要'水土一体化'治理"②。虽然目前我国水资源保护领域有《水法》《水污染防治法》《水土保持法》，但这三部法律立法目的各有侧重，分别是水资源的可持续利用，治理水污染从而保障饮用水安全，预防治理水土流失，尚未形成尊重流域生态系统健康、多元共治的流域保护机制，导致实践中上下游地区之间在取水、筑坝、排污、采砂等方面存在诸多矛盾。我国学者建议对流域进行立法已有多年，尤其是长江、黄河、珠江、淮河等③。在《全国主体功能区规划》颁布后，被划入重点生态功能区的民族地区出台多部流域保护条例：新疆巴音郭楞蒙古自治州《开都河流域生态环境保护条例》（2018 年颁布）、《青海湖流域生态环境保护条例》（2018 年修正）、《湘西土家族苗族自治州酉水河保护条例》（2017 年颁布）、《恩施土家族苗族自治州酉水河保护条例》（2016 年颁布）、《广西壮族自治区巴马盘阳河流域生态环境保护条例》（2015 年颁布）、《广西壮族自治区漓江流域生态环境保护条例》（2015 年颁布）。这些流域保护条例在流域生态环境保护规划、流域生态环境保护、流域自然资源利用、跨行政区域协调保护机制等方面做出了有益尝试。尤其是酉水河保护的立法实践表明，生态功能区内自治机关的跨界合作可以在州县层次的立法及执法方面展开。虽然由于自治机关的立法权效力仅局限在本地区，但功能区内相同级别的立法机关可以

---

① 王树义：《流域管理体制研究》，《长江流域资源与环境》2000 年第 4 期。

② 高利红、李培培：《中国古代流域生态治理法律制度及其现代启示》，《吉首大学学报》（社会科学版）2018 年第 6 期。

③ 参见古小东《基于生态系统的流域立法：我国水资源环境保护困境之制度纾解》，《青海社会科学》2018 年第 5 期。

通过联席会议共同立法，协商确定同一自然资源配置的基本原则、主要方式、监督机制等内容。并且联席会议只是一种会议形式，并不是实体的立法机构，这种合作立法模式与现行法律体制不冲突。

第三节　民族地区重点生态功能区的补偿类规范

重点生态功能区的终极目标是公共服务水平显著提高，在限制这些地区大规模工业化、城镇化发展的同时却要求地方政府财政支出能力相应提升，生态补偿制度不可或缺。2004 年修正后的《宪法》规定："国家保障自然资源的合理利用；国家为了公共利益的需要，可以依照法律规定对土地实行征收或征用并给予补偿，可以依照法律规定对公民私有财产实行征收或者征用并给予补偿。"这个条款针对如何处理公共利益与个体财产权之间的冲突，明确了要通过补偿保障个体财产权，是我国法律体系中关于补偿的基础性规范。

一　国家层面的补偿类规范

（一）《宪法》和《民族区域自治法》的规定

现行法律早已明确规定了民族地区获得资源开发的补偿权利。民族区域自治制度及其立法的初衷就是要通过适当优惠政策帮助民族地区发展，逐步消除各民族间事实上的不平等，"事实也证明了我国倾斜的、照顾性的民族差异化政策保护了少数民族利益，构建了平等、团结、互助、和谐的民族关系，是实现社会整合、国家认同的有效手段和工具，是实现各民族'平等的正义'理想性特征的有效路径选择"[1]。从《宪法》到《民族区域自治法》都体现了该宗旨。《宪法》第一百一十八条第二款提出："国家在民族自治地方开发资源、建设企业的时候，应当照顾民族自治地方的利益。"根据宪法的基本原则，《民族区域自治法》进一步细化了民族地区获得补偿的权利，《民族区域自治法》第六十五条第一款指出："国家采取措施，对输出自然资

---

[1]　文晓波、郎维伟：《身份与权利：民族差异化政策的思考——基于"正义"双重含义的视角》，《行政论坛》2015 年第 4 期。

源的民族自治地方给予一定的利益补偿"；第六十六条第二款规定：
"民族自治地方为国家的生态平衡、环境保护作出贡献的，国家给予一定的利益补偿。"

　　建设重点生态功能区显然是为国家的生态平衡、环境保护做出了贡献，且生态产品作为生态功能区的产出也是一种新型的自然资源。过去，人们对自然资源的认识停留于能为人类带来经济利益的物质和能量，典型的就是矿物资源；生态产品即生态系统服务虽然是自然资源产生的基础环境，也是维系人类生存与发展的必需自然物，却被人们忽视了。如今，在人居环境质量需求及生态文明建设的背景下，生态系统运作所维持的人类赖以生存的自然效用，也具有稀缺性，从而具备资本属性，"绿水青山就是金山银山"实际就认可了生态系统服务的经济价值，实现了生态价值向经济价值的转换。民族地区建设重点生态功能区以提供水源涵养、水土保持、防风固沙、生物多样性维护的生态产品就是向全国输出了自然资源，依法应该得到利益补偿。

　　（二）《环保法》的规定

　　"法学上的生态补偿是指对个人或组织在森林营造培育、自然保护区和水源区保护、流域上游水土保持、水源涵养、荒漠化治理等环境修复和还原活动中，对环境生态系统造成的符合人类需要的有利影响，由国家或其他收益的组织和个人进行价值补偿的环境法律制度。"[1]《环保法》第三十一条确立了我国的生态补偿制度："国家建立、健全生态保护补偿制度。国家加大对生态保护地区的财政转移支付力度。有关地方人民政府应当落实生态保护补偿资金，确保其用于生态保护补偿。国家指导受益地区和生态保护地区人民政府通过协商或者按照市场规则进行生态保护补偿。"

　　在重点生态功能区的建设过程中，生态补偿制度最典型的体现就是国家财政部 2011 年开始实施国家重点生态功能区转移支付，以发挥中央财政资金转移支付的政策导向功能，落实《环保法》第三十一条的规

---

　　[1]　李永宁等：《生态保护与利益补偿法律机制问题研究》，中国政法大学出版社 2018 年版，第 24 页。

定。重点生态功能区转移支付由原生态保护区转移支付①更名而来，这些资金由中央财政拨付到省级财政，再由省级财政按县测算，直接拨付到县级财政，且以县级财政缺口为测算基数，列在均衡性转移支付项目之下，目的主要在于平衡经济欠发达的地区获得均等化的基本公共服务。2011年、2012年、2015年、2016年、2017年、2018年、2019年，财政部分别逐年印发《中央对地方重点生态功能区转移支付办法》，新政策出台后原有政策同时废止。这些办法明确了中央财政设立重点生态功能区转移支付并具体规定各个年份的转移支付办法，就中央财政对国家重点生态功能区转移支付的基本原则、资金分配、监督考评、激励约束做了具体规定。历年的政策文本对于转移支付资金的分配原则具有高度一致性，包括"公平公正，公开透明；重点突出，分类处理；注重激励，强化约束"三个方面②。根据这些办法的规定，此项转移支付为一般性转移支付，用于重点生态功能区的基础设施建设，提高政府基本公共保障能力，在使用上较专项转移支付资金要少许多限制。

　　2011年，由环境保护部（现生态环境部）和财政部联合开展国家重点生态功能区县域生态环境质量的监测、评价与考核工作。考核对象为享受国家重点生态功能区转移支付资金的县级政府；考核办法由专门制定的《国家重点生态功能区县域生态质量考核办法》具体规定，以生态环境质量的动态变化作为衡量标准；考核目的在于评估国家重点生态功能区转移支付资金在生态环境保护方面的成效；考核结果通过奖惩与转移支付数目直接挂钩，对考核评价结果优秀的地区给予奖励，对生态环境质量变差、发生重大环境污染事件的地区，根据实际情况对转移支付资金予以扣减。

　　（三）环境保护单行法的规定

　　由于生态补偿的对象是环境保护产生的生态利益，旨在解决环境保

---

　　① 2008年开始，中央财政就在均衡性转移支付项下增设了生态保护区转移支付，将天然林保护、三江源和南水北调等重大生态功能区所辖230个县纳入转移支付范围。

　　② 《财政部关于印发〈中央对地方重点生态功能区转移支付办法〉的通知》（财预〔2017〕126号），2017年8月2日发布。

护的正外部性问题，我国诸多环境保护单行法中都有生态补偿条款，建立了森林资源生态补偿、草原生态补偿、流域生态补偿以及野生动物保护生态补偿等单一环境要素的生态补偿机制。

森林资源生态补偿机制是我国目前构建较为成熟的一个生态补偿领域，《中华人民共和国森林法》（以下简称《森林法》）第 8 条规定："国家设立森林生态效益补偿基金，用于提供生态效益的防护林和特种用途林的森林资源、林木的营造、抚育、保护和管理。森林生态效益补偿基金必须专款专用，不得挪作他用。具体办法由国务院规定。"根据《森林法》的有关规定，财政部、林业局先后出台了《国家级公益林区划界定办法》和《中央财政森林生态效益补偿基金管理办法》，在森林领域率先开展生态补偿。2003 年施行的《退耕还林条例》作为森林生态补偿的重要法规，又对退耕还林中的规划和计划、造林、管护与检查验收、资金和粮食补助其他保障措施和法律责任做了较为全面的规定。其中关于生态补偿的内容主要是第 35 条规定："国家按照核定的退耕还林实际面积，向土地承包经营权人提供补助粮食、种苗造林补偿费和生活补助费"；第 43 条规定："退耕土地还林后，在规定的补助期限内，县级人民政府应当组织有关部门及时向持有验收合格证明的退耕还林者一次付清该年度生活补助费。"

草原生态补偿的法律依据是《中华人民共和国草原法》第 35 条规定："在草原禁牧、休牧、轮牧区，国家对实行舍饲圈养的给予粮食和资金补助，具体办法由国务院或者国务院授权的有关部门规定。"流域生态补偿规定由《水污染防治法》和《中华人民共和国水土保持法》（以下简称《水土保持法》）中的相关规定组成。《水污染防治法》第 8 条规定："国家通过财政转移支付等方式，建立健全对位于饮用水水源保护区区域和江河、湖泊、水库上游地区的水环境生态保护补偿机制。"《水土保持法》第 31 条规定："国家加强江河源头区、饮用水水源保护区和水源涵养区水土流失的预防和治理工作，多渠道筹集资金，将水土保持生态效益补偿纳入国家建立的生态效益补偿制度。"此外，《中华人民共和国野生动物保护法》第 19 条初步规定了野生动物保护的生态补偿问题，即"因保护本法规定保护的野生动物，造成人员伤亡、农作物或者其他财产损失的，由当地人民政府给予补偿。具体办法由省、自治区、直辖市人民政府制定。有关地方人民政府可以推动保险机构开展野生动物致害赔偿保险业务。有关地方人民政府采取预防、控制国家重点保护野生动物造成危害的措施以及实行补偿所需经费，由中央财政按照国家有关规定予以补助"。

这些环境法律法规已经初步建立了我国的生态补偿法律体系，实践中依据这些法律和相关政策也开展了一些生态补偿实践，如森林生态效益补偿基金已经在全国范围内普遍展开，其他如流域保护、草原保护等领域的生态补偿实践也取得一定成效，并积累了经验。虽然这些立法的适用范围并不仅仅限于重点生态功能区，但由于防护林和特种用途林、草原、水源保护区、野生动物等生态补偿客体在民族地区重点生态功能区大量存在，并构成衡量民族地区重点生态功能区建设成果的重要指标，这些生态补偿条款也构成民族地区建设重点生态功能区的规范基础。

二　民族地区的地方立法①

民族地区被划入重点生态功能区的那些区域环境资源丰富，生态地位重要，一直都是我国生态补偿实践丰富的地区。《全国主体功能区规划》发布后，这些地区实施生态补偿的重要性进一步加强，自治州、自治县层面出台的地方立法有 20 多部规定了生态补偿条款，规范生态补偿活动。从内容上看，这些地方立法的生态补偿条款大致可以分为两类：一类是以国家环境保护单行法的生态补偿条款为依据，执行国家立法；一类是规定中央立法没有涉及的生态补偿事项，属创制立法②。

---

① 资料来源于北大法宝的中国法律法规信息库，自治州立法检索方式为关键字"自治州+生态补偿"、自治县立法检索方式为关键字"自治县+生态补偿"，生效时间都是 2011 年之后（以 2010 年 12 月国务院颁布《全国主体功能区规划》为起点）。最后检索时间为 2019 年 11 月 10 日。梳理可能还不够精准，仅供参考。

② 有学者将我国地方立法与中央立法的关系归纳为：重复、细化、创制三类。重复和细化都可以视作执行上位法，区别在于重复只是对上位法规定的简单再现，细化则需要下位法制定机关进行一定的分析，对上位概念进行"分类讨论"。参见俞祺《重复、细化还是创制：中国地方立法与上位法关系考察》，《政治与法律》2017 年第 9 期。

（一）重复和细化生态补偿的国家立法

由于我国环境保护单行法已经明确规定了林业、草原、流域这三个领域的生态补偿制度，民族地区的这类地方生态补偿立法，内容也相应集中在这三个领域，其中既有重复中央立法的规定，也有对中央立法进行细化的规定。

1. 林业生态补偿

云南省文山壮族苗族自治州下辖八县，其中西畴县、马关县、文山县、广南县、富宁县五县被纳入"桂黔滇喀斯特石漠化防治生态功能区"；2016 年新增麻栗坡县纳入国家重点生态功能区。全国第三次石漠化监测工作的"监测结果显示，人工造林种草和林草植被保护对石漠化逆转发挥着主导作用，其贡献率达 65.5%"[①]，可见封山育林、荒山造林、退耕还林这些保护森林植被的措施对石漠化防治的重要性。《云南省文山壮族苗族自治州林业管理条例》（2011 年修正）明确规定州、县（市）人民政府设立林业专项基金，专户管理，专款专用，并详细列举了林业专项基金的来源——本级财政预算，上级扶持资金，育林基金，森林植被恢复费，生态效益补偿资金，采集、经营野生动植物及其产品的规费收入，收取的绿化费，捐赠和其他资金[②]。

此外，《云南省西双版纳傣族自治州澜沧江流域保护条例》（2014 年修订）和《江华瑶族自治县生态环境保护条例》中的生态补偿规定在表述上直接援用了上位法条文，或者内容与上位法基本一致。前者第三十一条规定"纳入生态公益林地范围内的农村集体所有或者个人所有的林木，应当依照国家和省有关公益林的规定给予补偿"；后者第八条规定"自治县人民政府积极争取上级国家机关加大生态补偿转移支付力度，逐步提高公益林补偿标准"。

2. 草原生态补偿

草原生态补偿的民族地区地方立法集中在草场资源丰富的两个藏族

①　于文静：《我国石漠化扩展趋势得到有效遏制》，新华网 2018 年 12 月 3 日，http：//www.xinhuanet.com/fortune/2018-12/13/c_1123848491.htm。

②　参见《云南省文山壮族苗族自治州林业管理条例》（2011 年修正）第 24 条，该条例第 27 条还规定了森林生态效益分级补偿制度。

自治州。《甘肃省天祝藏族自治县草原条例》（2013 年修订）第三十条规定"自治县人民政府应当根据上级国家机关规定对实施禁牧休牧、草畜平衡的农牧户给予补助和奖励"，基本是重述了上位法的规定。《甘孜藏族自治州草原管理条例》（2016 年修正）第九条则细化了上位法的规定，指出自治州在国家、省政府指导支持下，建立草原生态保护奖励补偿机制，并具体列举了补偿的行为类型：减畜、薪材替代、牲畜配装电子耳标、生态移民、草原综合治理、草原湿地保护、使用草原机械、推行良种、良法等行为。

3. 流域生态补偿

民族地区流域生态补偿的地方立法分布较为零散，水资源保护立法、生态环境保护立法、流域生态环境保护立法中均有分布，具体内容依次为：《云南省怒江傈僳族自治州水资源保护与开发条例》（2012年）第十三条"自治州人民政府建立生态环境保护补偿机制。开发利用自治州行政区域内的水资源应当提取生态环境保护补偿资金，专项用于生态环境综合治理和补偿当地人民群众的生产生活"；《黔东南苗族侗族自治州生态环境保护条例》（2015 年）第十三条"自治州人民政府应当建立水资源开发生态补偿机制，生态补偿资金专项用于水资源的节约、保护和管理工作"；《甘肃省甘南藏族自治州洮河流域生态环境保护条例》（2019 年）第十一条"自治州人民政府应当积极开展洮河流域生态保护补偿工作，推进洮河流域县（市）生态环境保护联防联控机制建设"。这些地方立法基本是重述了上位法的规定，仅有怒江州的条例在规定生态补偿资金的用途上创造性地提到了"补偿当地人民群众的生产生活"。

4. 综合性地方立法

也有民族地区的地方立法在自治条例中规定了森林和草原生态补偿制度，如《甘肃省阿克塞哈萨克族自治县自治条例》（2011 年）第二十五条规定"自治机关有计划、有步骤地实施退耕还林退牧还草，并对实施退耕还林退牧还草的农牧民，按照国家有关规定给予补偿。引导牧民合理利用草原，实行以草定畜，严禁超载过牧保持草畜平衡"；第二十六条规定"自治县建立严格的水源涵养林保护制度和生态效益补偿机制，纳入中央和省级财政森林生态效益补偿范围的重点公益林，补偿资金全额拨付自治县后，由自治县管理使用"。但其内容既没有细化上位法的规定，也未有创制性的规定。

（二）创制性规范

"创制是指下位法规定上位法没有涉及的事项，或者超出上位法规定的范围。"[1] 虽然我国《环保法》规定了"国家建立、健全生态保护补偿制度"，但具体在哪些领域实施生态补偿，环境保护单行法的规定只涉及了森林、草原、流域、野生动物保护几个领域。部分民族地区结合自己的实际情况出台单行条例，规范湿地、自然遗产保护等领域的生态补偿活动。如《云南省大理白族自治州湿地保护条例》（2012）第二十九条的规定建立了湿地保护生态补偿制度，"自治州人民政府建立湿地生态补偿制度。因湿地保护、管理、利用的需要，使单位和个人的合法权益受到损害的，应当予以补偿，影响生产生活的应当妥善安置"。2018 年，黔东南苗族侗族自治州第十四届人民代表大会第二次会议审议通过《黔东南苗族侗族自治州施秉喀斯特世界自然遗产保护条例》，就位于施秉县境内列入《世界遗产名录》的施秉喀斯特世界自然遗产的保护专门立法。施秉县 2016 年新增进入国家重点生态功能区，该条例第三十条规定："自然遗产保护范围内的土地、森林等自然资源和房屋等不动产的所有权人、使用权人的合法权益受法律保护。因自然遗产保护需要对保护范围内的土地、森林等自然资源和房屋等不动产的所有权人、使用权人造成损失的，县人民政府应当依法补偿。"

此外，青海《海西蒙古族藏族自治州矿产资源管理条例》（2019 年修订）就矿产资源开发中生态补偿做出的规定也具有开创性，其第六条规定"根据开发者付费、受益者补偿、破坏者赔偿的原则，建立生态补偿机制；自治州人民政府应当通过财政转移支付、项目支持等措施对因保护野生动植物和生态环境而退出勘查开发区域的探矿权人、采矿权人或者县级人民政府根据相关规定给予补偿"。虽然我国《矿产资源法》

---

[1]　俞祺：《重复、细化还是创制：中国地方立法与上位法关系考察》，《政治与法律》2017 年第 9 期。

及其实施条例也规定了矿区的"生态补偿",但该补偿体系重在对耕地、草原、林地等环境资源损害的预防和恢复,要求采矿企业承担复垦利用、植树种草的义务。而《海西蒙古族藏族自治州矿产资源管理条例》的规定,体现了生态补偿的核心功能是解决环境保护的正外部性问题。这个立法实践对于将来统一学界关于生态补偿法律含义的争论,及我国制定统一的生态补偿立法都是有益的经验。

第四章

民族地区重点生态功能区
法律实施的成效

通过对 2010 年国务院颁布《全国主体功能区规划》后民族地区新增的自治条例和单行条例及地方性法规的文本进行分析，发现民族地区重点生态功能区法治建设方面存在诸多亮点。有些立法内容走在了全国前列，体现地方先行先试；有些立法紧密契合重点生态功能区的建设目标，制定精细化的实施准则落实国家法律规定。其中，内容最为丰富的是环境管理制度，结合当地重点生态功能区的类型和环境管理要求，对污染物防治、自然资源开发利用中的环境保护等传统环境管理制度的立法进行了改进，譬如落实了环保法中的生态红线制度，创造性地规定了湿地保护、国家公园、流域保护制度。同时，结合重点生态功能区的建设目标，相应的空间规划制度和产业准入制度、生态补偿制度都已经制定实施。

对这些法律制度在民族地区重点生态功能区建设中的实施情况，譬如实际执行是否到位、进而实现立法目的及存在哪些不足等问题，是立法机关、执法机关和社会公众普遍关心的，正如美国政治学家 G. 艾利森指出的那样："在实现政策目标的过程中，方案的确定只占 10%，而其余的 90% 取决于执行。"① 总结实施成效及经验有助于继续推动民族地区的重点生态功能区建设，并为全国重点生态功能区及生态文明建设提供有益经验；发现问题并分析原因，是进一步思考如何

---

① Tomas B. Smith, The Policy Implementation Process, *Policy Science*, No. 4, p. 203 (1973).

完善相关法律制度的基础，也是课题研究的终极目的。由于内容较多，本部分将就制度实施层面的成效进行专门分析，后文再专题分析制度存在的问题及原因。对这些制度进行评估时，课题组主要通过各自治区、自治州、自治县人大及政府网站公开的相关消息，获取数据和其他素材进行评估；还通过实地调研，与民族地区基层人大、政府的发改、环保、税务、林业管理部门及自然保护区管理机构座谈、访谈，获得部分评价信息。

第一节　限制类规范实施的成效

一　部分民族地区实现"多规合一"

从国家立法的层面来看，目前主体功能区规划与环境保护规划的"合一性"法律地位已经确立，即《环保法》明确规定了"环境保护规划的内容应当包括生态保护和污染防治的目标、任务、保障措施等，并与主体功能区规划、土地利用总体规划和城乡规划等相衔接"。但"多规合一"的问题在国家立法层面尚未解决。民族地区有的地方通过地方立法先行出台了空间规划条例，解决"多规合一"的问题，但更多的民族地区尚无此类地方立法。目前仅有宁夏是民族地区唯一颁布《空间规划条例》的地区，在自治区层面明确规定了以主体功能区规划为基础编制空间规划，实现了"多规合一"。因此课题组分类考察，一类是以宁夏回族自治区为考察对象，研究分析其国家重点生态功能区县域规划的制定情况；另一类地方立法尚未解决"多规合一"问题的民族地区，以广西壮族自治区为代表，因为广西是五大自治区中最早颁布省级主体功能区规划，从而最早推进落实重点生态功能区制度的民族地区，也是目前少数民族人口最多的自治行政区。

（一）宁夏全部国家重点生态功能区实现"多规合一"

宁夏国家级重点生态功能区的县区包括彭阳县、盐池县、同心县、西吉县、隆德县、泾源县、海原县、红寺堡区，共七县一区，面积为29538平方千米。2017年，《宁夏回族自治区空间规划条例》修订后，七县一区均开始认真落实县域空间规划的编制工作①。其中，泾源县、彭阳县、西吉县已经发布县域空间规划，另外五个县区虽然查不到公示或发布的县域规划，但是在中国政府采购网上能查到这些县的县域空间规划有的是发布了项目采购邀请函，有的是空间规划编制政府采购项目成交公告，都处于积极推进阶段（见表3）。

表3　　　　　　　　　　宁夏八县（区）空间规划推进情况

	时间	空间规划推进情况
泾源县	2017 年	政府公示，厦门城市规划设计研究院
彭阳县	2018 年	政府公示，广东城市规划设计研究院
西吉县	2018 年	政府公示
隆德县	2017 年	空间规划编制政府采购项目成交公告
海原县	2017 年	空间规划编制采购项目中标公告
同心县	2018 年	空间规划编制政府采购项目公示招标
盐池县	2018 年	空间规划编制政府采购项目公示招标
红寺堡区	2017 年	空间规划编制政府采购项目公示招标

　　以彭阳县人民政府公布的《彭阳县空间规划》②为代表，这些县域规划特点鲜明，首先整合经济社会发展、城乡建设、国土资源、环境保护、交通运输、林业、农牧、水利八类规划，形成了县域空间规划一张图，基本实现了县域每个地块用地属性的唯一性。其次，结合重点生态功能区的类型和县域特色，科学谋划，提出了彭阳县空间发展战略的目

---

①　宁夏回族自治区政府办公厅日前下发通知，为构建全区统一、相互衔接、分级管理的空间规划体系，根据《宁夏回族自治区空间规划条例》和自治区全面深化改革领导小组会议精神，自治区政府决定启动非试点县（市、区）空间规划编制，要求永宁县、贺兰县、灵武市、红寺堡区、盐池县、同心县、西吉县、隆德县、彭阳县、海原县应在 2017 年 12 月底前编制完成空间规划，2018 年 6 月底前完成空间规划审批。杨丽：《宁夏启动非试点县（市、区）空间规划编制》，载宁夏新闻网 2017 年 8 月 25 日，https：//www.nxnews.net/yc/jrww/201708/t20170825_ 4332068.html。

②　《彭阳县空间规划》2018 年 11 月编制完成，彭阳县人民政府公布的是阶段性成果审查稿。

标是生态优先，绿色发展，保护生态敏感区，构建西北防风固沙的生态安全屏障。再次，科学划定生态空间、农业空间、城镇空间"三区"，生态、农业和城镇空间的比例为 61.01 : 37.99 : 1.01。划定"三线"：基本农田控制线面积 61533 公顷，占总面积 27.30%；生态保护区红线面积 96292 公顷，占县域总面积 38%；划定城镇开发边界面积 1845.95 公顷，占总面积 0.73%。人均城镇建设用地控制在 115 平方米/人左右，形成符合重点生态功能区"点上开发、面上保护"要求的空间格局。

（二）广西个别国家重点生态功能区实现"多规合一"

广西有 27 个县被纳入国家级重点生态功能区，2012 年该自治区发布了《广西主体功能区规划》，使该区重点生态功能区涵盖了国家和自治区两个层面，占自治区总面积的 42.1%。2016 年实地调研时，其中大部分县都已经有针对性地制定了县城发展规划、全县矿产资源开发利用规划、全县生态旅游业发展规划、全县土地利用总体规划等专项规划。但由于国家和地方立法都尚未出台空间规划相关立法，从国土空间整体性角度制定一体化发展规划、实现空间分工的县城并不多。广西的情况①基本代表了其他尚未出台空间规划专门立法的民族地区的制定县域规划的情况，这些县域都仅通过环境保护单行条例规定环境保护规划和主体功能区规划相结合。

但也有一些少数民族自治县，如以生态建设立县的金秀瑶族自治县②结合重点生态功能区建设制定整体规划。该县是 2016 年新增进入国

---

① 最新动态：2019 年自然资源部将广西列为全国 6 个省级国土空间规划实施评估试点省区。2019 年 8 月 2 日广西壮族自治区党委、自治区人民政府印发《广西建立国土空间规划体系并监督实施的实施方案》，该方案的实施将促成广西国土空间规划体系建成并实施，其中 2019 年 8 月底前是动员部署阶段，2019 年 8 月至 2020 年 12 月为规划编制阶段。

② 金秀的情况比较特殊。金秀是一个交通落后和工业企业极少的山区县，有着生态县建设的独特优势。金秀位于大瑶山，生物资源极为丰富，几乎没有工业污染，全县环境空气质量优良天数能够达到 330 天以上。且金秀拥有浓厚的瑶族文化底蕴，该自治县有着"世界瑶都"的称号，居住着茶山瑶、盘瑶、花蓝瑶、坳瑶、山子瑶五个瑶族支系，是全国瑶族支系最多的地方，他们之间的语言不同、风俗各异、服饰有别，为全国最著名的瑶族聚居区，文化底蕴十分浓厚。

家级重点生态功能区县域名单的，早在 2011 年就委托国家林业局昆明勘察设计院制定了《全县生态保护、建设与发展总体规划》（2011—2020 年），该规划包括总论、基本情况、生态保护与建设条件分析、总体战略、生态保护与建设体系、战略新兴产业体系、社会主义新农村建设、保障机制、投资估算、预期成果十个方面，比较全面系统准确地掌握了金秀县的发展现状和发展趋势，对金秀县的生态保护、建设与发展定位准确、符合实际，提出的措施切实可行，具有可操作性。规划实施五年后，全县森林覆盖率达 85.98%，排在全区第一位，被国务院批准新增纳入国家重点生态功能区。2016 年，该县又按照功能分区、错位发展思路，把县域合理划分为优化开发、重点开发、限制开发和禁止开发四类功能分区，分别制定发展政策，禁止一切与功能定位相悖的行为。

二　环境管理制度成效显著

民族地区被划入重点生态功能区的县域，多数经济发展落后，过去的发展思路一直是希望加强工业建设，提高地方财政收入和实现人民群众增收脱贫，环境管理工作一度被忽视。且囿于技术和人才限制，可能造成自然资源粗放式消耗和污染排放量增大的初级产品加工业是县域经济的主要支撑，造成了严重的生态破坏和环境污染。重点生态功能区建设从根本上改变了这些县域政府的发展观念，深刻认识到保护生态环境就是保护生产力。近年来生态环境部组织对各重点生态功能区所在县进行生态环境治理考核工作中，"县级政府从最初的不支持不理解到积极主动开展考核工作，同时采取措施加强生态环境保护工作，改善生态环境质量"①。

（一）将环境治理融入了政府职能体系

由于重点生态功能区的建设并不只是单一的环境保护工作，涉及以生态环境保护为基础和主要内容的区域整体发展转型，需要地方政府协

---

① 赵磊：《新疆维吾尔自治区国家重点生态功能区县域生态环境质量考核工作现状与存在问题》，《干旱环境监测》2017 年第 4 期。

调各职能部门工作，党政力量一并投入①，因此各重点生态功能区都已基本落实"党政同责""一岗双责"，党政主要负责同志是本行政区域生态环境保护第一责任人；各相关部门分工协作、共同发力，并严格考核评价，以考核评价倒逼职责落实，实行最严格的问责追责制度。其中，湖北恩施土家族苗族自治州所辖二市六县中有七县市划入国家级重点生态功能区，实地调研发现该州建立了将主体功能区环境治理工作融入自身职能体系中的领导机制及考核问责制度，值得其他地区学习。

1. 领导机制

恩施州建立了以州委书记、州长为正副组长的生态文明建设示范区创建工作领导小组。按照 2014 年州委提出的推进建设美丽恩施五项（"山更青""水更绿""天更蓝""土更净""城乡更美"）专项工作，州领导牵头各职能部门分别成立了专门的工作小组。各县市和州直相关部门结合各自实际，相应成立了组织机构，制定了实施方案，明确了组织领导、目标任务、重点措施和保障机制。如根据上级要求和恩施市群众的建议，恩施州政府出台了《州城大气污染防治十条》，一名副州长牵头任组长，州环保局、州住建委、州国土资源局、安监局、公安局等相关部门配合恩施市政府，完成相关职能范围内的污染防治与治理工作。为防治水污染，实现"水更绿"目标，恩施州成立了以州长任组长，分管副州长任副组长，州环保局、发展改革委、财政局等 22 家部门参与的水污染防治工作领导小组，各县市人民政府是本行政区域内的水污染防治工作的责任主体，并实行党政同责和一岗双责制。全州八县（市）全部出台"河长制"实施方案，按照属地管理与河道等级相结合的原则，由各行政区域的行政负责人担任本行政区域内的河长，协调其他各部门来共同管理河道事务，以达到全面截污治污、生态治理、环境保护等目标，让河道内"绿水长流"。为建设美丽恩施，大力发展旅游

---

① 2015 年以来，中共中央、国务院为了加强生态环境保护，推进生态文明建设进程，联合出台了《党政领导干部生态环境损害责任追究办法（试行）》等法规文件，将地方党委和政府及其有关工作部门的领导成员纳入环境责任追究范围，建立了生态环境保护党政同责制度。

经济，恩施州成立了由州委书记任指挥长，州委副书记、州长任常务副指挥长的"六城同创"指挥部，定期督查并通报"城乡更美"五项专项行动和"六城同创"情况。

2. 考核和问责机制

恩施州生态文明建设目标责任考核主要包括两种形式：一是与党政领导班子和领导干部年度考核相结合的县乡（镇）政府的经济社会发展目标考核；二是"山更青""水更绿""天更蓝""土更净""城乡更美"五项专项工作的考核。

（1）党政领导班子和领导干部的年度考核。实行生态文明建设工作目标责任制，科学制定考核评估指标体系，严格绩效考核，并将考评结果纳入各级党政领导班子、领导干部综合考核评价体系，有助于领导干部转变发展观念，并切实担负生态文明建设和环境保护职责。目前，恩施已经制定了较为严格的考评标准，对县市、乡镇党政领导班子和领导干部采取不同的考核依据、标准（见表4和表5）。

表4　　　　　县市领导班子和领导干部年度考核指标与评分标准

指标组	主要指标	目标要求
生态环境（16分）	单位生产总值能耗降低率、二氧化碳排放下降率（3分）	单位生产总值能耗降低 2.5%，二氧化碳排放降低 3.8%
	主要污染物总量减排年度指标完成情况（2分）	化学需氧量排放量下降 1%，其中农业源下降 1.5%；氨氮排放量下降 1%，其中农业源下降 1%；二氧化硫排放量与上年持平；氮氧化物排放量与上年持平
	可吸入颗粒物（PM_{10}）浓度下降率（2分）	PM_{10} 年均浓度下降比例达到《湖北省大气污染防治目标责任书（恩施州）》核定环境空气质量改善目标的 10%
	水环境质量达标率（2分）	水环境质量达标率达到80%以上
	森林覆盖率和森林蓄积量（2分）	森林覆盖率增长值达到 0.2%，森林蓄积量增长率达到 4%
	单位 GDP 地耗降低率（2分）	单位 GDP 地耗降低率达到 8.0%
	耕地保护（3分）	耕地面积不低于 157.45 万亩，完成永久基本农田划定，基本农田面积不低于 110.5365 万亩；完成耕地占补平衡，补充耕地质量不低于占用耕地质量

表5　　　　　　　　乡镇领导班子和领导干部考核指标与评分标准

指标	权重	核查部门	评分细则	考核依据
农村卫生厕所普及率	2	州环保局	≥50%得2分，45%—50%得1.5分，40%—45%得1分，低于40%不得分	乡镇提供佐证材料，县市环保局检查，州环保局核查汇总
集镇规划区内垃圾集中处理率	2	州环保局	≥70%得2分，65%—70%得1.5分，60%—65%得1分，低于60%不得分	
无乱挖山、乱砍树、乱填河、乱采砂事件发生	2	州环保局	无为满分，有为零分	
无环境污染事件发生	3	州环保局	无为满分，有为零分	

（2）专项工作考核

专项工作考核以恩施州委、州政府办公室联合下发了《关于贯彻落实州委六届七次会议精神推进建设美丽恩施五项专项工作的通知》及制订的"山更青""水更绿""天更蓝""土更净""城乡更美"五项专项工作的实施方案为依据，确定了各专项的工作目标、推进措施和年度任务。

根据"山更青"专项工作方案，恩施州人大制定了《恩施州山体保护条例》，恩施州林业局还出台了《关于加强森林资源管理推进"山更青"专项工作的通知》，明确了2015—2017年度植树造林、山体植被恢复的具体工作任务。根据"天更蓝"专项工作方案，恩施州相继出台了《恩施州大气污染防治实施方案》《恩施市饮食服务业油烟污染专项整治工作方案》《州城大气污染防治十条》《州城空气质量改善联席会议制度》《恩施州机动车排气污染防治管理办法》和《恩施州房屋建筑及市政基础设施工程施工扬尘管控工作指导意见》，并制定了《恩施州大气污染防治行动计划实施情况考核办法（试行）》，规定地方人民政府是《实施方案》的责任主体并对各县市节能减排任务进行年度考核和终期考核，考核结果分为优秀、良好、合格、不合格四个等级。根据"水更绿"专项工作实施方案，恩施州制定了《恩施州水污染防治行动计划工作方案》《恩施州跨界断面水质考核办法（试行）》，落实水污染防治的责任主体，建立全州水资源管理和水质管理的指标体系和考核体系。针对土壤酸化日趋严重的现状，恩施州政府印发了《土壤酸化治理推进方案》《化肥农药管控行动方案》《生态循环农业创新推进方案》三个"土更净"的工作实施方案，明确了土壤合格的标准和谁治理、谁监督管理的体制，规定土壤酸化治理实行各级政府首长责任制和目标责任制。方案还对各县市和州直相关部门分别制定了具体的考核内容和评分细则。

为建设更美城乡，美化、绿化、净化城乡人居环境，恩施州政府出台了《恩施州"六城"同创、精细化建设管理、人性化服务活动实施方案》《关于开展美丽乡村建设试点工作的意见》《关于开展农村垃圾治理，创建"美丽恩施·清洁乡村"活动推进美丽恩施建设的实施方案》《恩施州农村建房专项治理活动实施方案》等多个文件，确定了"城乡更美"专项工作的目标任务、实施措施和责任主体。

（3）问责制度

问责制是领导责任的最终落脚点，不论是领导体制、目标责任考核，都是为了使问责制有据可依。在恩施州，对领导班子和领导干部履行生态文明建设职责的考核实行"一票否决"，凡辖区内出现重大环境污染事故，领导班子和领导干部年度考核一律为不合格。在五个专项工作的考核中，《恩施州大气污染防治行动计划实施情况考核办法（试行）》第八条和第九条规定："考核结果作为对各地领导班子和领导干部综合考核评价的重要依据"，"对未通过年度考核的县市，由环保局会同组织部门约谈其人民政府及其相关部门有关负责人，提出整改意见，予以督促。对未通过终期考核的县市，要加大问责力度，必要时由人民政府领导同志约谈其人民政府主要负责人"。

《恩施州跨界断面水质考核办法》规定，跨界断面年度水质达标率在90%及以上的，确定为优秀；跨界断面年度水质达标率在70%（含）至90%的，确定为合格；跨界断面年度水质达标率在70%以下的，确定为不合格。考核结果报州人民政府批准后向社会公开，并作为对各地方政府领导班子和领导干部综合考核评价的重要依据。对未通过年度考核的，进行通报批评，并约谈政府及其相关部门有关负责人，提出整改要求，予以督促。对因工作不力、履职缺位等导致未能有效应对水环境污染事件的，以及干预、伪造数据和未完成年度目标任务的，要依法依纪追究有关单位和人员责任。对不顾生态环境盲目决策，导致水环境质量恶化，造成严重后果的领导干部，要记录在案，视情节轻重，给予组织处理或党纪政纪处分，已经离任的也要终身追究责任。《恩施州"土更净"专项工作考核评分办法》规定，由州政府"土更净"考核小组办公室对各县市和州直部门自查情况进行检查复核，复核结果作为对各地领导班子和领导干部综合考核评价的依据之一。

（二）环境执法针对性强

依据《国家重点生态功能区县域生态质量考核办法》，县域生态环境质量考核指标由共同指标和特征指标两大块组成，共同指标又包括自然生态指标和环境状况指标两类，分别由若干二级指标构成，前者包含林地覆盖率、草地覆盖率、水域湿地覆盖率、耕地和建设用地比例四个二级指标，后者包含二氧化硫排放强度、化学需氧量排放强度、固体废物排放强度、工业污染源排放达标率、Ⅲ类或优于Ⅲ类水质达标率、优良以上空气质量达标率六个二级指标。特征指标则针对重点生态功能区的不同功能类型设置，即针对水源涵养、生物多样性维护、防风固沙和水土保持的四个类别，设定水源涵养指数、生物丰度指数、植被覆盖指数、未利用地比例、坡度大于15度耕地面积比五个指标，用以表征不同生态功能类型的差异。考核采用定量化评价方法，使用综合指数法进行评价，

共同指标和特征指标组成的考核标准，使得地方环境执法在注重普遍性的污染防治和自然要素保护的同时，关注地方资源禀赋，密切结合生态功能区的类型开展环境管理工作。被划入重点生态功能区的民族地区通过地方立法或重复细化国家的各项环境管理制度，或创制地方新型环境管理制度，满足地方环境执法工作契合各自所在重点生态功能区类型的需求。

新疆考核县域分属水源涵养生态功能区和防风固沙生态功能区，大部分都分布在干旱、半干旱荒漠区或荒漠草原区，要实现水源涵养和防风固沙的生态功能，水资源管理是环境管理的重点。新疆维吾尔自治区于2015年确定"三条红线"，实施"四项制度"，实行最严格水资源管

理制度政策。"三条红线"一是确立水资源开发利用控制红线，到 2030 年全疆用水总量控制在 526 亿立方米以内；二是确立用水效率控制红线；三是确立水功能区限制纳污红线。为实现上述红线目标，进一步明确了 2015 年和 2020 年水资源管理的阶段性目标。"四项制度"一是用水总量控制，加强水资源开发利用控制红线管理，严格实行用水总量控制，包括严格规划管理和水资源论证，严格控制流域和区域取用水总量，严格实施取水许可，严格水资源有偿使用，严格地下水管理和保护，强化水资源统一调度；二是用水效率控制制度，加强用水效率控制红线管理，全面推进节水型社会建设，包括全面加强节约用水管理，把节约用水贯穿于经济社会发展和群众生活生产全过程，强化用水定额管理，加快推进节水技术改造；三是水功能区限制纳污制度，加强水功能区限制纳污红线管理，严格控制入河湖排污总量，包括严格水功能区监督管理，加强饮用水水源地保护，推进水生态系统保护与修复；四是水资源管理责任和考核制度，将水资源开发利用、节约和保护的主要指标纳入地方经济社会发展综合评价体系，县级以上人民政府主要负责人对本行政区域水资源管理和保护工作负总责。

43 个考核县域都分布在半干旱草原区或荒漠草原区的内蒙古也特别注重水资源保护，2015 年自治区政府颁布《内蒙古自治区水功能区管理办法》，旨在对水功能区进行细致的划分，解决日常饮用水的区域和企业工业用水的区域重合引发的冲突。《办法》将水功能区划分为两级 11 类，水功能一级区细分为四类：保护区、缓冲区、开发利用区和保留区；水功能二级区中将水功能区划分为饮用水源区、工业用水区、污染控制区等七类，杜绝了各区域水的用途划分不明的问题。此外还针对不同水功能区的用途设置了一系列的禁止性规定和管理性规定，如《办法》第十五条便规定禁止在饮用水源功能区或渔业用水区域从事农药生产、设置存放可溶性剧毒废渣污染物等活动，进一步为各功能区的明确划分提供了保障。

而水量充沛的南方民族地区，林地和生物多样性资源丰富，所属生态功能区多为水土保持和生物多样性维护功能区，重点生态功能区所在县域一方面加强县城工业污染治理，另一方面重点抓好林业和野生动物资源的保护工作。如广西金秀县环境执法工作的重点在于林业和野生动物资源的保护。执法主体中，当地的林业局和大瑶山自然保护区管理局是重要的组成部分，因为大瑶山自然保护区主要位于金秀县境内。大瑶山森林茂密，地带性植被为热带季风常绿阔叶林，垂直带上有山地常绿阔叶林和山顶矮林。大瑶山的天然植被保存良好，水源涵养能力较强，是江河源头和水源涵养区，生态系统结构相对完整，生物种类繁多，拥有大量珍稀、特有和古老的生物种类。该区域主导的生态服务功能是水源涵养和生物多样性保护功能。根据该区域的特点，环境执法重在对林区加强自然保护区建设和资金投入，以及管理与技术人员培训，完善管理设施的体系，禁止对生物多样性有影响的经济开发；保护自然生态系统与重要物种栖息地，维护生态系统完整性；加强对天然林、水源林和防护林的保护管理。并强调依法开展保护生物多样性的工作，首先，依法加强狩猎、养殖、经营审批工作。按照我国现行野生动物人工养殖的规定，只有在具备适宜且固定的养殖场所、技术人员并保障动物饲料的基础上，向林业主管部门申请野生动物驯养繁殖许可证后方可进行野生动物的驯养繁殖活动。林业主管部门应有效地规范野生动物养殖经营环境，促进野生动物保护管理事业的发展。其次，做好野生动物防控监测工作。为了全面掌握金秀县鸟类的分布及种群的数量，更好地对金秀县野生动物疫病疫源监测和防控，按照"勤监测，早发现，严控制"的要求，将金秀县鸟类监测划分为四个部分，常年聘请专业技术人员在监测点进行监测工作。最后，加强执法，严厉打击盗挖罗汉松等野生植物的违法行为；同时在群众中广为宣传保护罗汉松等珍稀野生植物资源的重要意义。

（三）基层环境监测能力普遍增强

在环境监测监察机构垂直管理的改革进行之前，基层环保监测力量都是由相应级别的地方财政来负担的。民族地区县级环保机构受制于地方财力捉襟见肘，监测力量的建设一直面临资金困境。而 328 个被划入重点生态功能区的县级行政区基本都是民族地区地方财政收入排名较后的县，缺乏购买监测设备的资金投入，也吸引不了专业监测人才到岗，尤其是部分偏远地区，甚至市县一级都没有环境监测力量。2011 年，重点生态功能区生态监测评估考核机制实施以后，新疆、内蒙古自治区"经过县域考核，由于地表水、空气质量和重点污染源企业排放达标情况是考核内容，考核县域政府加大了对县级环境监测能力的投入，逐步解决技术人员、运行经费、仪器设备和业务用房方面的问题，监测能力有了一定程度的提升"①。

西藏最偏远的阿里地区环境监测站于 2014 年 7 月 28 日顺利通过计量认证工作，一次性通过所有盲样考核，现已开展阿里辖区七个县的水源地水质监测、县域环境空气质量监测、地表水、地下水等常规监测，这些监测数据对当地生态保护和行署决策提供了有力的技术支持②。与此同时，整个西藏地区开始全面启动全区生态环境监测项目的建设工作③。

广西壮族自治区环保厅把 2014 年确定为全区环保基层建设年，并投入 1 亿元坚决打响基层建设翻身仗，力争用两年的时间使基层环境监测、监察、应急等基础保障能力得到明显增强。2015 年，一些县级环境监测站就得以建立。如课题组 2015 年暑期在金秀县环保局进行实地调研时，得知该县长期以来没有自己的监测力量，环境监测工作委托来宾市环保局监测大队进行，2015 年县环保局招收了一名环境科学专业的大学毕业生并开始组建监测队伍。

（四）创新环境管理手段

"基于不同机关的角色划分和权力配置，行政权对于环境保护任务的落实具有关键作用。"④ 地方政府在环境管理中起着承上启下的关键作

---

① 徐永明：《内蒙古自治区国家重点生态功能区县域生态环境质量考核工作现状与存在问题》，《环境与发展》2014 年第 Z1 期；赵磊：《新疆维吾尔自治区国家重点生态功能区县域生态环境质量考核工作现状与存在问题》，《干旱环境监测》2017 年第 4 期。

② 参见宋小刚《为了阿里的那片蓝天》，中国西藏新闻网 2016 年 6 月 21 日，http://www.xzzw.com/xw/201606/t20160621_1290834.html。

③ 西藏地区同时协调落实资金 2999 万元和 1888 万元，启动自治区生态监测中心和昌都监测站项目建设，启动日喀则、定日、那曲生态监测站前期工作，监督、指导林芝生态监测站、山南生态监测站建设，组织开展申扎、山南生态监测站日常监测工作，完成申扎生态监测站 2015 年度成果验收。——西藏自治区环境保护厅：《2016 年西藏自治区环境状况公报》，《西藏日报（汉）》2017-06-05。

④ 张宝：《环境规制的法律构造》，北京大学出版社 2018 年版，第 4—5 页。

用，其环境管理行政权的行使关乎地方市场主体的行为能否满足中央各项环境管理要求，管理"管理者"至关重要。因此，这里所说的"创新环境管理手段"是指在地方政府层面如何督促下级政府的环境执法行为契合重点生态功能区建设对环境执法的要求。除了前文提到的问责机制，民族地区还有一些创新性的做法，如宁夏将环境执法成效与财政政策挂钩。2018 年 9 月，宁夏回族自治区政府印发《自治区人民政府办公厅关于实施财政投入与环境质量和污染物排放总量挂钩政策的通知》①，在各市、县、市辖区，实行财政投入与环境质量和污染物排放总量挂钩的政策。考核的标的有各市、县的环境质量指标（包括细颗粒物 PM2.5，可吸入颗粒物 PM10、城市环境空气优良天数、国控断面水质和其他断面水质四项）、污染物排放总量指标（包括化学需氧量 COD、氨氮 NH_3-N、二氧化硫 SO_2、氮氧化物 NO_x 四项），根据考核结果，实施考核奖罚。充分发挥财政资金对生态文明建设的引导作用，树立"谁保护，谁受益"的正面导向，推动生态立区战略的发展。

广西也以产业准入负面清单和环境质量监测评估等制度为基础，对重点生态功能区建立生态环境质量综合评估制度和绩效考核制度，完善相应财政激励和惩戒机制，创新考核方式，将考核结果列入各地政绩考核，促进其严格按照主体功能区定位谋划经济社会发展。

三　产业清单遏制了禁止类和限制类产业新增

目前，民族地区划入重点生态功能区的县域都已实施产业负面清单制度。由于民族地区县域产业负面清单都是由省级政府发改部门编制发布的②，所以下面以五大自治区为单位总结产业负面清单制度在民族地区的实施状况。

---

① 参见宁夏回族自治区人民政府发布的《自治区人民政府办公厅关于实施财政投入与环境质量和污染物排放总量挂钩政策的通知》，宁政办发〔2018〕92 号。

② 非民族地区，被划入国家重点生态功能区的县域产业负面清单有些是县政府发改部门自行编制发布的，如湖南新邵县根据国务院《关于实行市场准入负面清单制度的意见》（国发〔2015〕55 号）和湖南省发展改革委印发的《湖南省国家重点生态功能区产业准入负面清单（试行）的通知》（湘发改规划〔2016〕659 号）文件精神，结合实际，特制定《新邵县国家重点生态功能区产业准入负面清单（试行）》并发布。

（一）各县产业准入负面清单均已发布

五大自治区的省级发改部门都已经制定发布本区重点生态功能区县产业准入负面清单，但由于国家重点生态功能区有第一批、第二批之分，五大自治区又可以细分为以下三种类型：第一，分别制定第一批和第二批重点生态功能区县产业准入负面清单，如最早推进重点生态功能区建设的广西壮族自治区，早在 2015 年 8 月，自治区发展改革委就牵头组织第一批 16 个国家级重点生态功能区编制产业准入负面清单，2016 年 8 月该清单通过审核并印发实施；2016 年，国家公布新增第二批重点生态功能区县域名单后，广西于 2017 年 12 月发布《第二批重点生态功能区县产业准入负面清单（试行）》。西藏自治区于 2018 年 5 月同时公布了先后两批被划入国家重点生态功能区的县域产业准入负面清单。第二，一次性制定重点生态功能区县域产业准入负面清单，如宁夏回族自治区发展改革委 2016 年 7 月公布《宁夏回族自治区国家重点生态功能区产业准入负面清单》，适用于彭阳等八县；内蒙古自治区人民政府 2018 年 3 月 12 日，印发了《内蒙古自治区国家重点生态功能区产业准入负面清单（试行）》，适用于内蒙古自治区 43 个国家重点生态功能区旗县（市）行政区全域。但宁夏和内蒙古的情况也有所不同，在国务院 2016 年新增的第二批国家重点生态功能区县域名录中，宁夏并无县级行政区被划入，而内蒙古自治区所辖 43 个国家重点生态功能区旗县（市）由国家第一批划定的 35 个县域和第二批划定的 8 个县域组成。第三，仅制定了第一批国家重点生态功能区县域产业准入负面清单，即新疆维吾尔自治区发展和改革委员会于 2017 年 6 月 28 日发布了《关于印发新疆维吾尔自治区 28 个国家重点生态功能区县（市）产业准入负面清单（试行）的通知》，分别对阿尔泰山地森林草原生态功能区、阿尔金草原荒漠化防治生态功能区以及塔里木河荒漠化防治生态功能区所属区域建立了准入负面清单制度。2017 年 12 月 5 日，新疆国土厅连发三个公告，对仍有效的 235 个探矿权和 50 个采矿权矿业权人，立即停止一切勘查开采活动，退出自然保护区，立即开展地质环境恢复治理工作并按期完成。

从内容上看，这些县域产业准入负面清单都在系统评估区域生态环境状况和本地区域内产业发展情况的基础上，结合本地区所属重点生态功能区类型的发展方向和开发管制原则，筛选并提出纳入负面清单的产业类型，将农林牧渔业、采矿业、制造业、煤化工、金属冶炼等产业纳入负面清单，编制形成产业准入负面清单，共性明显。第一，产业准入负面清单都由限制类的产业和禁止类的产业两大部分构成。第二，制定的依据和原则同一，列入限制类的产业包括两大类：一是国家《产业结构调整指导目录》规定的限制类产业；二是属于国家产业政策允许类、鼓励类产业，但与旗县（市）所在生态功能区域发展方向和开发管制原则不相符合的产业。列入禁止类的产业也包括两大类：一是国家《产业结构调整指导目录》规定的淘汰类产业；二是属于国家产业政策限制类、允许类、鼓励类产业，但旗县（市）不具备相应资源禀赋条件或不符合所在生态功能区域开发管制原则的产业。第三，颁布负面清单的通知中都对推进负面清单落实工作提出了加强组织领导、健全完善推进措施、开展自查工作、适时调整完善和严格监督考核等明确要求。

但也存在区别，广西、新疆、西藏、宁夏四个自治区的县域清单完全立足于县域行政区域，结合每个县的区域资源禀赋、生态环境保护现状、现有产业发展现状、规划发展产业情况，分别制定各个县的清单。而《内蒙古自治区国家重点生态功能区产业准入负面清单（试行）》特别注重了同一重点生态功能区域内旗县（市）之间的统筹衔接，坚持同一生态功能区域的旗县（市）适用同样的产业准入政策，确保负面清单的协同性和一致性，以避免相互矛盾冲突。

（二）遏制了禁止类和限制类产业的新增

以最早实施产业准入负面清单制度的广西第一批 16 个国家重点生态功能区县为例，负面清单实施以来，各县因地制宜创新管控措施，涌现出一批亮点举措，值得在民族地区推广。其中，马山县通过矿区治理复垦土地 460 多亩，将用地指标转让给南宁市良庆区取得 6000 多万元收入，既改善当地生态环境又增加财政收入；巴马县出台了招商引资项目管理条例，对项目准入原则、产业准入导向等问题做了明确规划，以便把好项目准入关；乐业县禁止发展以优质林木为原料的一次性木质品与木质包装的生产和使用，限制发展珍稀植物的根雕制造业，禁止在旅游核心区、林地区、退耕还林还草区域从事房地产开发项目；都安县投入 206 万元对废弃矿坑实施复垦和生态修复，制糖、酿酒业全部实施技改并入园发展，铁合金冶炼厂已经关停，限五年内搬迁或拆除；忻城县在 25 度以上坡耕地和重要水源地 15—25 度非基本农田坡耕地实施新一轮退耕还林工作，2016 年退耕还林的 1.3 万亩全部种植黑桃和油茶。

四　环境行政公益诉讼推动地区环境治理

（一）样本选择

我国民族地区多是生态资源丰富但经济发展相对滞后，环境保护与经济发展之间的矛盾尖锐，建设生态文明作为一项系统性的长期工程只能由政府来主导，环境行政公益诉讼的施行有助于建立针对政府行为的有限监督制约机制。数据显示，宁夏检察机关民行部门截至 2018 年 10 月底，共发现公益诉讼线索 586 件，立案 518 件，其中行政公益诉讼案件 486 件，生态环境和资源保护领域 388 件，占比近 75%[①]。内蒙古各级检察机关仅在行政公益诉讼试点期间，就发现生态环境和资源保护领域行政公益诉讼案件线索 226 件，其中因行政机关逾期未纠正违法行为或未依法履行职责，提起行政公益诉讼 75 件[②]。广西截至 2019 年 5 月，全区检察机关环境公益诉讼案件立案 772 件，发出诉前检察建议 540 件，提起诉讼 41 件。西藏检察机关 2018 年以来共收集公益诉讼案件线索 786 件，立案 353 件，发出诉前检察建议 326 件，相关行政机关根据诉前检察建议限期整改率达到 98.0%，全区 74 个基层院已全部解决立案空白与诉前程序空白[③]。新疆也开始了环境行政公益诉讼的破冰之旅，2018 年 10 月 25 日，新疆昌吉州木垒县检察院起诉该县国土资源局在查处新疆宜化东沟矿业有限公司非法采矿案中未依法履行职责，致使国

① 徐荣：《环境公益诉讼助力生态保护建设》，《宁夏日报》2018 年 11 月 20 日。

② 正蓝旗人民法院研究室：《检察院提起环境行政公益诉讼调研》，内蒙古自治区高级人民法院网 2017 年 12 月 2 日，http://nmgfy.chinacourt.gov.cn/article/detail/2018/03/id/3222569.shtml，2019 年 3 月访问。

③ 王杰学：《西藏检察机关大力开展公益诉讼检察工作》，中国西藏新闻网 2019 年 5 月 27 日，http://www.xzxw.com/zhuanti/201905/t20190527_2635098.html? ivk_sa=1023197a& ivk_sa_s=130827。

家矿产资源和地质生态环境未得到有效保护，国家利益和社会公共利益受到严重侵害，该案作为全区首例行政公益诉讼案件在木垒县法院开庭审理。

鉴于已有数据都是针对整个民族自治区的环境行政公益诉讼总体情况的统计，不能直接说明环境行政公益诉讼对推进民族地区重点生态功能区建设的功效，课题组实地调研了湖北恩施土家族苗族自治州和云南怒江傈僳族自治州开展环境行政公益诉讼的情况。选择这两个自治州作为调研对象，原因在于湖北恩施土家族苗族自治州下辖利川市、建始县、宣恩县、咸丰县、来凤县、鹤峰县被划入"武陵山区生物多样性与水土保持生态功能区"，巴东县被划入"三峡库区水土保持生态功能区"；云南怒江傈僳族自治州下辖泸水市、福贡县、贡山独龙族怒族自治县、兰坪白族普米族自治县四个县市全部被划入"川滇森林及生物多样性生态功能区"。可见，湖北恩施州除恩施市外的一市六县均划入国家重点生态功能区、云南怒江州则是全境被划入重点功能区。以这两个州为调研对象研究环境行政公益诉讼在推动民族地区重点生态功能区建设中的成效是有代表性的。

（二）两个自治州环境行政公益诉讼的整体情况

1. 环境行政公益诉讼在公益诉讼中占比大，且全部以诉前程序结案

从 2007 年 1 月至 2018 年 10 月，怒江州检察机关共办理公益诉讼案件 107 件，其中环境资源类行政公益诉讼案件 103 件，占比 96.2%，且全部以诉前程序结案。恩施州也呈现出诉前程序结案率高的显著特征，2017 年 7 月至 2018 年 5 月，恩施检察机关环境行政公益诉讼案件共立案 78 件，提出检察建议和发布公告等诉前程序案件 74 件，通过诉前程序结案的 59 件，未到期案件 17 件，未整改回复 2 件，检察机关向人民法院提起公益诉讼 2 件。

诉前程序是行政公益诉讼的必经程序和过滤装置，《人民检察院提起公益诉讼试点工作实施办法》（以下简称《实施办法》）第四十条规定："在提起行政公益诉讼之前，人民检察院应当先行向相关行政机关提出检察建议，督促其纠正违法行为或者依法履行职责。行政机关应当在收到检察建议书后一个月内依法办理，并将办理情况及时书面回复人

民检察院"。诉前程序一方面体现了检察权的谦抑性，给予行政机关自我纠错的机会，另一方面也使得进入诉讼由法院审查的案件是少数真正具有提起公益诉讼价值的案件，从而节约司法资源和社会资源。

2. 提起主体都是基层人民检察院，层报审批充分体现

就提起行政公益诉讼的主体看，都是基层人民检察院，被监督的主体都是县级人民政府的工作部门及乡镇政府。怒江州 103 件环境行政公益诉讼案件全州所辖四县均有分布，其中福贡县占比最高；恩施州 78 件环境行政公益诉讼案件所辖七县也均有分布，其中巴东县占比最高，环境行政公益诉讼层报审批的特征表现充分。层报审批是指县级基层院在提起行政公益诉讼之前，必须通过检察系统内部的逐级申报获得上级审判通过。《实施办法》第五十三条规定："地方各级人民检察院拟决定向人民法院提起公益诉讼的，应当层报最高人民检察院审查批准。人民检察院审查批准公益诉讼案件，应当自收到案件请示之日起一个月内办理终结。有特殊情况需要延长的，报经检察长批准。"尽管后来审判权限下放给了省级检察院，但严格筛选的制度目标没变。样本所选各县的案件都经请示州院，并经省院同意，才开展工作，充分保障了案件质量，也体现了试点过程中秉持严格控制案件数量的政策理念，相关案件需要经过多重程序的筛选过滤，最终能够进入诉讼程序的案件可谓凤毛麟角[1]。

3. 个案推动环境治理效应明显

从社会学的视角观察，依托检察机关这一强势部门，行政公益诉讼能够有效提升环境监管等社会性监管事项在地方政府行政活动中的优先级别[2]，通过个案有效推动地方政府集中调动资金、人力等资源集中治理当地突出的环境问题。这一制度功能在怒江州的实践中已有明显体现，2018 年 8 月初，福贡县人民检察院办理的垃圾处理厂环境污染一案，向县住建局发出检察建议后，虽县住建局积极整改，但由于历史遗

---

① 薛志远、王敬波：《行政公益诉讼的新发展》，《法律适用》2016 年第 9 期，转引自卢超《从司法过程到组织激励：行政公益诉讼的中国试验》，《法商研究》2018 年第 5 期。

② 周黎安：《行政发包制》，《社会》2014 年第 6 期。

留垃圾数量众多、棚户区改造、易地扶贫搬迁等原因，很难在较短的时间内完成整改工作。为彻底解决县城生活垃圾处理难的问题，县检察院领导多次与县政府分管领导沟通后，县人民政府批准垃圾焚烧厂二期建设项目，预计投资 1600 万元。目前，二期项目设计、科研报告已编制完成，场地平整、地勘等工作稳步推进，有望在半年内建设完成投入运行。同年，福贡县石月亮乡非法采砂采石点的整治工作也始于县检察院对有关部门和乡镇怠于履行职责的行为发出了检察建议，并扩大到对全县范围的非法采砂采石进行集中整治，共依法关闭了 180 个采石点、120 个采砂点①。

在恩施州，被划入"武陵山区生物多样性与水土保持生态功能区"的鹤峰县森林资源丰富，在行政机关履职中存在薄弱环节导致森林资源遭到破坏一案中，县检察机关提出以下五条整改建议，全面提高政府自然资源管理水平。一是管住源头，在林木采伐许可环节，林业行政主管从严履职，发现没有依法进行流转登记的，监督其及时办理流转登记，提供高效便捷的流转登记服务，不得为流入者以流出者的名义违法违规办理采伐许可证，规范引导建立健康的林权流转秩序。二是管住出口，强化木材检查站建设，为木材检查站安装摄像头，全天候实行监控，及时发现违纪、违法行为，及时问责追究。三是加大林木采伐公示力度，确保信息对等，将本县区域内的木材生产计划和林木采伐设计依法在林业行政主管部门的门户网站、采伐地所在乡镇和村委会、甚至是可以实施采伐的农户分别进行公示，充分保障群众的知情权、参与权、监督权。四是建立严厉的责任追究制度，对不依法行政许可、不依法履行伐后更新造林检查验收职责、不履行伐中监督管理职责等行为，严厉追究责任，并与年终"5+1"奖金挂钩，取消其一切评先、评优资格。五是探索建立小型木材交易市场，严格准入及经营管理，有采伐许可证的木材才能进入市场，有经营许可证的经营者才能在市场上收购。

---

① 《主动作为强化担当——我院公益诉讼工作在服务大局中积极稳步推进》，微信公众号"福贡县人民检察院"，2018 年 12 月 4 日。

（三）有益经验

有学者指出在我国，司法权威性和公正性最大的挑战就是"司法地方化"①，已有的行政公益诉讼实践更是显现出政策聚焦与组织激励的巨大潜能，使"法定职责"的履行体现出地方政府主导下的运动式履行特征②。由于《实施办法》第二十九条的规定将环境行政公益诉讼的地域管辖规定为，由违法的环保部门所在地的基层检察机关向同级法院提起诉讼，以此便于各地检察机关及时发现环保部门的违法行为，加大监督力度。但地方基层检察机关面对环境行政公益诉讼这一新任务，都面临着调查取证的法定依据不足、专业调查力量不足、诉前检察建议的刚性约束力不足的问题③。甚至因原属于检察机关的职务犯罪侦查等职权已转移到监察机关，缺乏有力的督促力量和监督机制，行政公益诉讼也存在起诉后行政机关履行诉讼职责和执行判决不力的问题④。

环境行政公益诉讼在这样的背景下仅凭检察机关一己之力去推动，效果是有限的，必须积极争取地方党委政府的支持，从而既能减轻办案人员的精神压力，又能获得行政机关的重视和配合。在怒江州和恩施州，环境行政公益诉讼能够有力推动政府及其职能部门环境管理水平，改善区域生态环境质量，也是得益于这一经验。

怒江州检察机关专题向州委汇报公益诉讼工作情况后，2018 年 6月，州委出台了《中共怒江州委关于支持检察机关开展公益诉讼工作加强全州生态文明建设的和法治怒江建设的意见》，该《意见》是云南州（市）级党委支持检察机关公益诉讼出台意见的首例，其直接效果是该州 2018 年行政公益诉讼办案数量是 2017 年的两倍多。州下辖福贡县检察院与县纪委监委联发了《关于建立行政公益诉讼工作协作机制的意见

---

① 徐英兰：《完善环境行政公益诉讼制度之探究——以检察机关原告资格为切入点》，《行政与法》2018 年第 10 期。

② 卢超：《从司法过程到组织激励：行政公益诉讼的中国试验》，《法商研究》2018 年第 5 期。

③ 贾永健：《中国检察机关提起行政公益诉讼模式重构论》，《武汉大学学报》（哲学社会科学版）2018 年第 5 期。

④ 孔祥稳、王玎、余积明：《检察机关提起行政公益诉讼试点工作调研报告》，《行政法学研究》2017 年第 5 期。

（试行）》，与县人民政府法制局、县环保局等七家行政机关会签了
《关于加强公益诉讼工作协作配合的实施意见（试行）》，建立了有效
的沟通协调机制。

恩施州环境行政公益诉讼的推进也得到了地方党委政府的大力支
持。2018 年 5 月 25 日，建始县检察院依法提起的建始县国土资源局怠
于履职行政公益诉讼案，建始县委县政府高度重视，组织带领全县 30
个行政职能部门主要负责人观摩庭审，当庭接受行政法治宣传教育。利
川市委大力支持检察机关公益诉讼工作，在湖北省委办公厅、省政府办
公厅印发《关于支持检察公益诉讼工作的意见》后，第一时间召开市常
委进行学习，并结合利川工作实际，出台了《关于支持检察公益诉讼工
作的实施意见》。

第二节　补偿类规范实施成效

按照现有补偿类规范的文本规定，民族地区重点生态功能区建设中
适用的生态补偿主要有三种类型：中央对地方重点生态功能区转移支
付、地方政府间的横向补偿即《环保法》第 31 条规定的"国家指导下
受益地区和生态保护地区人民政府通过协商或者按市场规则进行的生态
保护补偿"，以及我国环境保护单行法规定的单一环境要素的生态补偿。
这三种类型的生态补偿一定程度上缓解了民族地区因为建设重点生态功
能区而导致的少数民族群众的生计问题和地方政府提供公共服务的财政
能力问题。

一　中央对国家重点生态功能区转移支付持续增长

（一）重点生态功能区转移支付资金下达的总体情况

2010—2016 年，中央财政仅对广西的国家重点生态功能区就实施
转移支付 80 亿元[①]。2017 年开始，中央财政进一步加大重点生态功能
区转移支付力度（见表 6）。

---

① 康敏华：《广西推进主体功能区建设存在的问题及对策建议》，桂经网 2017 年 7 月 31 日，
http：//www.gxi.gov.cn/gjxz/gjxz_ gjxz/gjxzzl_ kangmh/201708/t20170804_ 734617.html。

表 6　　　　2017—2019 年中央对地方重点生态功能区转移支付情况　　单位：亿元

地区时间	2017 年	2018 年	2019 年
内蒙古	32.63	32.76	34.82
广西	22.12	22.82	31.84
西藏	13.38	18.46	18.78
宁夏	15.51	15.76	17.59
新疆	33.07	47.12	48.84
合计	627.00	721.00	811.00

不过，这些资金虽然都被冠以中央对地方重点生态功能区转移支付之名，但其实际支持范围要大于限制开发的国家重点生态功能区所属县。以最新的转移支付办法中的规定为例，其具体支持范围包括："（一）重点生态县域。限制开发的国家重点生态功能区所属县（县级市、市辖区、旗、林业局等）。（二）其他生态功能重要区域。包括：'三区三州'等深度贫困地区、京津冀（对雄安新区及白洋淀周边区县单列）、海南以及长江经济带等相关地区。（三）国家级禁止开发区域。（四）国家生态文明试验区、国家公园体制试点地区等试点示范和重大生态工程建设地区。（五）选聘建档立卡人员为生态护林员的地区。"① 财政部每年颁发转移支付办法对具体支持范围的规定都略有差异②，最近三年具体支持范围及资金分配见表 7。

以 2019 年为例，某省转移支付应补助额＝重点补助＋禁止开发补助＋引导性补助＋生态护林员补助±绩效考核奖惩资金。其中，重点补助对象为重点生态县域和其他生态功能重要区域；禁止开发补助对象为禁止开发区域，引导性补助对象为国家生态文明试验区、国家公园体制试点地区等试点示范和重大生态工程建设地区，分类实施补助；生态护林员补助对象为选聘建档立卡人员为生态护林员的地区，中央财政根据森

---

① 《中央对地方重点生态功能区转移支付办法》（2019 年）第二条。

② 参见财政部历年发布的《中央对地方重点生态功能区转移支付办法》。

表7 2017—2019年中央对地方重点生态功能区转移支付分配情况

单位：亿元

时间 2017年

地区	2017年补助总额	其中：已经提前下达	此次下达	重点补助	三区三州补助	长江经济带补助	补助总额明细 禁止开发补助	引导性补助	生态护林员补助	考核奖励	考核扣减
合计	627.00	513.01	113.99	436.82			55.00	113.67	24.00	1.92	-4.41
内蒙古	32.63	27.61	5.02	24.30			2.51	4.94	0.80	0.20	-0.12
广西	22.12	18.39	3.73	15.45			1.46	3.31	1.90		
西藏	13.38	11.46	1.92	8.47			3.65	0.61	0.65		
宁夏	15.51	13.06	2.45	13.96			0.46	0.49	0.75		-0.15
新疆	33.07	27.65	5.42	24.23			3.85	4.11	1.10		-0.22

时间 2018年

地区	2018年补助总额	其中：已经提前下达	此次下达	重点补助	三区三州补助	长江经济带补助	补助总额明细 禁止开发补助	引导性补助	生态护林员补助	其中：已包含在三区三州、长江经济带补助中的生态护林员增量	考核奖励	考核扣减
地方合计	721.00	564.31	156.69	519.13	40.00	40.00	55.00	121.68	34.00	6.70	2.03	-4.14
内蒙古	32.76	29.37	3.39	24.35			2.51	4.94	1.15		0.48	-0.67
广西	22.82	19.91	2.91	15.45			1.46	3.31	2.60			
西藏	18.46	12.04	6.42	13.55	5.08		3.65	0.61	1.05	0.40		
宁夏	15.76	13.96	1.80	13.96			0.46	0.49	0.85			
新疆	47.12	29.76	17.36	38.06	13.52		3.85	4.11	2.10	1.00		

续表

单位：亿元

时间	地区	2019年补助总额	其中：		重点补助	其中：						补助总额明细				考核奖励	考核扣减
			已经下达	此次下达		三区三州补助	其他深度贫困县补助	长江经济带补助	雄安及白洋淀等地区	禁止开发补助	引导性补助	生态护林员补助				
2019年	地方合计	811.00	788.11	22.89	583.13	40.00	65.00	40.00	6.50	55.00	122.68	59.00	2.85	-4.96
	内蒙古	34.82	34.68	0.14	26.08		1.73			2.51	4.94	1.67	0.13	-0.51
	广西	31.84	29.95	1.89	22.58	5.08	7.13			1.46	3.31	4.60		-0.11
	西藏	18.78	18.46	0.32	13.55					3.65	0.61	1.37		
	宁夏	17.59	17.69	-0.10	15.89		1.93			0.46	0.49	1.13	0.26	-0.64
	新疆	48.84	47.12	1.72	38.06	13.52				3.85	4.11	3.82		

林管护和脱贫攻坚需要，以及地方选聘建档立卡人员为生态护林员情况，安排生态护林员补助；绩效考核奖惩资金对象为重点生态县域。

其中，虽然重点补助对象为限制开发的国家重点生态功能区所属县和其他生态功能重要区域，但其他生态功能重要区域所包括的"三区三州"等深度贫困地区、京津冀（对雄安新区及白洋淀周边区县单列）、海南以及长江经济带等相关地区，仅有"三区三州"在民族地区，且"三区三州"与民族地区被划入重点生态功能区的区域范围高度重合，民族地区的其他深度贫困地区也与民族地区被划入重点生态功能区的区域范围高度重合，因此下达到民族自治区的重点补助资金基本可以视为是民族地区重点生态功能区获得的转移支付。此外，奖惩资金仅适用于重点生态县域，根据考核评价情况实施奖惩，对考核评价结果优秀的地区给予奖励；对生态环境质量变差、发生重大环境污染事件、实行产业准入负面清单不力和生态扶贫工作成效不佳的地区，根据实际情况对转移支付资金予以扣减。

至于禁止开发补助、引导性补助、生态护林员补助的支持范围与民族地区被划入重点生态功能区的县也有很高程度的重合。其中禁止开发补助对象主要为国家自然保护区和国家森林公园，绝大部分在民族地区重点生态功能区县。如湖北五峰后河国家级自然保护区占地 409.65 平方千米，位于五峰土家族自治县；湖北星斗山国家级自然保护区占地683.39 平方千米，横跨利川市、咸丰县、恩施县三县市；湖北七姊妹山国家级自然保护区占地 345.5 平方千米，位于宣恩县。而五峰土家族自治县被划入"三峡库区水土保持生态功能区"，利川市、咸丰县、宣恩县被划入"武陵山区生物多样性与水土保持生态功能区"。

引导性补助对象为国家生态文明试验区、国家公园体制试点地区，这些地区在民族地区的分布与民族地区的重点生态功能区基本重合。如我国第一个国家公园体制试点，也是我国面积最大的国家公园——三江源国家公园包括青海可可西里国家级自然保护区，以及三江源国家级自然保护区的扎陵湖、鄂陵湖、星星海等地。青海可可西里国家级自然保护区位于青海省玉树藏族自治州，该州所辖玉树市、称多县、囊谦县、杂多县、治多县、曲麻莱县六县（市）全部划入"三江源草原草甸湿地生态功能区"；扎陵湖、鄂陵湖、星星海位于被划入"三江源草原草甸湿地生态功能区"的果洛藏族自治州玛多县。

生态护林员补助是根据习近平总书记在中央扶贫工作会议上提出的"让有劳动能力的贫困人口就地转成护林员等生态保护人员"的重要指示精神，开始实施的。2017年，习近平总书记在山西召开的深度贫困地区脱贫攻坚座谈会上，再次作出了"对生态环境脆弱的禁止开发区和限制开发区群众增加护林员等公益岗位"的重要指示。围绕上述思想，我国包括民族地区在内的贫困地区都开始了选聘生态护林员的工作。由于民族地区深度贫困县与重点生态功能区县的高度重合，生态护林员补助构成民族地区重点生态功能区建设中的资金来源之一。以所辖四县均被划入"川滇森林及生物多样性生态功能区"的云南怒江州为例，按照省级"管护补助标准原则为每人每年10000元、不低于8000元"的要求，全州四县（市）合理确定生态护林员管护补助标准分别为：泸水市、兰坪县补助标准均为8400元/人/年，福贡县为10800元/人/年，贡山县为10000元/人/年[①]。

（二）民族地区使用资金情况

由于重点生态功能区转移支付资金下达到省、自治区、直辖市省级财政部门，民族地区要根据本地实际情况，制定省对下重点生态功能区转移支付办法，规范资金分配，加强资金管理，将各项补助资金落实到位。按照财政部的要求，各省下达的转移支付资金总额不得低于中央财政下达给该省的转移支付资金数额。

为规范转移支付管理、分配、使用，民族地区大部分地方政府相继出台了相应的转移支付办法，以发挥财政资金的使用效应及增强市县政府的生态保护意识。这些地方性的转移支付办法都用比较多的篇幅规定了资金分配的方法，首先列出计算公式（见表8），然后一一解释公式中的各项数额如何认定。这些地区转移支付办法规定的公式虽然不完全相同，但共性因素居多，都是在补助基数的基础上加增量及上一年度资

---

① 王勇、俞海、张㜩姐：《我国生态公益岗位政策与实践：进展、问题及建议》，《环境与可持续发展》2019年第5期。

金使用情况决定本年度省级财政向县级财政拨付转移资金的数量，且增量的计算都考虑了扶贫因素，贯彻生态扶贫的理念设立了生态护林员岗位，都根据上年资金使用情况进行绩效考核实施奖惩，不同之处在于一些细微的差别，如内蒙古和广西的补助基数是上年补助额，新疆的补助基数则计算方式较为复杂，既考虑财政缺口，也计算县域土地、人口、林地面积和湿地面积的权重，增量因素中新疆也特别规定了对深度贫困县的重点补助（见表8）。

表8　　　　　　　　部分民族地区重点生态功能区转移支付办法

地区	公式
广西 （2019年）	某县重点生态功能区转移支付补助＝重点补助＋引导性补助＋禁止开发补助＋生态护林员补助＋深度贫困地区补助＋奖惩资金
内蒙古 （2018年）	某县重点生态功能区转移支付补助＝上年重点生态功能区转移支付补助＋重点生态县域新增补助＋禁止开发区新增补助＋生态护林员补助＋奖惩资金
新疆 （2018年）	某县重点生态功能区转移支付补助＝重点补助＋禁止开发补助＋引导性补助＋生态护林员补助＋奖惩资金

　　具体使用情况以新疆维吾尔自治区为例，2018年，自治区财政共下达重点生态功能区转移支付47.12亿元，较2017年增加14.05亿元[①]。实践中，这些转移支付资金主要用于污染防治、县域污水系统运营、县域生活垃圾处理、土地治理、基础教育、公共卫生服务建设和扶贫等方面，取得了明显的生态、经济和社会效益，一定程度上缓解了地方环境保护与经济发展、公共服务供给与之间的"矛盾"，也体现了现代财政制度作为国家治理能力重要支柱的效应，有效的财政制度可以助力实现"绿水青山"向"金山银山"的转化，是实现可持续发展的有力推手。近几年，重点生态功能区转移支付中新增的生态护林员补助，直接将生态补偿和扶贫工作结合起来，通过设置公益林管护岗位，实现贫困人口增收，解决重点生态功能区部分群众的生计问题，如《西藏自治区生态补偿脱贫公益林管护人员管理办法》明确规定聘用贫困人口为生态保护人员。

---

　　① 江斌伟：《新疆加大重点生态功能区转移支付力度》，《乌鲁木齐晚报》2018年9月21日。http://www.chinaxinjiang.cn/zixun/xjxw/201809/t20180921_ 570199.htm。

二　"项目制"财政转移支付稳步推进

这里所言"项目制"财政转移支付就是我国环境保护单行法就单一环境要素构建的生态补偿机制，因为这些针对环境要素保护的生态补偿往往以中央政府直接投资的生态建设工程体现出来，包括退牧还草、退耕还林、天保工程、森林生态效益补偿等，故学者将其称之为"项目制"财政转移支付①。虽然都是纵向转移支付，但项目制下财政转移支付资金的用途明确，这使其区别于均衡性财政转移支付，"项目制将复杂的利益关系作为整体治理的对象进行整合，以资金组合的方式形成治理合力，在一定程度上遏制区域生态环境的恶化"②。

（一）林业生态补偿实施成效

以实践中发展最为完善的森林生态效益补偿基金③为例，《国家级公益林管理办法》禁止开发利用一级国家级公益林、限制开发利用二级国家级公益林④，为弥补公益林的林权所有者和经营者的管护成本支出，该《办法》明确规定中央财政安排资金，用于国家级公益林的保护和管理。近年来补偿标准逐步提高，国有国家级生态公益林补偿标准2015年从每年每亩5元提升至6元，2016年又一次将其提升至8元。集体和

---

① 渠敬东：《项目制：一种新的国家治理体制》，《中国社会科学》2012年第5期。

② 杜群、车东晟：《新时代生态补偿权利的生成及其实现——以环境资源开发利用限制为分析进路》，《法制与社会发展》2019年第2期。

③ 1998年《森林法》以法律的形式确立我国设立森林生态效益补偿基金；2000年，国务院颁布《森林法实施条例》，规定生态公益林的经营者有权获得森林生态效益补偿。2001年，中央财政设立森林生态效益补助资金，并在全国11个省区开展试点，这标志着我国生态公益林补偿制度开始建立。2004年，财政部和国家林业局联合印发的《中央财政森林生态效益补偿基金管理办法》规定中央财政对国家级生态公益林进行补偿，标志着我国生态公益林补偿制度的实质性建立。2013年、2014年、2016年陆续颁布了《国家级公益林管理办法》《中央财政林业补助资金管理办法》《林业改革发展资金管理办法》，进一步完善了生态公益林补偿的内容。

④ 国家林业局、财政部发布的《国家级公益林管理办法》（林资发〔2013〕71号）第十二条规定，"一级国家级公益林原则上不得开展生产经营活动，严禁打枝、采脂、割漆、剥树皮、掘根等行为"；第十三条："在不破坏森林植被的前提下，可以合理利用其林地资源，适度开展林下种植养殖和森林游憩等非木质资源开发与利用，科学发展林下经济。"

个人的国家级生态公益林补偿标准也先后经历了两次提升，第一次是在2010年将国家级生态公益林根据权属划分之后，把集体和个人所有的国家级生态公益林补偿标准从以前的每年每亩5元提升至10元，第二次是在2013年，集体和个人所有的国家级生态公益林补偿标准再次得到提升，达到每年每亩15元。

根据《国家级公益林区划界定办法》规定的区划范围和标准，大量国家级公益林分布在民族地区的重点生态功能区，如内蒙古重点国有林区就分布在大小兴安岭森林生态功能区，内蒙古自治区有牙克石、根河等八个县市划入这个生态功能区；三江源区划范围为自然保护区核心区内的林地就位于三江源草原草甸湿地生态功能区，青海玉树藏族自治州、青海黄南藏族自治州、青海果洛藏族自治州、青海海南藏族自治州所辖多县均被划入该生态功能区；其他诸如江河源头、重要江河干流两岸一定范围内的林地，各种类型的国家级自然保护区以及列入世界自然遗产名录的林地，湿地和水库、荒漠化和水土流失严重地区的林地，大量位于民族地区被划入重点生态功能区的区域。不同于重点生态功能区转移支付，森林生态效益补偿基金通过"一卡通"的方式直接补助给林农，调动了林农保护生态公益林的积极性，也构成林农收益的一部分，弥补林农支出的管护成本。

依托于森林生态效益补偿基金，林业生态补偿已经在民族地区重点生态功能区全面实施。课题组以三峡库区水土保持生态功能区[①]为例，选取被划入该功能区的湖北恩施州宣恩县、巴东县为调研对象，考察其林业生态补偿的实施成效。宣恩县将生态补偿工作纳入各乡镇和有关部门年度目标考核的重要内容，加大督查考核力度，确保生态补偿脱贫一批工作落到实处。在公益林生态补偿兑现工作中，严格按照省市林业主管部门要求，及时制定县级和村级森林生态补偿金兑现工作方案，明确兑现范围、补偿标准、兑现方式、资金管理办法，严格遵循"先公示、后审核、再兑现"的程序。在生态效益补偿资金使用中，依据《湖北省

---

① 该重点生态功能区为水土保持型，发展方向是植树造林，恢复植被，涵养水源，保护生物多样性。

天然林保护工程财政专项资金管理实施细则》《湖北省公益林管理办法》及《宣恩县公益林区划界定调整及补偿工作实施方案》的要求，对生态补偿基金进行专户存储、专账运行、独立核算、专款专用。截至2017年12月，生态公益林完成总补偿面积189.65万亩、兑现补偿资金1494.30万元，涉及贫困村209个、贫困户13829户。巴东县截至2019年10月全面落实生态公益林补偿政策，复查验收163.2万亩国家级、省级生态公益林，兑现到户生态公益林补偿资金2218.69万元，全县65%贫困人口享受生态公益林补偿政策红利。

此外，巴东县积极实施新一轮退耕还林。补贴标准为退耕还林每亩补助1500元，其中，种苗费300元，现金补助1200元；并继续完善退耕还林后续政策补助，补贴标准为还生态林补助8年、还经济林补助5年，标准是粮食补助每年105元/亩、现金补助每年20元/亩。2019年共计兑现退耕还林补助资金7532.72万元。通过开展生态公益林补偿工作，调动了林农保护生态公益林的积极性，生态公益林管护政策得到有效落实，各地生态公益林管护水平得到提升，最终使生态公益林的林分质量得到提高，森林生态环境得到明显改善。

（二）草原生态补偿

草原生态补偿的实施情况，课题组选取了甘南藏族自治州的卓尼县为考察对象，调研其实施情况。被划入甘南黄河重要水源补给生态功能区的卓尼县，属典型半农半牧区域，全县总土地面积813.7万亩，共有天然草原面积499.98万亩，其中可利用草场面积480.4万亩，占天然草原面积的96.08%。当地牧区牧民生活来源单一，普遍依赖放牧维生，截至2010年年末卓尼县实际饲养量为82.22万个羊单位，较草畜平衡草原理论载畜量为67.997万个羊单位，超载14.223万个羊单位，超载率为17.3%。由于牲畜数量不断增加，过度放牧，超过草原草场承载量，全县近80%的天然草原出现了不同程度的退化。

卓尼县于2011年至2016年5年时间内全面开展落实了草原补奖政策，建立健全了基本草原保护、禁牧休牧和草畜平衡等基本制度，推动草原生态环境不断向着好的方向发展。2016年以来，新一轮补奖政策在卓尼县启动实施。全县禁牧草原面积120万亩，除去禁牧区域以外的可利用草原全部划定为草畜平衡区。

对禁牧草原区域，利用中央财政下达的禁牧补助资金对实施禁牧的农牧户给予补助。根据政策文件，第一轮草原补奖政策确定的禁牧年补助标准为 20 元/亩，新一轮草原补奖政策确定的禁牧年补助标准为 21.67 元/亩。每轮补助以 5 年为一个周期，每个周期结束后，根据草原植被生长情况，再决定该区域草原是继续实行禁牧还是可以放宽禁令，转入草畜平衡区域。对采取禁牧措施取得一定效果的农牧户，在监测达标、检查验收、核实造册、村级公示的基础上，将禁牧补助资金通过惠农财政补贴直接发放到惠农专户。

在限制放牧的草原，主要是通过草原生长牧草的数量决定该草原的蓄养容量，并将该容量总值按一定的标准分配给草原上的牧民，要求牧民按照分配的数量放牧牲畜。这必然要求牧民减少原来的养殖数量，导致经济利益减少。因此，中央财政给予的资金奖励实际上是补偿措施，对严格按照要求数量养殖牲畜、为维护草原生态平衡做出贡献的牧民进行经济补偿。

第一轮草原补奖政策确定的草畜平衡年奖励标准为 2.25 元/亩，新一轮草原补奖政策确定的卓尼县草畜平衡年奖励标准为 3.35 元/亩。对那些严格按照草原容量要求执行减少放牧数量要求的牧民，在检查验收、核实造册、村级公示的基础上，将草畜平衡奖励资金通过惠农财政补贴直接发放到惠农专户。

第一轮草原补奖政策已见成效，根据 2015 年草原监测调查结果表明，卓尼县天然草场禁牧区平均产草量为 320.83 千克/亩，平均覆盖度 97%，草群平均高度为 34.34 厘米；草畜平衡区平均产草量为 262.14 千克/亩，平均覆盖度 96%，草群平均高度为 29.34 厘米。产草量较 2010 年增长平均增加 31.5 千克/亩，草群覆盖度较 2010 年增长 2.1 厘米，草群平均高度较 2010 年增长 14.5 厘米。同时中度以上草原退化、鼠害面积减少，生态明显好转，草原截留雨水、吸收水分、涵养水源的效果明显加强。

三　流域及其他新型生态补偿开始试点

(一) 流域生态补偿

以保护流域水资源为目的流域生态补偿是一种典型的横向生态补偿方式。党的十八大以来，我国为探索建立市场化、多元化的生态补偿机制，开展了流域横向生态补偿试点，其中最为成功的是新安江流域生态补偿。2011 年，安徽省和浙江省签订新安江流域横向生态补偿协议，该协议实施六年后取得显著成果，"新安江流域总体水质为优，千岛湖湖体水质总体稳定保持为Ⅰ类，营养状况指数由中营养变为贫营养"①。

近年来，民族地区开始尝试流域补偿这种典型的横向补偿，如 2014 年 8 月广东广西两省区签署了《九洲江跨界水环境保护合作协议》。九洲江发源于广西玉林陆川县，流经广东廉江市，是跨省河流。根据协议内容，为实现九洲江全流域水质达到三级标准的目标，广东广西省级财政分别投入 3 亿元，专项弥补九洲江上游流域为提高流域水质标准所做出的牺牲，如拆除沿江养殖设施、清除养殖污染等②。2018 年，云南、内蒙古两省已经构建形成流域横向补偿政策框架：云南省财政厅、省生态环境厅、省发展和改革委、省水利厅联合印发《云南省建立健全流域生态保护补偿机制的实施意见》《云南省促进长江经济带生态保护修复补偿奖励政策实施方案》《建立赤水河流域云南省内生态补偿机制实施方案》，要求各州 (市) 相关部门遵照执行；内蒙古生态环境厅、财政厅制定了《内蒙古自治区重点流域断面水质污染补偿办法 (试行)》，要求各盟市流域断面水质不得低于国家、自治区各规划期水质考核目标，断面水质低于考核目标值的，或断面不合理断流的，需按照该办法支付补偿金，推动流域水污染防治联防联控制度建设。

重庆、湖南两省市政府在 2018 年签署了《酉水流域横向生态保护补偿协议》。该协议的核心要义在于以重庆和湖南的跨界水质为标准，

---

① 景守武、张捷：《新安江流域横向生态补偿降低水污染强度了吗?》，《中国人口·资源与环境》2018 年第 10 期。

② 肖世艳：《自治区财政将加大对重点生态功能区转移支付》，《广西日报》2016 年 3 月 28 日。

决定是位于上游的重庆补偿位于下游的湖南，还是位于下游的湖南补偿位于上游的重庆。根据协议，重庆市政府和湖南省政府将以酉水河在两地交界的里耶断面水质为依据，按照水质监测部门实际监测到的结果确定给付资金数量。该协议也约定了补偿资金的用途，该项资金无论是哪个地区获得都将投入到酉水河的清污等水生态环境保护工作中。酉水河流域为土家族、苗族聚居地区，自源地流经宣恩（湖北）、龙山（湖南）、来凤（湖北）、酉阳（重庆）、秀山（重庆），至高桥入湖南省保靖县境，再经永顺、古丈、沅陵等县，全长477千米，流域面积18530平方千米。其中实施横向生态保护补偿的重庆、湖南流域多县被划入武陵山区生物多样性与水土保持生态功能区。

（二）其他新型生态补偿

前文提到民族地区有一些创制型的地方立法，就某些单一环境要素的保护规定了生态补偿制度，实践中这些民族地区根据这些立法开展了新领域的生态补偿。如根据《云南省大理白族自治州湿地保护条例》规定的湿地保护生态补偿制度，2018年11月大理市政府公布《环洱海流域湖滨缓冲带生态修复与湿地建设工程国有土地上房屋征收补偿方案》（征求意见稿），拟实施洱海流域湖滨缓冲带生态修复与湿地建设工程。该方案详细规定了因为保护湿地需要征收国有土地上房屋，就房屋征收补偿方式、补偿标准、征收补助及奖励进行了详细规定。随后进行的洱海流域湖滨生态恢复与建设工程，包括罗时江河口湿地的水生植被建设、兆邑湿地地形水网构建工程以及大涧河、青螺沟两个湿地绿化项目。这一系列湿地建设项目使得环洱海流域湿地日益增多，湿地生态系统逐渐完善①。

实践中，还有些重点生态功能区所在的民族地区，创造性地在一些领域开展了生态补偿工作。如湖北恩施州人民政府于2016年4月印发了《恩施州环境空气质量生态补偿暂行办法》，决定以可吸入颗粒物（PM10）、细颗粒物（PM2.5）为考核指标，建立生态补偿考核奖惩机

---

① 《湿地生态修复为洱海保护治理增设绿色屏障》，《大理日报》2019年5月17日，http：//www.dlzzx.gov.cn/daliyaowen/2019/05-17/21723.html。

制，自 2017 年起试行。根据环境空气质量生态补偿考核奖惩资金计算公式，如计算结果得出值为正，则表明环境空气质量有所改善，就会获得相应数量的奖金；反之则表示环境空气质量变差，就要缴纳相应罚款。2017 年，全州各县市强力推进污染防治攻坚战，严格《大气污染防治行动计划》的各项措施，环境空气质量持续改善。全州八县市城区 PM10 浓度同期下降 14.3%，PM2.5 浓度同期下降 10%；城区空气质量平均优良率为 91.8%，较 2016 年同期上升 3.5 个百分点。按照城市空气质量综合指数评价，鹤峰县、咸丰县、利川市、建始县、巴东县、来凤县进入全省县域城市前十名。按照环境空气质量生态补偿考核奖惩资金计算办法，八县市分别获得 160 万元至 500 万元不等的补偿资金①。

①　朱扬：《变好奖励变差罚款——恩施州政府兑现环境空气质量生态补偿资金》，《恩施日报》2018 年 4 月 29 日，http://www.enshi.gov.cn/2018/0429/637509.shtml。

第五章

民族地区重点生态功能区
法律存在的问题

第一节　限制类规范的问题分析

一　"多规合一"下的生态空间用途管制制度缺失

（一）大部分民族地区尚未实现"多规合一"

宪法第一百一十八条规定："民族自治地方的自治机关在国家计划的指导下，自主地安排和管理地方性的经济建设事业"，这是民族地区被划入重点生态功能区的县市以重点生态功能区提供生态产品的主体功能定位来确定区域发展目标的宪法依据。但如何实现这一发展目标，限制大规模的工业化、城镇化建设，规划是第一步。理论上看，规划是行政行为的一种，是后续各种政府行政许可行为的指导和依据。民族地区建设生态功能区，自治机关首先要制定统一的空间资源配置规划，从管理依据入手，实现统一划定的区域内各部门履职相互配合而不是相互冲突，根据区域的主体功能定位分别进行行政管理，如发改部门制定行业准入清单，环保部门确定环境质量标准，国土部门审批土地用途，林业部门主导实施复绿垦殖，等等。因此，民族地区被划入重点生态功能区的县市，应尽早从立法层面确立"多规合一"的法律地位，解决权力的部门化及部门的利益争夺带来的管理源头问题。

目前，虽然国家层面的立法仅有《环保法》第十三条规定了"环境规划制度与主体功能区规划相结合"（重点生态功能区部分地方已经优化为生态保护建设与发展总体规范），提出了"环境保护规划的内容应与主体功能区规划相衔接"的目标①，也有个别民族地区的地方立法已经先试先行，宁夏回族自治区制定了《宁夏回族自治区空间规划条例》。《宁夏回族自治区空间规划条例》立法目标明确——"为了规范和保障空间规划的制定、实施，统筹各类空间性规划，建立统一衔接的空间规划体系，根据有关法律、行政法规规定，结合自治区实际，制定本条例。编制空间规划应当以主体功能区规划为基础，整合经济社会发展、城乡建设、国土资源、环境保护、林业、水利、农牧、交通等空间性规划，实现'多规合一'"；立法内容完整——包括管辖、责任、具体目标、定义、注意义务、职责分工、机构、政策、教育、考察和研究、公众参与全部具备；立法具有可实施性——由于立法内容中有明确的机构规定、职责、制定与实施程序及责任的规定，法律文本可实施性强。

但从空间范围来看，仅有宁夏回族自治区制定了《宁夏回族自治区空间规划条例》是远远不够的。从规划的角度看，"据城市规划学会统计，目前我国有法定依据的各类规划就有 80 多种，非法定规划更是不计其数"②。其中最为重要的几个规划，如国土部门制定的土地利用规划，环保部门制定的环境保护规划，住建部门制定的城乡发展规划，空间边界矛盾、期限不同，甚至内容冲突，导致政府公信力下降，影响资源有效配置。多规并行本身就反映了政府管理的"碎片化"，与生态功能区管理体制必须契合生态系统整体的要求相违背，仅有《环保法》规定的"环境保护规划的内容应与主体功能区规划相衔接"还远远不能适应民族地区建设重点生态功能区的要求。

---

① 这在多地的环境保护地方立法中有体现，如 2019 年颁布的《甘肃省甘南藏族自治州洮河流域生态环境保护条例》第五条规定"自治州人民政府以及洮河流域所在县（市）人民政府应当按照甘肃省生态功能区划划定的保护范围和要求，分别做好临潭—卓尼山地农牧业与森林恢复生态功能区、洮河上游森林恢复与水源涵养生态功能区、碌曲高原草甸牧业及鸟类保护生态功能区、太子山山地森林恢复与水源涵养生态功能区的保护和管理工作"。云南省《西双版纳傣族自治州澜沧江流域保护条例》（2014 年修订）第十二条规定，澜沧江流域生态环境保护总体规划，应当与城市总体规划、土地利用总体规划、风景名胜区总体规划相衔接。澜沧江流域的生态环境保护应当作为城市总体规划和有关乡（镇）总体规划的强制性内容。

② 沈迟：《我国"多规合一"的难点及出路分析》，《环境保护》2015 年第 Z1 期。

重点生态功能区作为限制发展区域，管制的重点在于人类的开发行为是不是在合理的限度之内，而合理的前提是建立在不同区域的功能之上评判的。尚未制定《空间规划条例》、又不在"多规合一"试点区域的民族地区大部分没有实现"多规合一"，重点生态功能区县也就没有出台体现区域分工的空间规划，仅有环境保护规划体现建设重点生态功能区的要求。在实地访谈过程中，不少县域的发改部门都承认，目前县域规划正在构建新思路，围绕当地的资源特色考虑产业链的延长发展，将传统产业与生态文明建设相契合，但还没有形成生态空间的具体划分标准。用访谈中的原话来说，就是"目前受到财力、人力和物力、智力的限制，并没有明确具体怎么弄，仍处于喊口号的阶段，没有形成具体的机制规划"。即有的县主体功能区的建设没有形成总体的规划，没有指向性文件进行指导，没有主体功能区的总的协调机制、机构，如何发展、如何规划仍处于模糊状态。虽然当地有得天独厚的气候条件发展旅游业，但地方政府的政绩观没有改变，发展旅游地产没有限度。有的县虽然有纸面规划，但没有具体实施，发改部门的工作重点仍放在请求国家加大支持力度。虽然被纳入重点生态功能区的少数民族地区很多面临着经济社会发展水平总体滞后、交通等基础设施薄弱、生态修复和环境保护任务繁重、旅游开发程度不高、基本公共服务能力不足等困难和问题，确实需要国家扶持，但一味等、靠、要的发展思路必须转变。民族地区的地方政府要积极主动作为，制定规划引领地区发展作用，动员社会各方力量推进生态功能区建设。

（二）"多规合一"地区尚未实施生态空间用途管制制度

2017 年国土资源部会同发展改革委、财政部、环境保护部、住房城乡建设部、水利部、农业部、林业局、海洋局、测绘地信局九个部门，研究制定了《自然生态空间用途管制办法（试行）》。该办法对生态空间管制做了系统的基础性规定，首次对自然生态空间的内涵进行了明确界定。自然生态空间用途管制制度"按照山水林田湖是一个生命共同体的理念，协调现有各类生态空间用途管控的相关制度，将用途管制扩大到所有自然生态空间，是推进自然生态空间用途管制的依据和规范。《管制办法》重点明确生态、农业与城镇空间的转用管理和生态空间内部用途转化规则与要求，严格控制生态空间转为农业、城镇空间，确保依法保护的生态空间面积不减少、功能不降低、服务保障能力逐渐提高"①。民族地区重点生态功能区县为实现其主体功能，必须将大面积的土地划为生态空间，实现面上保护的格局，并分区管制。

以颁布《宁夏回族自治区空间规划条例》的宁夏为代表，其所辖被划入国家重点生态功能区的彭阳县、盐池县、同心县、西吉县、隆德县、泾源县、海原县、红寺堡区，共七县一区均已出台县级空间规划，实现"多规合一"。这些县级空间规划制定后，已经实现国土资源部规划司相关负责人在解读《自然生态空间用途管制办法（试行）》时所提及的生态空间用途管制"体现自上而下和自下而上相结合的思路"。即"自上而下主要体现在，国家通过制定调查标准、生态保护红线划定标准、监管平台和用途管制规则，确保需要重点保护的生态空间在下级规划中得到落实。自下而上主要体现在，通过编制市县级空间规划，强化生态空间和生态保护红线的落地管理，作为生态空间用途管制的依据"②。

但由于该《办法》目前尚处于试点时期，国务院仅批准六省先行开展试点，并同意上海、浙江、甘肃三省市参照开展试点探索。宁夏虽然制定了《空间规划条例》，各重点生态功能区县也依照条例的规定制定了空间规划，但这些民族地区不在试点范围，生态空间用途管制制度尚未实施，空间规划条例实施缺乏有力的制度保障。如这些县的空间规划虽然将全县国土空间划分为生态空间、农业空间、城镇空间，但各个空间区域的准入条件尚未明晰、生态空间与其他空间及生态空间内部的用途转用许可制度尚未建立、已有生态空间管护模式单一。

二　环境管理类法律的问题

（一）地方立法权没有充分实施

重点生态功能区要实现生态环境质量改善、生态服务功能增强的功

---

① 《〈自然生态空间用途管制办法（试行）〉解读》，《黑龙江国土资源》2017年第4期。

② 同上。

能，最重要也是最基础的工作就是要保护环境，保有现存环境质量；同时要进行生态建设，治理和恢复过去不可持续开发方式造成的自然资源破坏和环境污染。前者是对存量环境利益的保持，后者是创造出增量环境利益，不可或缺。从已有立法来看，无论是国家层面的立法，还是民族地区的地方立法，从《环保法》中生态红线制度的设立到地方立法出台《宁夏自治区生态保护红线管理条例》，从自然资源保护法到污染防治法的民族地方单行条例，从《云南省迪庆藏族自治州香格里拉普达措国家公园保护管理条例》到大量的流域保护条例等开创性的民族地方立法有益尝试，都体现了保护和建设并重，立法相对较多。一方面，已出台这些相关立法的民族地区要严格实施这些法律，实现立法目的；另一方面，未出台这些相关立法的民族地区要根据地方实际情况出台相应立法，充分发挥民族地方立法权。

从调研情况来看，民族地区各层次的自治立法权还没有充分行使。如广西金秀是瑶族自治县，县人民代表大会有立法权，课题组在与县人大法制科主任座谈时了解到为了保护、培育和合理开发利用森林资源、野生植物资源，保护生物多样性，维护生态平衡，发展民族经济，根据《中华人民共和国民族区域自治法》《中华人民共和国森林法》《中华人民共和国野生植物保护条例》和《金秀瑶族自治县自治条例》的规定，依照金秀县的实际情况，2000年3月31日，广西壮族自治区第九届人民代表大会常务委员会第十六次会议批准《金秀瑶族自治县森林资源管理条例》；2003年8月1日第十届人大常委会议第三次会议批准《金秀瑶族自治县野生植物保护条例》。这两部地方单行条例的颁布，为金秀地区森林资源、野生植物保护工作的开展提供了法律依据与基础。这是金秀县人大到目前为止仅有的两次行使自治县地方立法权，但这两部单行条例颁行至今没有进行修订，其中的一些条款已经不能适用于现实状况，具有一定程度的滞后性。

但秉承"生态立县"理念的金秀县没有制定单行条例统领、规范县域范围内生态功能区的建设。金秀县位于广西中部偏东的大瑶山主体山脉上，行政区划上隶属于来宾市，该县自2010年起被广西环保厅列入自治区级重点生态功能区，2016年被增补进入国家级重点生态功能区名录。金秀县拥有得天独厚的自然生态环境，被誉为是"四库"筑起的人间净土，其森林覆盖率达到 82.8%，森林生态系统服务功能总价值为 25.9 亿元/年，物种多样性极其丰富，国家级自然保护区大瑶山保护区大部分位于金秀县境内。二十年来，金秀县县委、县政府及各族人民十分重视生态环境保护和生态治理，获得了珠江流域防护林建设源头示范县的荣誉，2015 年 5 月入选全国生态保护与建设示范区，金秀没有工业污染，金秀还有一个美誉——"世界瑶都"，瑶族特有的语言、服饰、绝技、医药构成了金秀独特的民族文化。可见，金秀是民族地区比较典型的以生态环境、民族文化优势发展县域经济，几乎完全依靠旅游文化产业的少数民族自治县。

这使得金秀县人大近年来的主要工作是执法监督，县人大常委会不定期组织县人大代表开展野生植物资源专题视察和执法监督活动。2013 年 10 月 25 日，组织县人大代表对金秀县圣堂山自然保护区珍稀植物罗汉松被盗挖毁坏情况进行实地察看、听取汇报的专题视察活动。2015 年 5 月，县人大常委会组成专题调查组，到金秀县各地区及大瑶山保护区进行走访、听取汇报和座谈活动，对县内野生植物资源保护情况再次进行调研。当然县人大开展的专题视察、执法监督活动，能够强化对开展野生植物资源保护工作的管理，使得金秀县野生植物资源保护工作取得一定的成效。但这使得少数民族自治县的人大和一般县的人大没有明显区别，工作重点都是执法检查和法制宣传。这种情况在被划入重点生态功能区的少数民族自治县不在少数。

此外，更高层面的自治立法权也还有巨大的空间。由于大瑶山自然保护区的大部分面积位于金秀县境内，县林业局执法压力较大，座谈中林业局工作人员提出他们开展森林执法和野生动植物保护管理工作的主要依据是国家级的相关法律法规，地方在这方面的立法还处于空白状态。但国家层面的法律法规在地方实际执行会有一定程度上的局限性。如国家层次的森林法和野生动植物管理办法过于陈旧，以至于现今野生动植物保护名录和国际不接轨，影响具体的执法。并且，南方和北方存在的地方差异造成造林南北差异，北方以国有林场为主，南方以集体林场为主，但林业部门订下的是统一的标准。国家的补助并不能完全适用于南方，标准可以针对南北双方进行适当区别。其实就全部区域而言，广西林业和动植物资源丰富，有自治立法权的区人大应该结合地方特点出台单行条例变通国家层面相关立法，给区内执法机构提供明确有力的执法依据，但从自治区近年来颁布的单行条例来看，无论是名称还是内容（如海域使用管理条例、水能资源开发利用条例等）仍然强调的是资源的经济利用价值，生态价值、生态理念没有在自治立法中充分呈现。

（二）环境管理领导机制不健全

围绕主体功能区的战略目标，被纳入重点生态功能区的民族地区各级政府及政府部门在执法工作中取得一些成效。但不可否认的是，实践效果还存在着诸多不尽如人意的地方。以湖北恩施州为例，虽然恩施州已形成党委决策，政府协调与执行、各级政府和职能部门分工负责各司其职的领导责任机制和工作格局，但在恩施州人大开展的"天更蓝""山更青""水更绿""土更净""城乡更美"五个专项工作的检查中，不少问题得到展现和暴露。如在"天更蓝"专项工作方面，尽管恩施州政府曾向全州人民承诺，优良天气要达到 300 天以上，但是由于部分县市和一些部门对大气污染防治工作停留在制定治理方案上，措施不实，执法不严，导致目标任务很难实现。在"山更青"专项工作方面，部分县市对植树造林工作缺乏科学、合理规划与种植，导致造林"两率"（成活率和存活率）低。铁路、高速公路等重点项目建设地以及非煤矿山植被损毁也没有得到及时恢复治理。在"水更绿"方面，水源地保护并没有纳入"水更绿"专项工作的重点，网箱养鱼、乱排污水，乱扔垃圾现象突出，城镇污水收集、处理不充分，河道乱挖沙、乱取石等现象仍然存在。在"土更净"方面，一是土壤酸化大面积存在，导致耕地质量下降，地力退化；二是由于危险废气、废水、废渣、重金属等的无处理排放以及农膜、农药残留回收处理不当导致耕地污染严重。在"城乡更美"专项工作方面，乡镇、村庄的垃圾、污水处理等基础设施不完善，垃圾乱扔乱堆现象严重，等等。

科学、协调性强和统筹合理的领导体制是公共政策目标有效实现的强力保障。2015 年中共中央、国务院发布的《关于加快推进生态文明建设的意见》指出，要加强生态文明建设的组织领导，强化统筹协调，各级党委和政府对本地区生态文明建设负总责，要建立协调机制，形成有利于推进生态文明建设的工作格局。但恩施州在实施生态文明建设战略的领导体制方面，存在不少问题。一是没有一个权威的领导机构来协调五个专项工作领导小组的工作，以至于各专项工作基本上还是由原来各职能部门牵头负责并组织具体工作；二是多头管理、政出多门的问题依然未能做到有效解决。无论是"天更蓝""山更青"还是"城乡更美"等专项工作，涉及的职能部门较多，非一部门之力能以治之。如乡镇政府作为各专项工作的责任单位，由于无法行使处罚权，根本不能对各种环境违法行为进行处理，以至于权责不对等；而职能部门享有处罚权，但由于信息不对称，导致很多环境违法行为得不到及时处理，导致环境违法行为蔓延。因此，各领导小组要协调组织各职能部门分工协作并联合执法，使突出问题能够得到有效解决。

（三）目标考核内容设置不科学、问责制虚置

具体、细致和符合地方实际情况的目标考核指标体系是目标责任机制的基础性内容，如果领导干部将这些内容内化为行动，公共政策的目标任务就能得到良好的实现，因此，科学、可行的目标责任考核指标体系事实上是各级政府和领导干部行动的指挥棒。前文已述，恩施州生态文明建设的目标考核制度主要包括两个方面的内容：一是对县市和乡镇领导班子和领导干部的履行生态职责的目标责任考核；二是五个专项工作中对各州直职能部门的目标责任考核。在前者中，关于乡镇领导班子和领导干部的考核中，该考核内容显然不符合农村生态保护的实际情况。在农村，垃圾集中处理率、牲畜养殖污水排放处理率和农村村容整洁应该是考核的重点。而且，无环境污染事件发生应该更多的是县市职能部门的责任范围，但是却将责任过度地归于乡镇政府领导班子和领导干部显然是不合理的。关于州直职能部门的"水更净"专项工作考核中，水源地却没有纳入考核的指标内容体系之中，不管是出于疏忽，还是出于推诿责任，这都是不应该出现的。在"天更蓝"专项工作的考核中，大气污染防治重点任务完成情况考核表只设置了考核指标内容，却没有规定重点任务完成的量化标准。在"山更青"专项工作的考核中，考核内容仅限于森林覆盖率和森林

蓄积量的提高等总体工作任务，忽视了高铁、高速公路建设造成的山体与植被恢复等具体工作内容。

　　2014 年 4 月全国人大颁布的《中华人民共和国环境保护法》第 26 条规定了地方政府对地方环境质量总负责的制度①。根据这个制度，2014 年 11 月恩施州政府出台的《关于落实州委六届七次全会精神、推进美丽恩施五项专项工作的通知》指出，要按照"谁主管、谁负责，谁分管、谁负责、谁执法、谁负责"的要求，将生态文明建设纳入州对各县市和州直部门的年度目标考核范围，严格考核和问责，确保各项目标任务贯彻落实。2015 年 4 月，中共中央和国务院联合发布的《关于加快推进生态文明建设的意见》指出，要健全生态文明制度体系，包括建立健全政绩考核制度，完善责任追究制度，建立领导干部任期生态文明责任制，实行终身追责。从调研的情况来看，恩施州对县市乡镇以及州直各职能部门履行环境保护和生态建设职能制定了较为详细的考核标准，对考核的内容、依据、评分细则做了具体规定，这有助于问责制的展开。但是在实践过程中，问责制存在着规定不完善以及问责流于形式的问题。在问责制的具体规定方面，无论是县市乡镇领导班子和领导干部目标考核办法以及州直部门履行环境保护职责目标考核办法，都没有规定问责的情形以及与之对应的问责措施和责任形式，这导致问责流于形式，根本起不到约束或矫正领导干部尽心尽责履行职务的作用。例如，在问责制度中，最严厉的处罚措施只不过是在当辖区内发生重大环境灾害事件时，对拟提拔考核的县市、乡镇以及州直部门领导干部实行一票否决。而对履行环境保护和生态建设职责不力，年度考核评定为不合格的领导干部和单位，有关考核办法只是规定由分管州领导进行诚勉谈话，督促其进行整改。由此可见，在问责制度建设方面，恩施州的规定太过于粗疏，以致考核问责制度虚置。

---

　　① 《中华人民共和国环境保护法》第 26 条："国家实行环境保护目标责任制和考核评价制度。县级以上人民政府应当将环境保护目标完成情况纳入对本级人民政府负有环境保护监督管理职责的部门及其负责人和下级人民政府及其负责人的考核内容，作为对其考核评价的重要依据。"

（四）基层环境执法能力偏弱

环境执法能力偏弱是课题组走访民族地区基层环境保护执法部门的普遍感受。以前，金秀县没有配置监测站这一组织机构和专业技术人才，每年由县环保局委托来宾市监测站为金秀县做监测。2015 年，金秀县环保局监察大队刚刚成立，笔者去环保局走访的时候局领导告诉我们监察大队刚刚招考了一个专业对口的大学生，正处在办一系列录用手续的阶段，县环保局以前都是委托来宾市环保局监察大队来金秀进行环境监测，自己是既无设备也无人员。因为 2015 年之前，金秀县环境监察大队一直没有获得财政拨款的事业编制，仅有自收自支编制 5 名，办公经费和人员工资均不纳入财政编制范畴。金秀县环保局本身财力薄弱，无力负担，故监测大队一直没有成立起来。2015 年，经过多方努力和争取，自治县编制委员会核给自治县环境监察大队财政全额拨款事业编制 3 名（其中领导职数 1 名，人员编制结构为：行政管理人员编制 1 名，专业技术人员编制 2 名）。2015 年第一次公开招考监测大队工作人员，因地处偏远，报考人数较少，只招收到了一名应届大学毕业生入职。而民族地区被划入重点生态功能区的其他县有些环保局虽然早就成立了监察大队，有自己的监测站，监察大队的队长也是专业对口的专业人士，但整个监察大队人手非常有限，还要承担局里一系列的事务性工作，真正投入环境监测的人手很少。

结合之前在其他地区调研民族地区基层环保机构执法能力的结果，得出的结论是一致的，民族地区基层环保机构从人员、资金、设备三个方面都显示出执法能力不足。如西藏自治区的阿里地区仅有 1 个环境监测站，其辖区以下 7 个县都没有设立环境监测站，人员编制 59 人，其中有执法资格的仅有 45 人。日土县的县环保局总共只有 6 人，有执法资格的仅有 4 人，但是同时该县地域面积又大，执法起来就十分困难。我国少数民族地区大多地广人稀，很难在人少的情况下实现对全区的监管。同时，从执法人员的人数和一年需要处理的案件数来看，执法人员的工作量是十分巨大的。根据各地区的文件，监察机构的职责除了接受投诉、现场调查、收缴排污费等工作之外，还需要完成工作日志、组织学习培训等规范化管理任务，这对执法人员的数量和质量都有要求。目前统计的数据并不显示实际可以执法的人员数量，这意味着我们看到的执法机构的人数并不等于实际可以进行执法的人数。实际能够执法的人数必然比执法机构的人数低，执法人员的实际工作量更大。当工作量繁重的情况下，执法的质量也得不到保障，这最终就会导致执法力度不够，环境责任无法得到有效的落实。

而资金是否充足关系到环境监督检查设备是否完备，目前大力推行的自动监测污染源的装置以及全方位的环境监测系统的建立都需要资金的支持。在环境执法过程中，现场检查的设备、执法人员的公务用车等也都离不开资金的支持。资金得不到保障会导致机构的硬件设施跟不上执法需求，最终影响执法的实施力度。从广西上林县环保局的经费情况也可以看出其执法能力的高低，近五年其经费情况如下：（1）环境标准化建设：中央财政资金16万元，地方政府投入35.6万元，无银行贷款，无赠款；（2）重点污染自动监控平台：没有中央财政资金，没有地方政府投入，没有银行贷款，也没有赠款；（3）重点污染源在线监控设备：没有中央财政资金、地方政府投入、银行贷款和赠款，只有企业自筹的167万元；（4）环境执法经费。这部分的经费分为两部分，一是办公经费，有9万元，二是执法经费，有7.2万元；（5）其他能力建设项目，没有任何经费来源。细算环境执法这部分经费就会发现问题所在：环境执法经费五年一共16.2万元，平均每年3.24万元；一年工作日（除周末和法定节假日后）算245天，上林县环保局全局一共20人（不算聘用的人员），那么每人平均每天的环境执法经费有6.612元，经费明显偏低了。尽管上林县有自己的环境监测站，但由于做一次全面精准的环境监测需要耗费大量的人力物力，因此，环境监测站的监测活动较少，平均每三个月才会做一个较为全面的环境监测。

至于设备，以取证设备为例，环境执法的取证设备主要有摄像机、照相机、录音设备、影像设备、水质快速测定仪、酸度计、溶解氧、暗管探测仪、烟气黑度仪、烟气污染物快速测定仪、粉尘快速测定仪、标准采样设备、声波计、放射性个人剂量报警仪等。课题组走访的民族地区基层环保机构大多数没有配置齐全。

三　产业准入负面清单制度的实施障碍

现行规范性文件由于立法位阶较低，虽然规定了各县市编制和落实负面清单的责任，但难以设定责任和配套措施，导致实施中问题较多。

(一) 政府部门实施动力不足

从评估报告设定的负面清单工作组织实施的指标来看，共有制定工作方案，成立工作协调小组，开展实施宣传，开展负面清单实施的监督和排查，负面清单中项目退出、技改和环保设施升级专项资金投入五个方面，其中最后一个指标涉及财政资金的使用，后文专门论述。前面四个指标，从政府职能行使的角度来看，应该是容易达成的目标，因为地方政府出台工作方案并成立协调机构贯彻执行国家政策是行政主体常见的工作方式，实践中经验丰富，一般通过短时间的专门学习和内部充分的商讨即可完成，而宣传检查工作更是常见的行政执法手段。为何这些指标在评估中的结果不尽如人意呢？

其实，从《全国主体功能区规划》颁布实施后，从中央到地方都出台了一系列对重点生态功能区县官员进行考核的文件，政绩考核已经实现了从经济指标向生态环境绩效的转变。首先，从中央政府层面来看，《全国主体功能区规划》规定："把推进形成主体功能区主要目标的完成情况纳入对地方党政领导班子和领导干部的综合考核评价结果，作为地方党政领导班子调整和领导干部选拔任用、培训教育、奖励惩戒的重要依据。"组织部随后颁布的《关于改进地方党政领导班子和领导干部政绩考核工作的通知》进一步明确了"对限制开发的农产品主产区和重点生态功能区，分别实行农业优先和生态保护优先的绩效评价，不考核地区生产总值、工业等指标"。其次，从地方政府的层面来看，2016 年广西人民政府办公厅印发《广西重点生态功能区监管制度工作方案（试行）》，明确由自治区发展改革委、财政厅、环境保护厅、绩效办等单位联合建立重点生态功能区监管制度，自治区绩效办将生态环境质量综合评估结果纳入自治区绩效考评范围。

但产业制度对生态环境质量的影响短期内并不明显。一方面，环境质量的改善和优化是多种因素长期共同作用的结果，产业结构调整短期内对环境的影响并不确定，如有学者"利用我国 2004—2008 年的省级面板数据，采用 GMM 方法分析发现，产业结构调整与污水排放之间呈现正相关关系，而与废气排放之间呈现出负相关关系，表明产业结构调整在解决环境污染问题方面发挥了一定作用，但并不明显"①。且生态遭到破坏、环境被严重污染后不可能自动改善，必须连续稳定地投入资金进行生态恢复和污染治理，即产业结构调整只能着眼于未来预防新的资源消耗和污染产生。另一方面，从产业结构内容与环境污染的关系来看，"第二产业的生产过程和产出结构决定了其单位 GDP 产出所消耗的能源和排放的污染物远多于第一和第三产业。越来越多的研究表明，环境污染主要来自于快速的传统工业化过程"②。民族地区工业发展薄弱，本身工业发展的总量不大，以 2011 年被划入桂黔滇喀斯特石漠化防治生态功能区的广西上林县为例，截至 2016 年，其农业人口 43.88 万占总人口的 89.6%③，以自然资源为依托的各种农业生产活动构成了当地群众收入的主要来源。

此外，虽然各重点生态功能区的县域生态环境质量都进行考核，但考核结果作为财政转移支付的奖惩依据是确定的④，是否作为官员个人的政绩考核标准却不一定。《广西重点生态功能区监管制度工作方案（试行）》规定生态环境质量评估"作为财政转移支付和绩效考评的重要依据，同时提交给自治区党委组织部，作为政绩考核的参考依据"⑤，"参考"一词的含义是"在处理事物时借鉴、利用有关材料"，参考依据并不作为判断标准直接使用，对官员个人并不一定必然产生影响。学

① 李姝：《城市化、产业结构调整与环境污染》，《财经问题研究》2011 年第 6 期。
② 许正松：《经济增长、承接产业转移、结构变化与环境污染》，博士学位论文，江西财经大学，2016 年。
③ 《上林县人口民族情况》，广西南宁上林县人民政府门户网站 2016 年 8 月 25 日，"上林隶属南宁市，县城距南宁市区 130 千米，其他偏远县的农业人口占比就更大了"。
④ 《重点生态功能区产业准入负面清单编制实施办法》虽然规定要对清单实施成效第三方评估"开展负面清单实施成效第三方评估，对实施成效不力的进行通报批评并督促整改，经过整改仍达不到要求的，采取扣减生态补偿资金、实施区域限批等处罚措施，直至调整退出重点生态功能区范围"。
⑤ 《大胆突破勇于创新——探索建立重点生态功能区监管制度》，广西壮族自治区发展和改革委员会网 2017 年 5 月 19 日，www.gxdrc.gov.cn。

者的研究也证明，"生态环境绩效是生态功能区域县级官员晋升的重要因素，但并不是所有生态功能区域的县级官员都把它作为晋升筹码，在2009—2011 年间仍有 14 个县的生态环境绩效指标值下降了"①。

（二）专项资金投入严重不足

在负面清单工作组织实施评估指标项下有"负面清单中项目退出、技改和环保设施升级专项资金投入"一项，涉及财政资金的使用。该项指标满分 10 分，参与评估的 16 个县最高得分为 5 分，有五个县，另有九个县得分为 0。之所以将这一指标作为评价负面清单工作组织实施的标准，在于政府财政支出的结构能够反映地方政府职能状况，因为财政支出是主体功能区地方政府履行职能的重要手段。这个指标的评估结果不理想并不出人意料。

一方面，财政收入是财政支出的基础，地方政府财政收入数额较低必然影响其职能履行供给，甚至出现供给不足的状况。民族地区由于自然条件、科技水平等历史因素的影响，地方财政收入在全国处于落后水平，一直是中央财政转移支付的重点对象，并通过财政转移支付，基本实现民族地区公共服务均等化的目标。并且，"主体功能区的划分已使各区域在税收收入上存在巨大的差异，限制开发区和禁止开发区为保障国家粮食安全、维护全国的生态环境减少了大量的财政收入，甚至有些区域根本无财政收入，但为推进主体功能区的建设这些地方的政府还要增加某些财政支出"②。重点生态功能区建设短期内带来的财政收支这一减一增将进一步加大民族地区重点生态功能区县的财政缺口。

另一方面，虽然重点生态功能区建设有专门配套的财政政策，即自2009 年开始，中央财政部门通过正式文件先后六次出台关于我国重点生态功能区转移支付的宏观政策，对我国重点生态功能区转移支付的分配原则、范围确定、分配方法、奖惩机制、省级分配、资金使用和监管

① 吕凯波：《生态文明建设能够带来官员晋升吗？——来自国家重点生态功能区的证据》，《上海财经大学学报》2014 年第 2 期。

② 王晓玲：《主体功能区规划下的财政转型研究——基于区域协调发展的视角》，博士学位论文，天津财经大学，2013 年。

给予清晰界定，现有政策文本包括 2009 年、2011 年、2012 年、2015 年、2016 年、2017 年国家重点生态功能区转移支付办法，新政策出台后原有政策同时废止，历年的政策文本对于转移支付资金的分配原则具有高度一致性，包括"公平公正，公开透明；重点突出，分类处理；注重激励，强化约束"三个方面①。2016 年广西重点生态功能区财政转移支付共 22 亿元，其中国家级重点生态功能区的县平均获得转移支付7000 多万元，难以满足和适应缩小基本公共服务差距的要求②。且在用途上，"目前我国重点生态功能区转移支付办法对于转移支付资金使用的规定都隐含一个价值导向，即弱化重点生态功能区转移支付资金与本地区生态产业发展的关系，重点强调资金必须使用在保护环境上，从而使得政策与负面清单制度衔接度不高"③。所以，无论是民族地区基层财政的自有力量，还是转移支付的外援，都不足以让民族地区重点生态功能区县有拨付资金投入引导产业结构升级上的财政能力。

（三）"限制类产业"管控标准缺失

负面清单将制造业列入限制类产业，发展要求是在工业园布局，但实施中对入园产业的生产规模、工艺水平、选址布局、环保达标等方面没有标明管控标准。制造业入园发展并不是圈一块地，将工厂集中建设这么简单，其体现的是重点生态功能区"点上开发、面上保护"的发展模式，目的在于提高用地效率，实现集约化开发，不影响大片开敞生态空间的环境质量。由于这个"点"位于重点生态功能区内部，其所耗费的能源与排放的污染物也是生态功能区这个复合生态系统中决定生态环境质量的变量要素，园区管理体制必须契合生态系统的特性。生态学研究者认为"整体"就是指生态的"系统"性，并引用系统论创始人

---

① 《财政部关于印发〈中央对地方重点生态功能区转移支付办法〉的通知》，财预〔2017〕126 号，2017 年 8 月 2 日发布。

② 敏华：《广西推进主体功能区建设存在的问题及对策建议》，广西壮族自治区发展和改革委员会网站 2017 年 8 月 9 日，http://fgw.gxzf.gov.cn/fzgggz2019/ncjj/dcyj/201708/t20170809_899363.html。

③ 许光建、魏嘉希：《我国重点生态功能区产业准入负面清单制度配套财政政策研究》，《中国行政管理》2019 年第 1 期。

L. V. 贝塔朗菲对系统的定义认为整体就是"相互联系的诸要素的综合体"。所以无论是在工业园区划定的过程中，还是在后续的管理过程中，各职能部门的管理制度、措施都集中于一个区域，且环境要素之间的物质转换和能量流动使得看似不相关的管理措施实际上紧密相关甚至互为因果。

从政府职能部门的角度看，建立入园管控标准涉及多个部门履职，在发改部门和规划部门统筹项目规划、园区选址的基础上，首先是生态环境保护部门贯彻"早期介入、源头防控原则，从生态环境客观规律、园区结构、系统功能等出发，作出工业园区生态系统敏感性评估，并从生态、资源和环境功能及承载力进行系统分析，基于环保底线思维制定差异化环境准入负面清单"①，这是环保介入工业园区建设发展的有力保障。其次，是自然资源管理部门要设定各种自然资源利用的上限，涉及水利、国土资源部门。再次，经信委监督管理园区内工业企业循环经济发展、清洁生产和节能减排。可见，虽然产业准入负面清单制度是政府发改部门制定颁布的，但政策执行过程中政府各职能部门能否有效合作和协调，将影响到制度执行的效果。由于职能分工的存在，"碎片化"是政策执行机制中不可避免的现象，也是当下导致限制类产业管控标准缺失的主要原因。

（四）"禁止类产业"难以退出

负面清单中的产业项目实施成效分为现有产业中限制类和禁止类退出和当年没有新增限制类和禁止类两个类别，这两个类别的实施状况差异很大：16 个县当年都没有新增限制类和禁止类项目；但现有产业项目退出这一项指标满分为 10 分，其中只有两个县得分为 5 分，其余县得分均为 0 分。前者说明基层发改部门严格执行了负面清单制度，后者则表明负面清单中禁止类、限制类产业的退出不是一日之功。表面上看，负面清单中明确规定了"列入禁止类产业涉及的项目禁止新建、改扩建，对现有企业应提出关闭时限要求（原则上不超过五年）"，实质原因是短期内难以发

---

① 王娇、周阳：《"三线一单"在工业园区规划环评中的应用研究》，《环境与发展》2019 年第 5 期。

展符合要求的替代产业，作为当地世居群众的生计来源。

　　建设重点生态功能区，这些区域的包括天然林草在内的自然植被、野生动物、湿地、能源和矿产资源等自然资源的传统利用方式都受到了限制。而"对区域发展权的整体性限制，最终会体现在所在区域的个体、组织等财产权限制"①。虽然我国重点生态功能区的土地多属于国家所有，但该区域内的少数民族世世代代在此居住，以当地资源为基础，从事各项生产活动，享有事实上的产权。传统产权主要侧重于"如何实现资源的经济价值，发挥资源的使用权和收益权"，世居民族依靠其世代相传的生态智慧和生存技能，运用简单工具开发利用自然资源，获得生计来源。少数民族县被划入重点生态功能区后，在自然资源利用被限制的情况下，当地群众不能再通过出售采伐林木、猎取动物及其制品获得收入；在原来开垦林地、草地基础上形成的耕地及山区多见的坡耕地上进行农业耕种活动也被禁止或限制，种植收入锐减；开采矿产资源出售原始或初级加工矿产品的增收途径也消失。从当下来看，因为保护环境，这些民族地区的群众将丧失传统的环境资源开发利用权益，直接导致经济收入减少，甚至无生计来源。在新的经济增收途径创制出来之前，又缺乏适当的退出补偿机制，直接"一刀切"，这种"被动的生计变化中，少数民族很可能出现无法适应新的生计模式以及难以重构社会关系与民族文化的现象"②。就像 2002年，"独龙族聚居地刚被列入高黎贡山国家自然保护区时，刀耕火种被禁止，传统生计由采集狩猎、刀耕火种被动转到了退耕还林、适度畜牧、种植经济林木和外出务工等现代生计模式，该民族在这一变迁过程中曾短暂地出现过难以适应的现象"③。"后来云南省做出了独龙族'整乡推进、整族帮扶'的决策部署，并推行了安居温饱、基础设施、产业发展、社会事业、素质提高、生态环境保护与建设六大工程之后，独龙族生活水平有了

---

① 杜群、车东晟：《新时代生态补偿权利的生成及其实现——以环境资源开发利用限制为分析进路》，《法制与社会发展》2019 年第 2 期。

② 毛舒欣、沈园、邓红兵：《西南地区少数民族传统生计变迁与农户生计安全》，《生态学报》2018 年第 24 期。

③ 周云水：《小民族的生计模式变迁与文化适应——人类学视野中的独龙族社会结构变迁分析》，《阿坝师范高等专科学校学报》2009 年第 2 期。

显著提高。"① 因此,民族地区重点生态功能区产业准入负面清单制度的有效推行,必须考虑制度对当地世居民族传统生计方式的不利影响,并寻求恰当的替代及补偿方式,解决世居民族的生计问题。

四 环境行政公益诉讼制度的实施问题

从调研的情况来看,民族地区被划入重点生态功能区的地区开展环境行政公益诉讼,遇到的问题具有普遍性,主要表现在以下四个方面。

(一)案件来源线索有限

《行政诉讼法》第25条和《试点方案》都规定人民检察院在履行职责中发现案件线索。根据我国宪法的规定,人民检察院是法律监督机关,其职责包括提起公诉、刑事立案监督、侦查监督、审判监督、刑罚执行和监管活动监督,以及在民事诉讼和行政诉讼领域的监督权。近年来,由于环境保护、消费者权益保护等领域侵害公共利益事件时有发生,法律授权检察机关作为公共利益的代表对这些损害公共利益的行为提起公诉,开始了我国公益诉讼的历程。随后,为进一步加强对公共利益的保护,又在行政诉讼领域赋予检察机关对在履职中侵害公共利益的行政行为提起公益诉讼的权利,至此,我国建立了完整的以检察机关为起诉主体的公益诉讼制度。

目前,检察院在履行职责中发现环境行政公益诉讼的案件线索主要源于以下两个途径:一是通过办案发现,如检察机关就污染环境相关罪名对犯罪嫌疑人提起公诉时发现有环境行政主管部门违法行使职权或不作为;二是对生效行政裁判提出抗诉过程中发现环境行政主管部门违法行使职权或不作为,能发现的线索非常有限。由于环境行政公益诉讼由检察院的民事行政检察部门负责,第一种途径的畅通还取决于检察机关内部公诉部门与民行部门的工作衔接机制是否完善。且这两种途径分别以行为人污染破坏环境、检察机关提起公诉,行政相对人对行政行为提起行政诉讼为前置程序,案件进入检察机关履职范围才有可能发现案件线索,但现实中大量的环境行政职能部门违法行使职权或不作为时,并

---

① 毛舒欣、沈园、邓红兵:《西南地区少数民族传统生计变迁与农户生计安全》,《生态学报》2018年第24期。

没有环境犯罪产生，也没有行政相对人提起行政诉讼。

（二）调查举证难度大

负责行政公益诉讼工作的民事行政检察部门，一直以来从事的是对民事审判活动、行政诉讼活动进行法律监督，"检察机关环境公益起诉权在民事诉讼和行政诉讼领域的应用与开拓，本质上是其法定监督属性由传统民行法律监督手段向现代公益维权监察手段的转向"①。这种转向显然对民事行政检察部门是一个新的挑战，因为行政公益诉讼需要检察机关提供证据证明行政机关违法行使职权或不作为、国家利益或者社会公共利益受到侵害及两者之间成立因果关系。在调查举证中，一方面由于生态环境问题专业性强，检察机关缺乏专业人士和技术手段证明环境损害存在及其成因，并且鉴定费用高昂，为证明空气、土壤或水域中的化学污染物种类及浓度，需耗费几十万元甚至上百万元的鉴定评估费用；另一方面，面对强势的环境行政执法部门，检察机关没有法定的调查取证权及强制性手段的保障，当事人及有关机关不配合调查取证的情况时有发生。鉴于检察机关在行政公益诉讼中调查取证的法定依据不足及针对环境问题的专业调查力量不足的问题，有学者甚至主张构建以查、诉、审分立为原则的行政公益诉讼模式，由监察机关承担行政公益案件的调查职责，检察机关专职承担起诉职能②。这种观点的提出足以证明国家监察体制改革对检察权威的影响之大。在实践中，基层检察院拟办理的案件，有的因为当地缺乏有资质的鉴定机构而搁置，有的因为行政机关有关人员对检察机关的询问置之不理而停滞。

（三）检察建议形式化

检察建议是诉前程序的重要载体，但相关法律及司法解释都只规定检察机关应向行政机关提出检察建议，没有涉及检察建议的具体内容。这里涉及的主要问题是："第一，检察机关的检察建议需要详细到什么程度？第二，检察机关是否可以同时向几个行政机关发出检察建议？诉

---

① 张锋：《检察环境公益诉讼之诉前程序研究》，《政治与法律》2018 年第 11 期。

② 参见贾永健《中国检察机关提起行政公益诉讼模式重构论》，《武汉大学学报》（哲学社会科学版）2018 年第 5 期。

前程序所针对的行政机关与诉讼程序所针对的作为被告的行政机关是否要一致？"①针对第一个问题，学界观点不一，有的学者认为"检察建议书要切实做到事实证据清楚、观点清晰明确、建议合理可行"②；有的学者认为"检察建议的内容可以不必过细，检察建议的重点要在对行政行为的定性上下功夫，而不是在具体的细节上，具体细节问题留待确定需要提起行政公益诉讼时再进一步完善"③。

其实这两种观点并不矛盾，检察建议重在对行政行为的定性，但定性是一个结论，该结论如何得出要有事实和法律依据，至于整改建议的内容虽不必太细致，但检察建议中也应该指出大的行动方向，以表明行政不作为的主观性。从实践情况看，有些检察建议过于空泛，没有指出问题症结所在，既不利于行政机关正确履职，也不利于检察机关后期自己认定行政机关是否履职。针对第二个问题，由于缺乏规范，不同基层检察院的发送对象选择标准不一，有的以行政监管职能为标准，对所涉的不同职能部门都发出检察建议，如贡山县院办理的污水处理厂环境污染案，向住建局、环保局、水务局、上帕镇政府都发送了诉前程序的检察建议；有的检察院选择其中最直接的一个行政机关发出检察建议，如兰坪县院在办理实心黏土砖违法生产履职不到位案件中，选择向住建局发送诉前检察建议。

（四）行政机关履行职责的标准不清晰

行政机关接到检察机关的诉前检察建议后，是否在期限内履职是衔接诉前程序与诉讼程序的关键点，因为《司法解释》第21条第二款规定，"行政机关应当在收到检察建议书之日起两个月内依法履行职责，并书面回复人民检察院。出现国家利益或者社会公共利益损害继续扩大等紧急情形的，行政机关应当在十五日内书面回复。行政机关不依法履行职责的，人民检察院依法向人民法院提起诉讼"。

① 参见王春业《行政公益诉讼"诉前程序"检视》，《社会科学》2018年第6期。
② 韩耀元：《准确把握诉前程序基本特征科学构筑诉前程序工作机制》，《人民检察》2015年第14期。
③ 王春业：《行政公益诉讼"诉前程序"检视》，《社会科学》2018年第6期。

但如何判断行政机关是否依法履职，司法解释及其他规范性文件都没有给出一个确定的标准，仅有最高人民检察院的指导性案例提供了两种判断标准，第一种标准可称为"行政过程标准"，第二种标准可称为"后果主义标准"，前者以连续性监管行为的实行为判断标准，后者以行政相对人停止违法行为的事实为判断标准①。这导致实践中各基层检察院没有一个统一的标准来认定行政机关是否依法履职，有的县院对诉前程序的检察建议，只要行政机关按期回复便会结案，甚至行政部门的整改回复仅为"将进一步加大执法检查力度"，缺少具体的整改措施，也予以结案。有的基层检察院发出检察建议后，在收到行政机关承诺整改的回复后，办案人员去现场跟踪调查，发现行政相对人已经停止生产，社会公共利益受侵害的状态已经得到彻底改变，才以整改完成为由结案。

第二节　补偿类规范的问题

补偿类规范是贯彻公平原则的不可或缺途径，虽然民族地区建设重点生态功能区的生态补偿有现行法律的支持，但这种支持还不足以支撑起民族地区重点生态功能区建设中的生态补偿。有学者从生态补偿制度整体在我国现行法律体系中的不足进行分析，得出的观点是生态补偿立法供给不足②。具体到民族地区重点生态功能区建设的生态补偿，从地方到国家层面的立法供给也都是不足的。

---

① 关于这两种标准的详细阐述及典型案例，参见卢超《从司法过程到组织激励：行政公益诉讼的中国试验》，《法商研究》2018年第5期。

② 史玉成教授指出从法学角度分析，生态补偿制度的构建面临的最突出的问题就是法律调控手段不足。首先，就法律制度构建的应然要素分析，生态补偿制度在环境法律体系中很大程度上是缺位的。我国目前生态补偿主要以政策调控手段为主，政策多于法律。其次，环境保护基本法没有关于生态补偿的明确统一的法律规定，生态补偿的规定只是零星地散布在不同的法律、政策文件中，对各利益相关者的权利、义务、责任界定不明确甚至缺失。部分单行法针对某一环境要素或区域的生态补偿做出了原则性规定，但缺乏可供操作的具体规定，造成实践执行中无法可依。最后，生态补偿基础性支撑制度缺乏。产权不清，融资渠道单一，监管机制漏洞多，效益评估机制科学性不足等问题非常明显。参见史玉成《生态补偿制度建设与立法供给——以生态利益保护与衡平为视角》，《法学评论》2013年第4期。

虽然修订后的环境保护法增加了生态补偿的一般性条款，即"国家建立、健全生态保护补偿制度。国家加大对生态保护地区的财政转移支付力度。有关地方人民政府应当落实生态保护补偿资金，确保其用于生态保护补偿。国家指导受益地区和生态保护地区人民政府通过协商或者按照市场规则进行生态保护补偿"。该条款已经就生态补偿的主客体、方式做出了较为明确的规定，但由于"生态补偿法律关系的广泛性，各利益相关方的界分、补偿的标准和程序、监管制度等尚需专门的立法予以细化和规制，正如环境影响评价制度需要有专门的《环境影响评价法》一样"①。且生态效益补偿涉及非常技术性的问题即生态效益的评估，这是补偿的技术基础，评估的标准、程序、方法都需要法律做出统一规定，因此重点生态功能区的生态补偿作为我国生态补偿的优先适用领域同样需要这样一部专门立法的保障和规范。目前，虽然有财政部的《中央对地方重点生态功能区转移支付办法》，但其作为规范性文件逐年印发，延续性和稳定性不强，且规定的补偿、受偿主体单一——仅为中央政府对重点生态功能区的区域补偿，方式单一——仅有资金补偿。

一　生态补偿法律含义不统一

目前生态补偿已经作为一个法律概念进入国家和民族地区的地方立法中，但由于缺乏专门立法，其含义尚缺乏准确界定。"尽管《生态补偿条例》草案的起草工作从2010年5月起就已紧锣密鼓地进行，但迄今为止有关'生态补偿'的概念却在各类政府文件中无直接解释或者给出定义。"② 这导致虽然关于生态补偿的研究成果众多，但话语体系尚未统一。汪劲教授曾专门撰文分析"生态补偿"概念，对我国各个学科关于生态补偿概念的研究成果进行了分析，并在此基础上专门评析了法学领域的研究成果进而将其概括为四种观点③，在此不再赘述。正如有学者在研究生态补偿时发现"截至目前，在我们阅读过的生态补偿的论文

---

① 史玉成：《生态补偿制度建设与立法供给——以生态利益保护与衡平为视角》，《法学评论》2013年第4期。

② 汪劲：《论生态补偿的概念——以〈生态补偿条例〉草案的立法解释为背景》，《中国地质大学学报》（社会科学版）2014年第1期。

③ 同上。

中，几乎每一位论文作者对生态补偿都有自己的定义，当然也有许多定义存在相似或相同性。但仅就文字表达的差异性来看，目前对生态补偿的定义至少也有上百种"①。

值得关注的是，这种理论研究的分歧也反映在民族地区关于生态补偿的地方立法中，没有区分生态补偿、生态损害赔偿与资源有偿使用。有的地方立法将生态补偿理解为是对人的补偿，解决环境保护的外部性问题，如《甘肃省阿克塞哈萨克族自治县自治条例（2011 年修订）》第 25 条 "自治机关有计划、有步骤地实施退耕还林退牧还草，并对实施退耕还林退牧还草的农牧民，按照国家有关规定给予补偿。引导牧民合理利用草原，实行以草定畜，严禁超载过牧，保持草畜平衡"。有的地方立法将生态补偿等同于对环境的补偿和对人的补偿，如《云南省怒江傈僳族自治州水资源保护与开发条例》第 13 条规定 "自治州人民政府建立生态环境保护补偿机制。开发利用自治州行政区域内的水资源应当提取生态环境保护补偿资金，专项用于生态环境综合治理和补偿当地人民群众的生产生活。生态环境保护补偿资金的提取办法，由自治州人民政府制定"。还有的地方立法将生态补偿资金等同于自然资源使用费，如《河南蒙古族自治县生态环境保护条例》第 27 条规定 "自治县人民政府征收的排污费、矿产资源费、水资源费、水土保持设施补偿费和水土流失防治费等，除依照法律法规规定应当上缴的部分外，其余资金全额用于生态环境的保护与建设，任何单位和个人不得截留、挤占或者挪作他用"。实践中，也有民族地区的人大代表提出按照 "谁开发、谁补偿；谁保护、谁受益" 的原则，从矿产和水电资源开发中提取生态补偿费，每吨金属锌提取 300 元、每度电提取 0.05 元，用于生态环境、民族文化保护，以及基础设施、社会保障体系建设等②。

很显然，理论研究的众说纷纭和地方法规的百花齐放，扩大了生

---

① 李永宁等：《生态保护与利益补偿法律机制问题研究》，中国政法大学出版社 2018 年版，第 27 页。

② 伍晓阳：《代表丁秀花：提取生态补偿费拯救怒江州生态》，腾讯新闻网 2012 年 3 月 14 日，https://news.qq.com/a/20120314/000717.htm。

态补偿概念的外延，概念使用的准确性不足，也导致生态补偿概念与环境法中已有概念的混同，如矿产资源补偿费、水资源使用费、生态环境损害赔偿费用等，进而导致生态补偿制度与环境法中已有的制度混同。

二　制度稳定性和科学性不够

（一）制度稳定性不足

即便是以《森林法》为依据设立的森林生态效益补偿基金，由于《森林法》的规定较为原则，具体补偿内容由财政部以部门规章的形式规定，森林生态补偿基金政策经历了较为频繁的变动。2001 年，财政部颁发了《森林生态效益补助资金管理办法（暂行）》；财政部、国家林业局 2004 年印发《中央森林生态效益补偿基金管理办法》，2007 年、2009 年两次印发《中央财政森林生态效益补偿基金管理办法》，2014 年印发《中央财政林业补助资金管理办法》，2016 年印发《林业改革发展资金管理办法》，几乎每次都对该"基金"或"资金"采用不同的表述，且每一次印发新办法的同时均废止了旧办法。正如学者所言，"以法治化程度较高的林业生态补偿基金为例，有关补偿标准和分配的政府规章频繁变动，使个体对可得利益的预测性下降"。①

草原生态补偿也存在同样的问题，虽然有《草原法》的专款规定，甚至农业法和土地管理法中也有草原生态补偿的相关规定，但这些法律中相关条款都表现为一个宣示性条文。实践中已经推进到第二个阶段即第二个五年计划中期的草原生态补偿实践，涉及我国内蒙古、新疆、西藏、云南、四川等 13 个主要草原牧区省（区），平均每年投资额高达百亿元以上，却仅依据两个指导意见进行，即原农业部和财政部联合颁布的《2011 年草原生态保护补助奖励机制政策实施指导意见》和《新一轮草原生态保护补助奖励政策实施指导意见（2016—2020 年）》。按照这些指导意见的规定，2020 年我国第二轮草原生态保护补助奖励政策到期之后，我国草原生态补偿将走向何方呢？数量众多的草原生态补偿

---

① 杜群、车东晟：《新时代生态补偿权利的生成及其实现——以环境资源开发利用限制为分析进路》，《法制与社会发展》2019 年第 2 期。

受偿主体及草场资源丰富的地方政府，毫无预期，持续发展就是问题，之前生态补偿措施所支持的禁牧、草畜平衡等保护草原生态行为能得到自觉的推行吗？

而针对重点生态功能区的区域性转移支付无论是纵向的中央财政设立的国家重点生态功能区转移支付制度，还是受益地区对重点生态功能区的横向生态补偿，目前仅有《环保法》第31条这样宣示性的规定为依据。重点生态功能区转移支付以财政部的规范性文件为实施依据，但财政部分别逐年印发《中央对地方重点生态功能区转移支付办法》，新政策出台后原有政策同时废止，每年转移支付的办法都略有调整，地方获得多少数额的财政资金难以有稳定的预期。横向生态补偿则完全处于随机进行的状态，由于并没有法律规定受益地区的补偿义务，横向生态补偿是否能够得以实施完全取决于受益地区与保护地区之间的自由协商，具有极大的随意性和不确定性。

课题组在金秀大瑶山自然保护区进行调研的时候，深刻体会到了"有林才有水，有水才有粮"。大瑶山自然保护区建成后，附近平南县粮食产量逐年增加，受益区的四个乡平均年增产粮食922吨。武宣、象州、荔浦、桂平县粮食也逐年增加。但由于缺乏明确且稳定的横向补偿制度，大瑶山保护区大部分所在的金秀县无法从中获益。且由于当时划定大瑶山自然保护区时，为了便于管理，将原来一部分当地群众种植的人工林也划入了保护区，这部分人工用材林由于难以获得采伐指标，不能为当地群众增加收入。

（二）制度科学性不够

《森林法》第8条规定："建立林业基金制度。国家设立森林生态效益补偿基金，用于提供生态效益的防护林和特种用途林的森林资源、林木的营造、抚育、保护和管理。森林生态效益补偿基金必须专款专用，不得挪作他用。具体办法由国务院规定。"据此，《中央森林生态效益补偿基金管理办法》出台并实施，为保护公益林起到了一定的积极作用。但也存在许多问题，最突出的是补偿标准过低，勉强维系管护成本，远远低于经营商业林的收益，补偿根本没有涉及公益林的生态价值，起不到激励作用。以广西金秀县为例，具体问题如下。

1. 补偿标准偏低，森林生态效益没有得到完全补偿

金秀县生态环境优良，生态系统服务功能价值巨大。经国家林业局昆明勘察设计院测算，以森林生态系统为主体的金秀生态系统服务功能年价值量高达 25.8 亿元，其中，森林涵养水源价值为 4.9 亿元，土壤保育价值为 3.5 亿元，固碳释氧价值为 5.7 亿元，净化大气环境价值为 5.0 亿元，生物多样性保护价值为 5.3 亿元，森林游憩价值为 1.4 亿元。另外，据全国生态价值首席评价专家王兵等专家评估，金秀大瑶山森林每年产生的社会生态效益为 49.8 亿元。

金秀县从 2001 年起实施森林生态效益补偿示点工程，目前按标准兑现给管护者（林农）的管护费，仅是对林农管护公益林工作的一种补助，实际上不属于支付给林木所有者的森林生态效益补偿资金。因为补偿标准偏低，补偿金额与森林提供的生态效益价值完全不对等。目前公益林补偿基金来源于中央和自治区财政，2001 年至 2003 年每年每亩补偿 3.5 元，2004 年至 2006 年每年每亩补偿 4.5 元，2007 年至 2009 年每年每亩补偿 4.75 元，2010 年以后区分公益林的所有权属性，其中国有的补偿标准是 8 元（其中管护补助支出 6.75 元，公共管护支出 1.25 元），集体和个人所有的是 15 元（其中管护补助开支 12.75 元，各级验收费用支出 0.25 元）。

大部分贫困人口都是生活在公益林林区内，在禁伐天然林和实行水源林、重点生态公益林管护后，大部分林地被划为水源林保护区或重点公益林管理区，属于林农自我管理、可开发的林地大量减少，微薄的公益林补偿金无法解决林农的基本生活，林农仍过着"有林不能伐、有地不能垦"、守着"绿色银行"无钱用的贫困日子，生活相当困难，只好外出打工度日。

2. 经营公益林与经营商品林之间存在巨大的收益差距

公益林补偿标准没有随着国民经济的发展和物价上涨进行动态调整，中央和地方财政对重点公益林的补偿标准从 2001 年执行以来，一直沿用至 2009 年度，2010 年才把补偿标准由每亩 5 元提高到每亩 15 元。与此同时，林地出租的费用却逐年上涨。县林业局的同志给我们举了个例子，集体和个人公益林的补偿标准是每亩每年 15 元，而当地商

业林的地租就高达每亩每年 300—500 元，差距太大，而公益林的所有者还要承担营造、抚育、保护和管理的全部责任，确保林地面积不减少，林分质量逐年提高。特别是近年来县里发展速生桉的态势很好，农民经营商品林获得的收入比以前大幅度增加。"种植速生桉按第五年采伐，每亩出材量 6 立方米，按每立方米 400 元计，纯收入 2400 元，年纯收入 480 元，商品林与公益林收入（每亩补助 15 元）相比，商品林增收 32 倍。"① 这极大地挫伤了公益林经营者的积极性，在利益面前，许多林农提出了调整公益林请求，给林业生态体系建设和公益林可持续经营造成不良影响。

3. 补偿标准没有体现优质高价、劣质低价的补偿原则

目前森林生态效益补偿标准，不论是人工林或是天然林、乔木林或是灌木林、生态服务功能是大是小，都实行同一的补偿标准，没有与公益林形成过程的投入和产出的生态效益相挂钩，与真正意义上的"补偿"不相称。若补偿标准不考虑这些因素，势必损害部分重点公益林经营者的经济利益，影响到林区的长治久安。如天然林经营管护成本每年每亩在 4—6 元，而人工林经营管护成本每年每亩多达 15—25 元，两者若实行同一补偿标准，人工林经营者的经济利益受到损失是显然易见的，从而挫伤了人工营造公益林的积极性。金秀县还有大量的水源林，自治区财政每年补助给金秀县的水源林林农粮食价差款为 385 万元，据此，该县 6.8 万林农人均获得补助额仅为 56.6 元，难以维持正常的生活。至于其他的生态补偿，比如具有生态功能的商业林，没有纳入生态补偿的范围，生态补偿的对象非常单一。

此外，其他对区域内环境要素保护补偿的立法也有不科学的地方。如《野生动物保护法》第 19 条规定："因保护国家和地方重点保护野生动物，造成农作物或者其他损失的，由当地政府给予补偿。补偿办法由省、自治区、直辖市政府制定。"这样规定既不科学，也不具有操作性。正如有些学者指出的"因为野生动物资源丰富的西部地区经济欠发达，

---

① 李俪娟：《金秀瑶族自治县森林生态公益林管护现状与对策》，《农村科学实验》2018年第 1 期。

地方政府难以承担较高的生态补偿费用。东部地区经济相对发达，但野生动物较少，发生的野生动物资源生态补偿费用极少，此种规定不合理，缺乏可行性，法律实施的实际效果很不理想"①。这也导致该条款一直处于虚置的状态，我国尚无此类生态补偿的地方立法出台。

三　制度保障措施不足

重点生态功能区的生态补偿包括对区域保护的补偿和和区域内环境要素保护的补偿，前者即中央对地方重点生态功能区转移支付，后者则适用现有环保法单行法中关于环境要素保护的生态补偿规定，如公益林管护这些针对环境要素的生态补偿，但相关保障措施仍有很大的改善空间。

（一）生态公益林权属纠纷

地方林业主管部门与生态公益林管护主体签订《生态公益林管护合同》是兑现管护补助的前提，所以首先要确定生态公益林权属。民族地区有些地方在进行森林生态公益林区划时，由于时间紧、任务重，个别区划划定没有做好群众工作，把界限不清的地块也划进去了，导致后面管护合同无法签署。此外，《中共中央、国务院关于全面推进集体林权制度改革的意见》颁布后，全国开始进行集体林权制度改革，林业用地的权属发生了变化。原来与村民小组签订的管护合同，由于林地承包经营权已经转移给了农户个体，原管护合同无法继续履行。这些原因导致的《生态公益林管护合同》无法签订或不能履行都影响了管护补助的兑现率。应在推进林权制度改革工作的基础上，明晰公益林林地林权，保障生态公益林的管护补助得以落实。

（二）生态补偿资金使用效率问题

民族地区建设重点生态功能区，针对区域的补偿是由地方政府作为受偿主体②，针对环境要素的补偿往往是以项目工程的形式展开，受偿

---

① 曹明德、王良海：《对修改我国〈野生动物保护法〉的几点思考：兼论野生动物资源生态补偿机制》，《法律适用》2004 年第 11 期。

② 中央对地方重点生态功能区的转移支付由地方政府作为受偿主体，跨区域的流域横向生态补偿（如《贵州省红枫湖流域水污染防治生态补偿方法》和《贵州省清水江流域水污染补偿办法》），往往是由受益地区的政府向贡献地区的政府进行横向财政转移支付，仍然是地方政府作为受偿主体。

主体可以落实到具体的个人①。民族地区重点生态功能区中，这两种补偿形式的生态补偿交织存在，其中针对区域的补偿往往由中央和地方上级政府通过纵向转移支付及受益地方政府通过横向转移支付进行，重点生态功能区所在地政府作为直接受偿主体获得这笔资金的所有权。这笔资金如何使用，能否弥补生态脆弱区个体发展权受限的损失，将直接决定生态功能区生态保护和修复的效果。这一点在自然保护区的发展过程中已经呈现，重点生态功能区的建设中应该吸取经验。广西花坪自然保护区建设中就遇到类似问题，保护区内的两个村庄 546 人，在建保护区之前就世代居住于此，以采集薪柴、伐木和养蜂等方式利用森林植被；保护区建立后，实行封闭式管理，村民们被禁止在保护区内从事原来的一些生产活动，而社区要发展经济，由此产生出各种各样的矛盾和冲突②。可见，如果不能通过生态补偿弥补当地群众发展权受到限制的损失，导致群众长期得不到补偿，将严重损害群众保护环境的积极性。

　　虽然针对重点生态功能区转移支付资金的适用，生态环境部每年都进行国家重点生态功能区县域生态环境质量监测和评价，评价结果决定下一年度转移支付资金数量的增减，但该项评价指标单一，仅针对生态环境质量改善状况，没有体现出财政资金对重点生态功能区多元化建设目标的支持。现实中许多地方包括民族地区并未制定相关法律对政府获得区域生态补偿资金后的使用进行规范，民族地区现行的一些单行条例，虽然已经出现了形似"生态补偿权利"的法律表达，如针对个体性社会主体，包括个人和单位，规定对其"应当按照有关法律法规的规定办理相关手续，并给予补偿"③；或者"自治区人民政府应当建立生态保护补偿机制，按照国家规定明确补偿范围，合理确定补偿标准"④。但这些规定都过于笼统，权利义务指向不够明确，导致地方政府的资金使

---

① 如公益林生态效益补偿将补偿资金直接拨付给林权所有者或经营者，只不过地方政府林业主管部门可能从中统一提取一部分作为管理费用。

② 万本太、邹首民：《走向实践的生态补偿——案例分析与探索》，中国环境科学出版社 2008 年版，第 93 页。

③ 参见《云南省迪庆藏族自治州香格里拉普达措国家公园保护管理条例》第 12 条。

④ 参见《宁夏回族自治区生态保护红线管理条例》第 21 条。

用缺乏相应的执行依据，公众也缺乏知情权和监督权。因此，要通过地方立法明确当地政府和管理部门作为地方生态补偿资金的管理者地位，进而规定其应履行的职能和应承担的责任，并就生态补偿资金的使用情况，建立起监督机制。

四　其他类型补偿方式的制度化空缺

（一）生态移民补偿模式尚未制度化

1. 生态移民是重点生态功能区建设的补偿方式之一

资金给付并非生态补偿的唯一方式。有学者在研究我国国家公园生态补偿机制的构建时指出，我国政府主导的生态补偿模式包括两种：财政转移支付和生态移民政策。生态移民政策是为了保护某个地区的生态环境，或因自然条件恶劣不宜居住而对区域内的社区居民进行移民的政策①。生态移民是近几十年才出现的一个概念，由美国科学家考尔斯率先提出，他认为生态移民是为了保护贫困地区生态环境，将生态环境脆弱地区的生态超载人口迁到生态人口承受能力高的农牧业社区或城镇郊区从事农、牧、农畜产品加工业。我国真正意义上的生态移民始于20世纪90年代末，目的在于迁移人口，解决重要生态区域的生态破坏问题。

一方面，生态破坏是指人类不合理地开发利用自然，造成人类及动植物的生存条件恶化，如土地沙化、土地石漠化、土壤盐碱化、生物多样性减少，等等。与工业生产导致的环境污染相比较，生态破坏并不产生有害成分如废气、废水、废渣、放射性物质等，而是生态平衡被打破，各环境要素集合成的系统失去自然功能，其潜伏期更长；并且，不同于工厂排污，生态破坏的形成很难找到具体的责任主体。且从生态破坏的形成原因来看，多数情况下受害人自身即是施害者。以云南省广南县石漠化的形成为例，解放初期，这里人口少，有大量的原始森林和次生林，到20世纪70年代由于人口激增、毁林开荒多，开垦的坡耕地历

---

① 苏婷婷、陈吉利：《论我国国家公园生态补偿机制的构建》，《中南林业科技大学学报》（社会科学版）2019年第4期。

经二三十年后基本沦为石漠化土地①。这种情况下，生态破坏的制造者是当地世代居住的原住民，几代人的开发利用行为累积出生态破坏的恶果由后代人承受，从群体的角度看，受害人和施害人是同一群体。生态移民将人口迁出，停止人类向大自然的索取，让自然界获得自我修复的机会。

另一方面，民族地区建设重点生态功能区的发展目标要求腾出更多的空间用于维系生态系统的良性循环，就必须逐步减少农村居民点占用的空间，尤其是一些人口分布极为分散的居住点要将人口集中到附近城镇，提高土地使用效率，减少人类活动对生态空间的干扰，以确保形成"面上保护"的格局。而在选择迁出人口的具体区域时，生态环境破坏严重，急需停止人类干扰行为的地区是首选。可见，生态移民的效果正好契合了重点生态功能区建设的需要。《主体功能区规划》规定的开发管制原则也明确提出"引导一部分人口向城市化地区转移，一部分人口向区域内的县城和中心镇转移。生态移民点应尽量集中布局到县城和中心镇，避免新建孤立的村落式移民社区"。

2. 生态移民权益需要法律保障

虽然一部分生态脆弱地区的形成有人为破坏的因素，但这些向自然界索取生存物资的行为并不具有很强的非难性。一方面，因为生态脆弱区处于不同类型生态系统的交界过度区域，其环境本底值自身就差于生态系统核心区域，多数都具备干旱、高寒等原生性的气候问题，及缺水、土薄等原生性的地质问题。另一方面，"生于斯、长于斯"的世居群众为了生计开发利用自然资源的行为本身也是无可厚非的。现在，为了修复这些地区的生态环境，为更广大区域的主体提供更多的生态产品，需要迁出人口，这部分迁出人口的权益谁来保护、如何保护，这也涉及环境正义问题及差异化空间开发模式能否高效率的实施。

（1）概念界定需要法律明确

首先，什么是生态移民？生态移民是否等同于扶贫移民？这是制度

---

① 但新球、喻甦、吴协保：《我国石漠化地区生态移民与人口控制的探讨》，《中南林业调查规划》2004年第4期。

适用的对象，必须界定清楚。我国许多学者在生态移民的概念界定方面进行了探讨，但观点不一。葛根高娃、乌云巴图认为，生态移民是指由于生态环境恶化，导致人们的短期或长期生存利益受到损害，从而迫使人们更换生活地点、调整生活方式的一种经济行为①。刘学敏认为，生态移民就是从改善和保护生态环境、发展经济出发，把原来位于环境脆弱地区高度分散的人口，通过移民的方式集中起来，形成新的村镇，在生态脆弱地区达到人口、资源、环境和经济社会的协调发展②。包智明认为，生态移民是因为生态环境恶化或为了改善和保护生态环境所发生的迁移活动，以及由此活动而产生的迁移人口③。蒋培认为，就生态移民所应该关注的对象与性质来看，生态移民是"生态"与"移民"概念的结合，移民的主要原因是由于生态的变化或影响，其应具有的性质是生态性质的，移民应是以生态保护为前提条件的。所以，生态移民是由于生态环境的恶化，或者为了改善生态环境，由此产生的人口迁移活动④。

由此可见，目前学术界对"生态移民"的概念存在很大的争议。而概念决定了一个制度的内涵及逻辑结构，是一个制度确立的前提，如果概念不明确，制度的适用范围、价值目标、基本原则和权利义务设定都会出现很大的偏差。因此，应该尽快明确生态移民的定义，这样才能在处理各类生态移民的问题上有一个统一的指导原则和方向。

当然，客观来看，将人口从生态脆弱区迁出这一举措本身可以实现多重目的，所以有学者将当代中国生态移民战略的实践价值归纳为：保障国家生态安全、促进民族地区的发展、加快全国城镇化进程、推进农村扶贫开发⑤。尤其是现实中地方政府往往将扶贫工作和生态移民工作

---

① 葛根高娃、乌云巴图：《内蒙古牧区生态移民的概念、问题与对策》，《内蒙古社会科学》2003 年第 2 期。

② 刘学敏：《西北地区生态移民的效果与问题探讨》，《中国农村经济》2002 年第 4 期。

③ 包智明：《关于生态移民的定义、分类及若干问题》，《中央民族大学学报》2006 第 1 期。

④ 蒋培：《关于我国生态移民研究的几个问题》，《西部学刊》2014 年第 7 期。

⑤ 李生：《当代中国生态移民战略研究——以内蒙古草原生态移民为例》，博士学位论文，吉林大学，2012 年。

混淆，更容易让人们认为生态移民就是扶贫移民，这导致生态移民的后续性配套措施缺乏长远考虑和科学论证，仅仅适应了当前消除贫困的要求，并未考虑相关地理环境因素，提出因地制宜的发展构想，阻断了实现经济、社会、环境效益的统一目标。现实的例子是内蒙古额济纳旗的生态移民工程。该工程的初衷是出于扶贫的目的，将原来分散在草原各地的牧民集中搬迁，然后以圈养的方式继续养殖动物。但没有考虑到移民迁入地点的自然资源状况尤其是水资源状况，导致后续自然资源不足而圈养失败。虽然，在草原因为缺水而转为种植土地后，土地种植农作物的效益比作为草场的经济效益更高，但是当地的人们并不熟悉种植的技术经验，种植业经济效益并没有外出务工效益好。这就导致了该旗人口逐渐外流，移民安排没有达到当初的目的。

从民族地区建设重点生态功能区的需要来看，生态移民并不一定等同于扶贫移民，两者之间是包含关系，即生态移民包含了扶贫移民，扶贫移民是生态移民的一种情况。一方面，从地理区位来看，高山高寒等边缘地区生态系统脆弱，是生态破坏的高发地，而这些地区往往也是我国的贫困地区，人口受教育程度不高，对生存环境依赖程度高，只能依靠对当地自然资源的简单加工获得生活资料，是典型的靠山吃山，这也是我国生态移民政策与扶贫政策相结合实施的客观原因。留在原地，赖以存活的物资资料贫乏，河流干涸没有水喝，土壤贫瘠种不出粮食，草场荒芜无法放牧，只有通过迁入新的地点获得生计来源。另一方面，有一些人口迁移并不是因为迁出地自然环境恶劣，已无资源性产品供人们开发利用，而是为了进行环境治理和修复，提供更多的生态产品。以我国国有林场改革为例，2015年中共中央、国务院印发了《国有林场改革方案》和《国有林区改革指导意见》，积极推动林业发展模式改革，目的在于林场发展转型，由原来的木材生产企业转变为林区生态修复及生态建设主体，由砍伐森林获取经济利益转变为管护森林提供生态产品。民族地区被划入重点生态功能区的地区也有很多这样的国有大型林场，如大小兴安岭森林生态功能区所在的内蒙古自治区。这些林场发展转型后，需要动迁林场职工群众，将原有生活场所拆除、平整，改造为营林基地，进行植树造林活动，增加森林覆盖率。显然，这里动迁的林场职工并不是因为林场资源消耗殆尽无木可伐，而是因为保护生态环境做出了牺牲，离开了原来的生活居住地，也丧失了原有的谋生手段，构成特别牺牲，理应得到补偿。这也是课题组将生态移民规范归入重点生态功能区建设适用的补偿性规范的原因。

因此，需要澄清误区，还生态移民的本质。生态移民是为了生态保护而进行的人口搬迁，目的在于生态环境的修复和保护，避免人为因素继续破坏脆弱的生态环境，给生态环境带来毁灭性后果，如平原土壤沙化、山地石漠化、土地的功能彻底丧失。生态移民并不是一种新的扶贫方式，扶贫移民是"生存移民"，其"着重考虑的是增加移民的经济收入和解决移民的温饱，不太关注对迁入地、迁出地生态环境的近期和长远保护，甚至对迁入地生态环境的近期和长期影响没有进行科学论证，目标单一，是在自愿的情况下，就近就便去迁入地做开荒移民"①。从移民的目的和移民的过程来看，生存移民其目的仅仅在于把一部分失去生存条件的人迁到能够利用自然资源进行生产的地方，解决他们的温饱和贫困问题，无论是从迁出地的角度还是从迁入地的角度，都没有考虑到生态保护的因素。

（2）迁出对移民权益的不利影响

对民族地区的生态移民而言，离开世代生活的家园，搬迁到新的地点定居，首当其冲的问题就是搬迁成本问题，之后是后续发展问题，还伴随着原有民族文化的传承问题。这些问题的存在，彰显了生态移民为了环境治理和生态修复所作出的牺牲。

首先，移民的经济成本高昂。有学者将移民的经济成本概括为以下几个部分：土地、房屋的成本，移民安置征地、建房、基础设施建设、搬家运输等安置成本，区域基础设施损失成本及重建成本，等等②。而

---

① 桑敏兰：《论宁夏的"生存移民"向"生态移民"的战略转变》，《生态经济》2004年第 S1 期。

② 施国庆、周建、李菁怡：《生态移民权益保护与政府责任——以新疆轮台塔里木河移民为例》，《吉林大学社会科学学报》2007 年第 5 期；关于生态移民搬迁的成本，已经有博士论文针对陕南地区生态移民搬迁进行专门深入研究，参见吕静《陕南地区生态移民搬迁的成本研究》，博士学位论文，西北大学，2014 年。

从生态脆弱地区迁移的人口大部分并不富裕，自身难以负担搬迁成本。仅从土地一项来看，就是生态移民无法解决的问题，需要外部力量的帮助。因为生态移民实施的前提是有地可移，必须找到有足够环境容量的一片土地来安置生态移民，这片土地能够给人们提供生活物资来源。虽然我国陆地面积居世界第三位，但人口总量却是世界第一位，具备生存条件而完全没有人居住的地方几乎没有。从土地利用的角度来看，新居住地的选择涉及跨区域的土地人口承载力的研究，需要实地调查和科学规划，这既是对新移民负责，也是对原有居民负责。且生态移民作为一个群体整体搬迁，必须兼顾迁入地原有居民的既得利益，也不能因为新人口的迁入又造成迁入地的生态破坏，要同时协调好人与自然的关系、人与人的关系。

其次，生态移民的后续发展问题。生态移民工程的实施是一个终点，更是一个起点。对于生态严重破坏的迁出地而言，离开是一个终点；但对于迁入地而言，新生活刚刚开始，移民是一个起点。尽管组织生态移民的地方政府采取了很多措施保障移民们的生活走上轨道，但生态移民们的后续发展问题总是以各种形式呈现出来。如新居住地的基础设施建设，新迁入人口的户籍问题、入学问题、就业问题等都需要政府行为的支持。比如迁入地的环境容量有限，移民们继续耕种劳作缺乏土地资源，长江上游四川横断山区生态移民普遍反映说，"移民后的居住地气候好，如果土地多一点，就可以发展多种经济作物，增加移民收入。但由于土地紧缺，无荒地再开发，也无钱买老住户的地，有的移民就在荒山石头缝中插种青花椒苗，由于干旱缺水，成活率不高，年年补种，造成不小的经济损失"[①]。而牧区的生态移民，集体搬迁后其放牧式的生产生活方式或多或少都会发生变化，有的转为农民，有的转为不依靠土地资源的第三产业从业者，这都需要重新学习生产技能，家庭分工及生活方式随即都要发生变化。三江源区生态移民的实证研究表明，搬迁前牧民的衣食住行等基本能够自

---

① 李星星、冯敏、李锦：《长江上游四川横断山区生态移民》，民族出版社 2008 年版，第 268 页。

给，搬迁后所有这些都需要从市场购买，生活开支明显增加，单纯依靠政府补助生活，捉襟见肘①。在此基础上，子女的受教育权、对公共事务的参与权、享受公共设施服务的权利等，都是移民们后续发展中必须面临和解决的问题。

再次，对于发生在少数民族聚居区的生态移民，文化断裂、文化传承、文化融合一直是民族学、人类学和社会学的热点研究问题。搬迁对文化传承的负面影响不言而喻，因为生态文化学的理论基点是自然环境决定了人们的生活生产方式，进而决定了人类文化行为和文化结果，中外学者对这一论点都早有论述。德国学者指出："自然环境决定了文化的性质，也决定了文化的内容和形式。如果自然环境改变了，文化也会跟着发生变迁。"② 我国学者也早在 20 年前就认识到"存在决定意识，生态决定文化。不同的生态导致不同的文化，就世界而言，海洋型生态孕育了西欧文化，半封闭的大河大陆型生态酿造了中华文化。就中国而言，中原文化受制于黄河，荆楚文化受制于云梦泽，西域文化受制于戈壁，内蒙古文化受制于草原，齐鲁文化受制于海滨，黔滇文化受制于大山"③。如大家熟知的鄂温克人，"出生、成婚、生产、旅行、迁徙、祭祀都离不开驯鹿，驯鹿的习性和特征甚至成为鄂温克人民族性格和气质的象征符号。有关驯鹿的称谓和词汇如此深刻地镶嵌在鄂温克的历史集体记忆和心灵当中，以至于驯鹿作为象征符号与鄂温克人的价值观、思维方式、审美取向如此紧密地联系在一起"④。一旦离开原来居住的自然环境，植根于人们传统生产生活方式的独特而珍贵的文化遗产就会因为生产生活方式的改变而消融。鄂温克人被称为"驯鹿鄂温克人"，如果

---

① 周华坤等：《三江源区生态移民的困境与可持续发展策略》，《中国人口·资源与环境》2010 年第 3 期。

② 王升云：《少数民族移民的文化变迁与教育发展研究——基于湖北宜城市王台回族村的调查》，博士学位论文，中南民族大学，2012 年。

③ 王玉德：《中国环境保护的历史和现存的十大问题——兼论建立生态文化学》，《华中师范大学学报》（哲学社会科学版）1996 年第 1 期。

④ 宇尔只斤·吉尔格勒、超太夫：《敖鲁古雅鄂温克猎民们的游牧与定居问题研究》，载色音、张继焦主编《生态移民的环境社会学研究》，民族出版社 2009 年版，第 138 页。

不再养殖驯鹿，鄂温克人的文化就消失殆尽了。

相关研究表明，由于搬迁导致传统文化断裂，既是文化多样性的损失，也使移民在新生活环境中找不到认同感，因为"文化作为一个地方的灵魂和人们的精神家园，它决定着人与自然环境的关系，人与人的关系及个体与群体之间的关系"①。"像大兴安岭的鄂伦春族他们一直从事驯鹿业，形成了自己独特的驯鹿文化，虽然一直以来都依靠国家的救助才能维持自己的生活，但他们自身的文化却保持得非常好，近来由于森林地区过度开发而移民，使传统驯鹿文化已处于破裂和融散的状态。"② 有些牧区完全禁牧后，牧民世世代代创造的畜牧技术和游牧文化将面临失传的危险。文化传承的问题，在一些藏区的生态移民中表现得更为明显，有学者研究青海省尖扎县夏藏滩移民安置区藏族村庄的文化断裂，归纳其表现在宗教信仰未能得到满足、民间公共权力机制缺失、民间民俗及节日活动缺失三个方面③。

（3）法律介入的必要

因为环境问题发生的移民在我国并不罕见，学者们的研究也不少，针对现实中出现的问题，从移民安置方式、安置点的选择上，大家都提出了有益的建议。如"国家在生态移民的安置方式上要有所创新，移民视野可以扩大到全国范围内，并采取多元化的生态移民模式"④；"整体搬迁不但是村庄在地理空间上位移，更重要的是原有社会关系、文化、村民的归属感和认同感都将随整体搬迁保留下来，有利于移民的生产和

---

① 周拉、炬华：《断裂与重建：藏族水库移民社区宗教信仰及民俗文化重建研究——以青海省尖扎县夏藏滩移民安置区为例》，《青海民族研究》2014年第3期。

② 熊春文、赵劲、李敏、赵勇：《深山区移民扶贫的成本分析：社会学的视角——以江西遂川县为例》，载色音、张继焦主编《生态移民的环境社会学研究》，民族出版社2009年版，第250页。

③ 周拉、炬华：《断裂与重建：藏族水库移民社区宗教信仰及民俗文化重建研究——以青海省尖扎县夏藏滩移民安置区为例》，《青海民族研究》2014年第3期。

④ 桑敏兰：《论宁夏的"生存移民"向"生态移民"的战略转变》，《生态经济》2004年第S1期。

生活尽快走上正常发展的轨道"①；"异地安置的根本目的是通过人口迁移，缓解迁出地人与资源日趋紧张的关系，在更大范围内配套与优化资源，促进生产力发展。因此，异地安置过程中的生态环境与建设问题显得十分重要。随着对移民迁往地劳动力的增加，使尚未利用资源的开发利用变为现实，但是必须处理好开发与保护的关系，要以人与资源协调发展为基本原则进行规划与开发，避免新的生态破坏"②；等等。这些研究成果对于创新移民方式、保障移民权利都有所裨益，但如何保证落实在生态移民的实践中，还需要刚性的立法来实现移民的有序运作。毕竟生态移民是一项复杂的系统工程，涉及人与自然、迁出地群众与迁入地群众的种种利益关系，是法律调整应该覆盖的公共领域事务，是地方政府所面临的一项艰巨任务。

但这项工作不是地方政府单方面努力就能完成的，并且地方政府也可能追求自身利益，有必要通过法律规范地方政府的行为，保障移民权益，确保在公平合理的原则下制度化、规范化地进行环境移民。因此有必要规范③生态移民工作及其后续配套措施，推进生态移民工作有序实施，而不是仅仅为了扶贫工作的目的，将贫困人口从自然资源贫乏的地区迁出即可。

（二）社区共管补偿模式尚未制度化

1. 社区共管是重点生态功能区建设的补偿方式之一

社区共管概念 20 世纪 80 年代中期由国外传入我国，主要用于自然

---

① 包智明、孟琳琳：《生态移民对牧民生产生活方式的影响——以内蒙古正蓝旗敖力克嘎查为例》，载色音、张继焦主编：《生态移民的环境社会学研究》，民族出版社 2009 年版，第 163 页。

② 许吟隆、居辉主编：《气候变化与贫困——中国案例研究》，国际环保组织绿色和平与国际扶贫组织乐施会发布的研究报告，第 37 页。

③ 有学者提出健全完善法规政策，依法生态移民。具体表现为地方政府及有关部门要进一步健全完善生态移民的政策法规，建立健全生态移民的资金筹措及使用、土地和房屋的交换、土地承包经营、基础设施建设、生态村落建设、农业结构调整、项目扶持、产业发展、就业培训、劳动力转移、后续帮扶、移民权益保障、少数民族文化保护、移民基本生活保障等政策、法规，努力用法律支撑生态移民工作，使生态移民依法进行，步入法制化的轨道。参见梁福庆《中国生态移民研究》，《三峡大学学报》（人文社会科学版）2011 年第 4 期。

保护区领域，1995 年在世界银行和中国国家林业局的具体指导和管理下，在我国五个省十个自然保护区实施了为期 6 年的 "全球环境基金（英文缩写 GEF）中国自然保护区管理项目"。发展至今，自然保护区社区共管机制在兼顾自然保护和当地群众利益两个方面实现了双赢，但如今也遭遇了可持续发展难题、本土化问题及制度化等问题。[①] 从共管的概念看，一般泛指 "在某一具体项目或活动中参与的各方在既定的目标下，以一定的形式共同参与计划、实施及监测及评估的整个过程。在 GEF 中国自然保护区管理项目中，共管的具体含义是当地社区和保护区对社区和保护区的自然资源进行共同管理的整个过程"[②]。可见，社区共管制度是公众参与原则的体现，同时也兼顾了保护区当地民众的生计问题。

将社区共管引入民族地区重点生态功能区建设，通过设置生态公益岗位，解决一部分当地群众因为自然资源限制开发所导致的生计问题，也是对发展权受限进行补偿的一种有效方式。首先，无论是限制发展区域的生态空间还是点状分布于其中的各种自然保护地，将人口全部迁出阻断人为因素对生态环境的破坏，都是不现实的。一方面，分析生态破坏的原因要注意区分当地的世居民族和外来的开发者。世居民族并不一定是当地生态破坏的罪魁祸首，有可能始作俑者是在开发政策下涌入且长期累积下来的数量众多甚至超出当地居民数量的外来开发者。如研究鄂温克生态移民的学者明确指出，鄂温克人的传统观念和生活方式使他们对猎物的获取有一定的节制，是某些阶段的国家政策（如派遣森工队砍伐森林、成立 "东方红猎业队" 收购兽皮等）产生了对生态环境更

---

① 国内学者对自然保护区社区共管机制有较充分研究，针对自然保护区社区共管的可持续发展、本土化、法制化分别展开研究，代表性成果如张佩芳、王玉朝、曾健：《自然保护区社区共管模式的可持续性研究》，《云南民族大学学报》（哲学社会科学版）2010 年第 1 期；唐远雄、罗晓：《中国自然资源社区共管的本土化》，《贵州大学学报》（社会科学版）2012 年第 2 期；张华、张立：《浅论构建我国自然保护区社区共管模式的法律机制》，《法学杂志》2008 年第 4 期；等等。

② 姬文元：《社区共管——真正实现人与自然和谐相处》，国家林业局青年联合会网站 2012 年 7 月 3 日发表。

大的破坏作用，他们的生活环境才发生了根本性的改变①，当地世居民族是受害者而不是责任人。另一方面，鉴于生态移民的成本问题，不可能将生态破坏区域的人口全部迁出。虽然有些生态破坏是因为贫瘠的自然资源难以负担较多数量人口而导致的，如石漠化就是典型的例子。治理的最好办法就是迁出人口，减少自然资源的承载压力，但生态移民的难度比较大，杜受祜教授介绍，在甘孜州做调查时，那里原计划在2020年前生态移民20万人，但实际每年移民不到1万人②。可见，对于这些没有必要或难以通过生态移民的方式迁出生态空间的世居群众，社区共管制度是可行的补偿方式。

其次，生态脆弱区域的保护和修复不一定是完全的自然过程。从生态系统受损的程度来看，一部分处于轻度退化的状态，如有些森林已残缺稀疏要进行适当的抚育管理、促进更新等；一部分受损较严重的，如过伐、过牧、过垦已导致生态系统结构和功能退化的，要进行改造（如低效次生林改造）、改良（如草场改良修复措施）等措施，以改善生态系统的组成和结构；一部分受破坏特别严重以至于原来的自然生态系统已然消失的，要重建匹配当地自然条件的人工生态系统，尽量还原原有的生态系统。虽然这些生态修复活动要秉持尊重自然规律、发挥自然恢复潜力的宗旨进行，但都离不开人类主体有意识的修复行动。因此，从重点生态功能区需要进行生态修复、实现环境质量改善的目标看，社区共管还有特殊意义，即"生态修复的地域差异性和生态异质性无处不在。自上而下的指导和规范虽必要，但不能忽视和抑制地方经验的作用——在这一点上，专家未必胜于田夫野老"③。显然，相比外来者，世居于此的少数民族群众更熟知当地的自然条件和资源状况，其世代相传的地方性知识中包含了保护环境、恢复生态的智慧，是从事生态修复工作的有生力量。

---

① 谢元媛：《生态移民政策与地方政府实践——以敖鲁古雅鄂温克生态移民为例》，载色音、张继焦主编：《生态移民的环境社会学研究》，民族出版社2009年版，第147页。

② 陈四四、刘佳：《石质荒漠侵占川人生存空间》，《四川日报》2006年7月14日，第8版。

③ 张蕾：《生态修复如何治标又治本》，《光明日报》2016年5月27日。

2. 社区共管制度化的必要性

从社区共管在我国自然保护区中应用存在的问题来看，将其引入民族地区重点生态功能区建设，作为对发展权受限的世居少数民族群众的补偿，需要通过明确的法律规定保障其稳定性、明晰目的及各方主体的权利义务。

首先，目前自然保护区适用的社区共管多以项目的形式进行，可持续性是最大的问题。项目制下，项目资助方、管理部门、示范户三方主体在项目期内各司其职，项目资助方既是项目资金的提供者更是项目的策划倡导及后期的监测评估者，管理部门是领导和监督者，示范户是具体的项目实施者。可见，项目资助方在其中作用至关重要，一旦项目到期项目资助方不再提供资金，共管即终止。且受众面窄，以项目方式进行的社区共管迫于资金有限，一般只能选择自然保护区内的一小部分人作为示范点，如鄱阳湖保护区的 GEF 项目社区共管资金，就选择了原来依靠保护区核心湖——大湖池捕鱼为生计的永修县吴城镇丁山村边山组为试点，帮助该村 57 户村民发展养殖项目，给每家购买一头水牛。而整个鄱阳湖自然保护区地跨新建、永修和星子三县，224 平方千米，社区共管项目的受众只是其中极少的一部分。不能以项目来启动社区共管，应将之作为一种常态化的做法贯穿于生态功能区的建设中。

其次，目前自然保护区的社区共管模式公众参与有限。除了上文提到的，项目受众面窄，公众参与人数少的问题之外，这些项目都旨在解决保护区及周边群众的生计问题，避免破坏保护区生态的状况。这与公众参与原则所倡导的全过程参与相去甚远，无论是项目选择的决策过程还是保护区日常管理过程都把公众排除在外，没有体现"共管"的本质内涵。"共管"作为公众参与原则的直接体现，"强调的是不同参与方为实现环境保护、自然资源持续利益的目标，共同分享利益和承担责任的自然资源合作管理方法"①，突出不同参与方共同"管理"，社区共管机制的设计应本着"平等性、广泛参与、民主决策、自我发展、兼顾保

---

① 唐远雄、罗晓：《中国自然资源社区共管的本土化》，《贵州大学学报》（社会科学版）2012 年第 2 期。

护和发展"① 的原则展开，而不是只停留在给公众另外一个谋生的渠道，使他们不至于成为自然资源的破坏者这个层面上。

最后，各方的权利和义务没有明确。生态脆弱区出现的重要原因是当地经济发展落后，群众生计来源渠道单一，粗放利用当地自然资源，而土地和森林等自然资源是当地群众最重要的生计资本。生态脆弱区建设保护区进行生态修复和维护后，就像自然保护区建设中尤其是核心区中，完全排斥当地群众进入且继续利用这些原始的生计资本。尽管在国有土地所有制下，生态脆弱区的土地属于国家所有，但多年来土地使用权由当地群众集体所有，一旦划为保护区，就造成了土地使用权属的争议。如果不尊重历史和现实，一刀切地限制、禁止当地群众对土地使用权和收益权的享有，不仅剥夺了他们的生计来源，也可能会导致"公地悲剧"效应，加剧任意开发破坏行为，增加环境保护和修复的难度。就如"公共池塘资源本身的边界必须明确规定，而有权从公共池塘资源中提取一定资源单位的个人或家庭也必须予以明确规定"②。

第三节　激励类规范供给不足

民族地区被划入重点生态功能区的区域已经有自治县出台自治条例，体现调整产业结构，因地制宜实现生态增收的思路，如前文介绍过的《青海门源回族自治县自治条例》《甘肃阿克塞哈萨克族自治县自治条例》《甘肃积石山保安族东乡族撒拉族自治县自治条例》。从这些自治条例的已有相关规定来看，民族地区调整产业结构，实现绿色发展模式，有两条路径：一是结合当地自然资源优势，并依托先进的自然科学技术发展循环经济，走可持续发展道路，建立比较完备的生态体系和产业体系；二是突出民族特色和文化积累，发展民族特需品和旅游、文化

---

① 韦惠兰、宋桂英：《森林资源社区共管脆弱性研究》，甘肃人民出版社 2009 年版，第17—18 页。

② ［美］埃莉诺·奥斯特罗姆：《公共事务的治理之道：集体行动制度的演进》，余逊达译，上海译文出版社 2012 年版，第 5 页。

产业。正如有学者研究我国环境立法对生态村建设的保障时提出，"我国存在着一些民族生态村，其成功并不是完全靠先进的自然科学技术和规划手段，传统经验和文化积累在生态村创建中也起到了非常重要的作用"①，民族地区重点生态功能区与民族生态村情况类似。但与划入重点生态功能区的广大民族地区相比较，目前仅有极少数地方立法有此类产业发展性规范，激励人们投入生态功能区的建设。已有立法也仅仅是较为抽象原则的规定，没有实施主体、资金机制、交易机制的具体规定。且从全国性市场的角度来看，缺乏顶层设计，导致重点生态功能区区外对生态产品的需求量不大，市场供需及交易机制匮乏。

一　激励类规范的界定

激励类规范是相对于限制性规范、补偿性规范而言的，在重点生态功能区建设中能够发挥激励作用的法律规范。民族地区建设重点生态功能区，限制类规范、补偿性规范和激励性规范都不可或缺。限制类规范强调保护环境的立法目的，通过环境规制、产业规制等手段实现区域生态环境质量改善、生态服务功能增强的建设目标；补偿性规范弥补保护环境的成本、体现环境公平原则，也有助于主体功能区规划的落实；激励性规范着重以制度设计实现生态效益增收，实现区域发展模式转变、公共服务水平显著提高的最终目标。

（一）激励类规范仅指正向激励，区别于限制性规范

我国学界对法律激励研究并不多，已有成果甚至对法律激励的内涵还存有分歧，"有的学者主张，法律激励的内涵既包括奖励性的正向激励，也包括惩罚性的反向激励，而有的学者则认为法律激励仅仅指的是奖励性的法律措施"②；"法学视域下的激励不仅包括对动机进行激发和对正确行为进行鼓励，也有对不希望发生的行为进行适当的约束，即以一定的行为规范和惩罚性措施，通过某种沟通方式，促使并引导成员达到组织或个人目标的过程，包括行为规范和惩罚性措施，表现为以惩罚

---

① 陈伟：《我国环境立法对生态村建设的保障及其不足》，《兰州学刊》2019年第1期。
② 相关观点的梳理，参见丰霏、王天玉《法律制度激励功能的理论解说》，《法制与社会发展》2011年第1期。

为内容的负激励和以奖励为内容的正激励两种类型"①。

这种对激励性规范的界定，可能源于管理学领域对激励一词的理解，激励作为管理学术语，包括正向激励与负向激励。但是，从激励的本义出发，不宜将激发鼓励类法律规范和禁止约束类法律规范都归入激励性规范，因为激励的本义是激发鼓励，激扬向上、鼓励支持的意思。法律规范作为人们的行为指引，最终都将实现引导人们的行为达成立法目的，但过程是不一样的。激励是正向引导，禁止是反向约束。激励类规范锦上添花，其规范内容本身有助于人们实现对利益的追求或者为这种追求创造条件；禁止类规范是通过法律责任的外力强制，迫使人们的行为与立法目的一致。可见，作为法律规范，激励性规范与禁止性规范的作用机理是不同的。前者引导市场主体实施有利于实现立法目的的行为，违反这种引导性规范，市场主体无须承担法律责任；而后者强制市场主体实施有利于立法目的的行为，违反这种强制性规范，市场主体将承担法律责任。

（二）激励性规范体现增益，区别于补偿性规范

这里所说的补偿类规范是生态文明建设法律体系中的一类规范，特指生态补偿类规范。从功能上看，补偿性规范和激励性规范都能够增加重点生态功能区内市场主体的收入，补偿性规范也可归入广义的激励性规范中。但从内容和作用机理来看，激励性规范应该区别于补偿性规范，单独分析。

从内容上看，补偿性规范重在"补偿"，强调对等性，以保护环境的成本为衡量标准，"从现行补偿制度的设计上来看，也恰恰印证了这一推论，按照《中央森林生态效益补偿基金管理办法》的规定，所谓补偿，也只有每亩 5 元的补偿费。很多分析者认为这样额度的补偿，其实连最起码的森林管护成本都不足以弥补"②。而激励性规范重在增收，强

---

① 左平熙：《〈公共图书馆法〉中读者激励性规范配置研究》，《新世纪图书馆》2019 年第 8 期。

② 李永宁等：《生态保护与利益补偿法律机制问题研究》，中国政法大学出版社 2018 年版，第 31 页。

调增益性，一方面针对环境保护行为带来的环境质量改善所产生的生态利益，如何通过制度设计，使之转化为环境保护行为实施者的经济利益，以鼓励该行为的持续进行；另一方面，从产业制度创新的角度，促进绿色产业和旅游文化产业的发展，增加环境保护者经济利益增收的渠道。

从作用机理上看，保护者本人在补偿性规范中处于被动地位，是政府主导下生态补偿的接受对象，但仅仅是接受补偿，对补偿标准毫无发言权。由于补偿标准不能全部弥补保护成本、发展权损失及增加经济收益，补偿本身不一定带来行为主体保护环境的意愿，环境保护行为仍然是在强制性规范的作用下展开。而激励性规范重在创生出针对环境保护行为所产生生态利益的市场需求，培育出市场主体，从而使保护者在市场中处于产品提供者的主动地位，通过市场自主定价和市场交易实现经济增收，进而促成环境保护行为持续进行的良性循环机制。

二　激励性规范的功效

（一）引入市场机制建设重点生态功能区

虽然民族地区建设重点生态功能区是推行《全国主体功能区规划》这一公共政策，各级政府作为公共政策的执行者是重点生态功能区建设的主导者和建设主体，但建设重点生态功能区关乎民族地区 328 个县的自然资源配置模式和区域发展问题，如此大范围的发展问题，不可能仅凭政府的规划、限制和转移支付就能解决，最终必须通过市场机制发挥资源配置功能，实现市场主体个体经济效益与区域生态效益、经济效益协调发展的目的，才能实现整个民族地区持续、全面地推进重点生态功能区建设。而运用市场机制的资源配置功能取决于通过产业结构的调整转变区域发展模式。从产业调整的角度看，有三类产业是适宜在民族地区重点生态功能区发展的，一是低消耗、可循环、少排放、"零污染"的生态性工业，以循环经济为代表；二是以生态环境和民族文化为积累的旅游业及民族文化产业；三是以生态产品为载体的新兴产业，如碳排放权交易、碳汇交易。

在民族地区，这三类产业的发展都需要政府结合当地实际情况布局规划，需要资金投入帮扶、税收优惠、确定产权，甚至需要在政策和立法的驱动下，创生出市场需求，培育出市场主体。首先，生态性工业区别于民族地区的传统工业，前期投入较大，仅靠市场主体自身力量转型艰难。以生态工业发展为例，资源循环利用对生产技术及设备的要求极高，企业必须聘请科技人员及购买新型设备实现生产的"减量化、再利用、资源化"，需要政府的资金扶持及税收优惠。通过立法明确政府对这些产业的扶持措施，防止各项扶持政策因人而异、朝令夕改，给予市场主体稳定的行为预期有助于这些产业的发展。其次，少数民族地区文化产业及旅游业的发展既依赖于法律对少数民族传统文化的保护及确权，也需要法律对市场进行规制，禁止不正当竞争及保护消费者权益。最后，生态产品产业发展更是需要通过严格的环境规制类法律创生市场需求，培育市场主体。因为无论是排污权交易还是碳汇交易得以发生的前提是有市场需求，以及需求决定市场交易能否出现，如果没有严格的污染物排放标准及相应的交易机制构建，生态产品产业发展不可能出现。

目前，虽然大部分民族地区重点生态功能区的建设中，这三类产业的发展数量有限，相关法律适用范围较小，但立法可以保持一定程度的领先，通过激励性规范倡导新的经济发展模式，发挥法律引领社会发展的功能。

（二）提供重点生态功能区建设的动力机制

激励性规范与限制性规范相比，有其独有的功效，能够激发个体性主体建设重点功能区的内生动力，解决人类由于同时具有生物属性和社会属性所带来的问题。一方面，人类具有生物属性，必须依靠生态系统提供的各种支撑生命存续的要素才能生存繁衍；另一方面，人类作为社会人，要以生态系统提供的各种自然资源为物质基础进行再生产，获取经济利益。过去严重的环境问题正是源于人类的社会属性凌驾于生物属性之上，忽视了生态系统规律及其保护，过多地向环境索取资源又过多地向环境排入污染物。建设重点生态功能区，环境保护和生态修复使得修复地的生态系统得以恢复和重建，最直观的结果是改变了人居环境，如在矿区大规模的种植防污抗污树种，不仅视觉上实现了由"黑"到"绿"的转变，而且提高了整个矿区的空气质量，有利于保障人们的身心健康和优化生存质量。再辅之以激励性规范，通过制度设计实现绿水青山向金山银山的转化，在满足了人们的生物属性需要基础上，也满足了人们的社会属性需要，解决了发展权受限的问题，从而提供重点生态功能区建设的利益驱动机制。

（三）保障重点生态功能区发展目标的实现

前文分析了重点生态功能区多元化的发展目标，既包括生态环境质量改善、生态服务功能增强，也包括公共服务水平显著提高及居民人均纯收入大幅提高。后者的实现不在禁止性规范和补偿性规范的功能范围之内，因为禁止类规范重在行为管制，补偿类规范重在对等补偿，在这两类规范下进行的行为都不会产生增量经济利益。财政部的文件就中央对国家重点生态功能区的转移支付规定用于"环境保护治理和基本公共服务"，提到了转移支付资金也要运用于地方基本公共服务，通过转移支付弥补地方财政进一步加大的财政缺口。

但仔细研读《全国主体功能区规划》，其明确提到重点生态功能区人均公共服务支出高于全国平均水平的数值要求，并从增收的角度提出城镇居民人均可支配收入和农村居民人均纯收入大幅度调高的目标。而重点生态功能区转移支付是中央财政在均衡性转移支付项下设立的，"均衡性转移支付是以弥补贫困地区的财政资金缺口，实现地区间经济均衡发展和基本公共服务均等化为制度目标的财政转移支付形式"[①]，显然"人均公共服务支出高于全国平均水平的数值要求"要比"基本公共服务均等化"对地方政府的财力要求更大，仅靠均衡性转移支付是不够的。目前进行的各种项目制生态补偿也难以实现人均纯收入大幅度调高的目标，其只能弥补个体投入生态建设活动的成本支出甚至还不够，尚不能成为一项给个体增加收益的途径。只有依靠激励性规范，从产品结构和生产布局调整的高度进行制度设计，实现生态效益增收，才能实现重点生态功能区建设的最终目标。

其实，即使是重点生态功能区最基本的建设目的"保护和改善环

---

① 丁玮蓉、张帆：《均衡性转移支付制度会带来地方政府福利性公共服务支出偏向吗？》，《财经论丛》2018 年第 10 期。

境"也不是仅靠管制类规范和补偿类规范就能轻易实现的。已有实证研究证明，"财政收入水平是影响国家重点生态功能区生态环境质量指数的重要因素，高财政收入水平的县级政府更愿意保护生态环境，生态环境质量指数高于低财政收入县级政府的生态环境质量指数"①。具体到个体也是一样，"城乡居民收入差距的扩大增加了农村居民的不公平心理，导致其为了提高收入，会基于自身的地理位置便利破坏生态资源和环境以增加收入，这造成了生态环境质量的下降，因此提高农村居民的收入水平，改变其行为选择也是改善生态环境质量的一个重要举措"②。可见，通过制度设计调整产业结构，提高重点生态功能区城乡居民收入和地方政府财政收入水平本身，进而改变人们的行为模式，也有助于促进生态环境的保护和改善。

---

① 徐鸿翔、张文彬：《国家重点生态功能区转移支付的生态保护效应研究——基于陕西省数据的实证研究》，《中国人口·资源与环境》2017年第11期。

② 同上。

第六章

民族地区重点生态功能区立法的完善

第一节 民族地区重点生态功能区立法
中央地立法事权的划分

"法律评估是对法律价值、质量、意义和实效等方面的综合考察和分析，实质是对法律质量及其实践应用的检验，是立法工作的继续和延伸，通过了解法律条款是否科学、法律在实施中取得的成效和存在的问题，分析法律本身的优缺性质，促使立法机关反思立法工作的经验和教训。"① 综合前面的评估内容来看，民族地区建设重点生态功能区的法律存在以下几个方面的不足，有待于进一步完善。（1）无论是国家层面还是民族地区地方立法层面，都存在立法空白的问题。根据前文对民族地区重点生态功能区建设法律原则的阐述，已有立法的制度设计对效率优先原则、公平原则、公众参与原则都贯彻不够。效率优先原则目前主要体现为以保护生态环境为目的的环境规制制度，对以增强生态服务功能为目的的生态建设制度及实现生态效益增收的制度设计严重不足；体现公平原则的补偿规范内容也有重大缺失；公众参与原则基本没有体现。此外，民族自治地区的地方立法权尚未充分行使，部分被划入重点生态功能区的民族地区没有就生态功能区的建设出台有针对性的立法。（2）国家层面立法位阶较低，统领性不够。突出表现为生态功能区制度

---

① 张大伟、徐辉、李高协：《论法律评估——理论、方法和实践》，《甘肃社会科学》2010 年第 5 期。

仅作为环境保护制度规定在《环保法》中，是各级环境保护行政主管部门的执法依据，但还没有从立法的高度将生态功能区作为国土空间规划的一个重要类型，规范各级政府及其职能部门的行政行为。生态功能区建设中的重要制度如产业准入负面清单制度、国家对地方重点生态功能区的转移支付制度都还停留在规范性文件的层次，重在授权政府行为而拘束力不够。（3）已有法律制度要素内容不全，尤其是缺乏责任机制和救济机制的规定，规范执行力不足。限制类规范没有关于环境管理领导机制及相应考核问责的操作性条款；补偿类规范仅有《环保法》及《森林法》《水土保持法》少数几个单行法，民族地方关于环境保护的条例中以个别条文原则性地规定了生态补偿制度，没有具体的制度要素化规定，规范实施力不足。

民族地区建设重点生态功能区，是落实国家的空间发展战略，同时又关乎民族地区自身的发展问题，完善生态功能区立法体系，势必要从国家立法和民族地区地方立法两个层面展开。首先要解决的问题就是央地立法事权如何划分，才能提出下一步的立法完善建议。

一　央地立法事权划分的法律依据

我国的立法体系可以高度概括为"一元两级多层次"，"一元"是国家立法权专属于全国人大及其常委会，"两级"是中央立法和地方立法两个立法等级，"多层次"是中央立法和地方立法又分为多个层次和类别①。这个体系是由《宪法》和《中华人民共和国立法法》（以下简称《立法法》）确立的。

首先，《宪法》第3条第1款规定"中华人民共和国的国家机构实行民主集中制的原则"，第4款规定"中央和地方的国家机构职权的划分，遵循在中央的统一领导下，充分发挥地方的主动性、积极性的原则"，奠定了我国"一元两级"的基本立法体系。

① 参见阮荣祥等主编《地方立法的理论与实践》（第二版），社会科学文献出版社2011年版，第24—25页。

其次，《立法法》具体构建了这个"一元两级多层次"的体系①。表面上看，我国《立法法》区分了国家与地方立法权限，该法第8条将某些重要事项规定为全国人民代表大会或其常务委员会的专有立法权，即下列事项只能制定法律：（一）国家主权的事项；（二）各级人民代表大会、人民政府、人民法院和人民检察院的产生、组织和职权；（三）民族区域自治制度、特别行政区制度、基层群众自治制度；（四）犯罪和刑罚；（五）对公民政治权利的剥夺、限制人身自由的强制措施和处罚；（六）税种的设立、税率的确定和税收征收管理等税收基本制度；（七）对非国有财产的征收、征用；（八）民事基本制度；（九）基本经济制度以及财政、海关、金融和外贸的基本制度；（十）诉讼和仲裁制度；（十一）必须由全国人民代表大会及其常务委员会制定法律的其他事项。第72条②规定了地方性法规的制定主体，第73条③具体规定了地方立法权的行使范围。根据《立法法》第73条的规定，地方立法权可以在以下三种情况下实施：一是执行法律；二是针对地方性事务立法，其中设区的市的地方立法权局限于城乡建设与管理、环境保护、历史文化保护等方面；三是除国家专有立法权事项之外的法律空白。

但实际上，我国的国家立法权和地方立法权并不能够依据这些法律规定就清楚界分。一方面，在实践中，全国人大常委会法工委对《立法

---

① 《立法法》第2条规定："法律、行政法规、地方性法规、自治条例和单行条例的制定、修改和废止，适用本法。"

② 《立法法》第72条规定："省、自治区、直辖市的人民代表大会及其常务委员会根据本行政区域的具体情况和实际需要，在不同宪法、法律、行政法规相抵触的前提下，可以制定地方性法规。设区的市的人民代表大会及其常务委员会根据本市的具体情况和实际需要，在不同宪法、法律、行政法规和本省、自治区的地方性法规相抵触的前提下，可以对城乡建设与管理、环境保护、历史文化保护等方面的事项制定地方性法规。"

③ 《立法法》第73条规定："地方性法规可以就下列事项作出规定：（一）为执行法律、行政法规的规定，需要根据本行政区域的实际情况作具体规定的事项；（二）属于地方性事务需要制定地方性法规的事项。除本法第八条规定的事项外，其他事项国家尚未制定法律或者行政法规的，省、自治区、直辖市和设区的市、自治州根据本地方的具体情况和实际需要，可以先制定地方性法规。"

法》第八条规定的中央立法专属事项做扩张解释，进一步巩固了中央立法权的支配地位①。另一方面，"地方性事务"一直是一个语焉不详的概念，虽然有学者将地方性事务界定为"与全国性事务相对应的、具有地方特色的事物，一般来说，它不需要由国家法律、行政法规来做出统一规定"②，但这仍然缺乏清楚的范围划定，需要结合立法内容具体判断什么是地方特色③。且《立法法》第73条用的措辞是"地方性法规可以就下列事项作出规定"，而非该法第8条在规定国家专有立法权时使用的"只能"，这意味着地方立法权并没有专有范围。至于地方立法权就国家专有立法权事项之外的法律空白制定的地方性法规，其效力具有非常大的不确定性，因为《立法法》明确规定了国家立法权可以随时介入这些领域④，而国家立法权介入的结果可能就是地方性法规的终结。

民族地区的地方立法权就是在这样一个立法体系中存在，只是呈现出更为复杂的图景，表现在地方立法权的类型和地方立法权的层级两个方面。从地方立法权的类型来看，民族地区既有同于一般地方的地方立法权，也有基于民族区域自治制度产生的立法自治权⑤。从地方立法权的层级来看，有自治区、自治州、自治县三个层级的立法主体，其中自

①　林彦：《法律保留制度的现状——基于询问答复的考察》，《宪法研究》（第十卷），四川大学出版社2009年版，第614—625页。

②　王釜屾：《地方立法权之研究——基于纵向分权所进行的解读》，浙江工商大学出版社2014年版，第111页。

③　如有学者提出可以从"地理环境、资源禀赋、文化传统和风俗习惯、地方生产力、本地经济社会发展的需要"等方面认定地方特色。参见石佑启《论地方特色：地方立法的永恒主题》，《学术研究》2017年第9期。

④　《立法法》第73条规定："在国家制定的法律或者行政法规生效后，地方性法规同法律或者行政法规相抵触的规定无效，制定机关应当及时予以修改或者废止。"

⑤　民族地区自治机关既行使地方性立法权，也行使自治立法权源于《宪法》和《民族区域自治法》的确认。《宪法》第115条规定"自治区、自治州、自治县的自治机关行使宪法第三章第五节规定的地方国家机关的职权，同时依照宪法、民族区域自治法和其他法律规定的权限行使自治权，根据本地方实际情况贯彻执行国家的法律、政策"；《民族区域自治法》第4条规定："民族自治地方的自治机关行使宪法第三章第五节规定的地方国家机关的职权，同时依照宪法和本法以及其他法律规定的权限行使自治权，根据本地方的实际情况贯彻执行国家的法律、政策"。

治区和自治州同时享有一般地方立法权和自治立法权，自治县仅享有自治立法权。自治立法权与一般地方的地方立法权相比，除了在制定主体和制定程序上的区别外，最大的差别在于自治立法权享有变通权，即《立法法》第75条规定的"自治条例和单行条例可以依照当地民族的特点，对法律和行政法规的规定作出变通规定"，但前提是不得违背法律或者行政法规的基本原则，且变通规定有禁区——不得对宪法和民族区域自治法的规定以及其他有关法律、行政法规专门就民族自治地方所作的规定作出变通规定。

从构建我国立法体系的法律规定来看，民族地区的自治立法权是国家赋予的，其前提仍然是中央集权立法，民族地区的自治立法权从属于中央立法权，这是由我国少数民族区域自治制度的本质决定的。

二　央地立法事权划分的现实依据

（一）规范对象：重点生态功能区建设中的行政事权

在法律文本规定中央和地方立法事权的基础上，要就民族地区生态功能区建设中中央和地方立法的完善提出建议，还要明确立法要规范什么。"事权具有鲜明的公权力属性，理论上包括立法事权、行政事权和司法事权三维，行政事权在国家权力谱系中占比最大、与公众联系最紧。"①民族地区央地立法事权已由《宪法》《立法法》《民族区域自治法》明确规定，"司法事权应当统归中央，反对司法的地方化，所以，司法事权可以姑且不论"②。生态功能区建设法律体系以配置、规范各级政府在民族地区生态功能区建设中的行政事权为任务，通过立法划分不同层级政府的行政事权，以行政事权的授权和控权为规范对象。这也符合生态功能区建设法律体系的定位。

其一，作为政策法，生态功能区建设法律体系立法内容来源于我国《主体功能区规划》中设定的规划目标、发展方向、开发管制原则、财政政策、投资政策、产业政策、土地政策、民族政策、环境政策等各项政策。这些政策源于中央政府制定的战略规划，政策推行具有典型的

---

① 刘剑文、侯卓：《事权划分法治化的中国路径》，《中国社会科学》2017年第2期。

② 余凌云：《警察权的央地划分》，《法学评论》2019年第4期。

"自上而下"模式，依赖于各级政府及其职能部门行使行政事权，在履行行政职能的过程中推进落实政策内容。行政事权是连接政策制定的应然状态和政策实施后实然状态的中间桥梁，政策创制出的发展目标在多大程度得到实现，取决于各级政府行政事权推进政策实施的力度、方法、效能。

其二，作为监管法，生态功能区建设法律体系的立法内容体现为监管主体、监管对象、监管工具、监管程序等结构要素的构造。民族地方各级政府作为监管主体行使行政事权对市场主体进行监管，同时自身也作为被监管对象，在中央政府的监管下确保行政事权的行使符合重点生态功能区的建设目标。同时，政府行政事权的行使关乎市场主体权利的实现和义务的履行，需要立法明晰，通过法律指引功能的发挥让市场主体能够预测自己的行为后果。由此可见，行政事权的行使既是监管工具又是监管对象，民族地区建设重点生态功能区的整个法律体系围绕行政事权的设置和规范展开，必然以行政事权作为规范对象。

（二）规范层次：重点生态功能区建设中的纵向行政事权划分

明确了民族地区生态功能区立法主要以行政事权为规范对象后，还要进一步纵向划分央地政府在生态功能区建设中行政事权的划分，这决定了生态功能区建设中央地立法事权划分的框架。首先，"从我国政府的结构来看，我国中央政府缺少自己的执行机构，中央政策的执行依赖于地方政府。我国中央行政机构国务院的部、委、局、署是分别履行国务院基本的行政管理职能的机关。这些部门的职责主要是政策的制定以及宏观规划与指导，几乎没有涉及政策的执行。国务院主要起到一个政策的宏观调控和指导以及总的最高的监督职能的作用，中央政策是通过中央—省—市—县—乡镇这种金字塔式的层级逐级向下执行的"①。其次，民族地区建设重点生态功能区必须因地制宜，既要考虑国家整体布局也要考虑权衡区域发展利益，中央政府的决策机制必然有弹性空间，预留一些地方政府自主决策的空间，通过地方治理实现政策目标。所

① 刘海波：《我国中央与地方政制结构的分析与改进》，中国法学网 2007 年 6 月 19 日，http：//www. iolaw. org. cn/showArticle. aspx？id＝2050。

以，在民族地区建设重点生态功能区的实践中，哪些是中央政府的行政事权，哪些是民族地区地方政府的行政事权，必须区分清楚，这是央地立法事权划分的基础框架，因为"提出事权的明晰必须通过立法"①，换个角度理解就是行政事权与立法事权之间有对应关系，首先界分出中央政府和地方政府事权的界限，再通过法律文本明晰、固化此央地政府的分工。

但是，行政事权与立法事权的对应关系呈现出复杂性，并不是简单的一对一，正如张千帆教授所言"随着经济活动的影响范围越来越大，中央在宪法上可以行使的权力范围也越来越宽，但是在宪法上可以做的事情未必全部由中央单独承担"②。与生态功能区建设最为关联紧密的《环保法》也是一样，既规定了中央政府的环境保护事权，也规定了地方政府环境保护事权，如第二十九条的规定③分别就国家和各级人民政府在特殊区域的保护职责进行了划分。可见，国家立法既可以规定中央政府的事权，也可以规定地方政府的事权。

另一个不可或缺的层面是，国家立法即便规定了地方政府的事权，也往往是权力归属的定性规定，地方政府行使这些事权的具体方式方法不可能在国家立法中得到规范，还有一些纯属地方性事务的事权、一些国家立法的空白领域，这些地方事权的存在都彰显了地方立法权的重要性。因为"各级政府的事权应当获得本级立法机构的法律授权，并接受其监督"④。且"由于法治建设的快速推进，以往通过政策、红头文件

① 余凌云：《警察权的央地划分》，《法学评论》2019 年第 4 期。
② 张千帆：《国家主权与地方自治——中央与地方关系的法治化》，中国民主法制出版社 2012 年版，第 154 页。
③ 《中华人民共和国环境保护法》第 29 条："国家在重点生态功能区、生态环境敏感区和脆弱区等区域划定生态保护红线，实行严格保护。各级人民政府对具有代表性的各种类型的自然生态系统区域，珍稀、濒危的野生动植物自然分布区域，重要的水源涵养区域，具有重大科学文化价值的地质构造、著名溶洞和化石分布区、冰川、火山、温泉等自然遗迹，以及人文遗迹、古树名木，应当采取措施予以保护，严禁破坏。"
④ 冯兴元：《地方政府竞争：理论范式、分析框架与实证研究》，译林出版社 2010 年版，第 199 页。

或地方'共谋'等非正式方式受到极大挤压，地方治理很大程度上便依赖地方立法，因此，地方立法的能力也随之引人注目，成为继财政资源分配体制之后的又一个矛盾焦点"①。但不能反向推行之，即地方立法不能规定中央政府的事权。有学者在分析我国五大自治区尚无自治条例出台的原因时指出，"查阅各自治区人大曾经起草的自治条例草案，部分内容属于以下制上的范畴，即自治区作为下级机关，要求上级机关如何做，如何支持与照顾民族地区，本质上属于下级机关在规定上级机关义务，地方在规定中央的义务"②，这是在分权问题上认识不到位③。综上，央地立法事权的划分与央地行政事权的划分之间呈现出如下对应关系④（见表9）。

表9　　　　　　　　　　　　　央地立法事权的划分

中央立法	中央事权
	地方事权
地方立法	地方事权

三　重点生态功能区立法内容的划分

在法治政府的背景下，民族地区生态功能区建设中国家立法和地方立法的完善，以央地立法权划分的法律规范为法律依据，以生态功能区建设中央地行政事权的划分为事实依据，具体内容划分大致如下。

（一）中央立法的内容

"立法者既可能将一部法律内所有事务统归为国家事务（例如《法院法》《气象业务法》）或地方事务（例如《户籍法》），也可能在一

① 余凌云：《地方立法能力的适度释放——兼论"行政三法"的相关修改》，《清华法学》2019年第2期。

② 李英伟：《民族地区立法自治权的反思与重构》，《广西民族研究》2019年第1期。

③ 王允武：《民族区域自治制度运行：实效、困境与创新》，《中央民族大学学报》（哲学社会科学版）2014年第3期。

④ 在央地事权的划分研究中，还有中央事权、地方事权之外的中央地方共享事权，课题组认为中央地方共享事权最终在行使环节还是可以区分为中央事权和地方事权的，所以没有将之作为单独的第三种类型。

部法律中同时规定国家事务和地方事务（例如《自然公园法》），后者为大多数。"① 与生态功能区建设直接相关的中央立法也属于后者，需要同时规定国家事务和地方事务。我国政治学领域的专家在中央与地方事权划分的研究中，提出公共事务的国家战略属性，指出由于国家在一定时期确定的某些国家战略而产生的公共事务，一般由中央政府承担主要责任，但是在实现这些战略的过程中，中央政府往往需要地方政府的配合，并通过立法、行政命令以及财政等形式影响地方，由此使地方政府承担特定的国家战略事务②。民族地区建设重点生态功能区显然就是实现区域分工、协调发展的国家战略，需要中央政府和民族地区的地方政府共同承担责任。

1. 中央事权

中央政府制定国土空间规划，在全国层面的空间资源配置活动确定国家重点生态功能区的划定范围和发展目标。但建设重点生态功能区的责任中央政府只能委托给地方政府（生态县区），如何设计一个激励约束相容并公平的机制从而引导地方政府沿着中央政府的规划目标行事，是生态功能区建设中央政府事权的主要内容。即"限制开发和禁止开发区域主体功能定位的形成，要通过健全法律法规和规划体系来约束不符合主体功能定位的开发行为，通过建立补偿机制引导地方人民政府和市场主体自觉推进主体功能建设"③。

从约束的视角看，中央政府要建立健全绩效考核评价体系，加强组织协调和环境监测、监督检查。借助中央政府与地方政府间的纵向隶属关系，对地方政府执行中央政策的行为进行监管，通过建立健全一系列科学的考核问责机制，保障地方政府行为不偏离重点生态功能区的建设目标。中央政府要充分利用已有的地方政府环境责任制、中央环保督查制度、自然资源离任审计制度、重点生态功能区县域环保绩效考核制度

---

① 汝思思：《央地政府间事权划分的法治建构方法———以日本行政事权划分制度为中心的探讨》，《法学家》2019年第3期。

② 王浦劬等：《中央与地方事权划分的国别研究及启示》，人民出版社2016年版，第27页。

③ 参见《全国主体功能区规划》第二章指导思想第三节重大关系。

等，督促地方政府履职。并可通过环境行政公益诉讼等外部监督方式，借助司法的力量纠偏地方政府职能部门的行为。

从公平的视角看，中央政府要通过政府预算内投资支持中西部国家重点生态功能区国家支持的建设项目，适当提高中央政府补助或补贴；优化实施均衡性转移支付的财政政策，保障基层财政财力供给公共服务的能力，通过中央的财政政策和财政投入鼓励建立受益地区与保护地区之间的生态补偿，以各种形式的补偿制度弥补重点生态功能区限制发展导致的财产性利益减损。毕竟，把民族地区这些相对经济发展基础差而生态环境资源丰富、生态地位重要的地区划入限制发展区域，最终目的并不是使其停止发展，而是为了更好地保护这些地方的自然资源和生态环境，为这些地区的发展寻找一条更适宜的道路，实现人民增收和地区公共服务水平提高的目标。

从激励的视角看，中央政府应开征适用于各类主体功能区的环境税并通过税收减免等优惠措施发挥税收的激励作用。此外，通过制度供给，明晰自然资源产权、促进市场需求、建立生态产品交易的全国统一市场，为民族地区重点生态功能区发展生态经济创造条件，实现生态效益向经济效益转化，激励地方政府及市场主体建设重点生态功能区。发挥中央政府引导社会资金流向的宏观调控作用，在重点生态功能区，主要鼓励民间资本投向基础设施、市政公用事业和社会事业等。"引导商业银行按主体功能定位调整区域信贷投向，鼓励向符合主体功能定位的项目提供贷款，严格限制向不符合主体功能定位的项目提供贷款。"①

2. 地方事权

地方政府承担特定的国家战略事务，主要是配合中央政府的要求结合本地区的实际情况贯彻实施国家战略规划内容，其地方事权主要体现为落实中央政府提出的各项要求。"我国实行的是分级行政体制，地方政府在中央政府和企业之间扮演着'中间人'的角色，中央政府制定的环境保护政策及资金的使用情况由地方政府负责实施和监督。因此，要想正确分析我国生态环境不断恶化的深层次原因，对地方政府行为选择

---

① 《全国主体功能区规划》第十一章区域政策第二节投资政策。

的分析必不可少。"①

　　民族地区被划入重点生态功能区的县，贯彻国家主体功能区战略规划的地方事权与其日常行使的地方事权具有高度的重合性，都是要人口、经济、资源环境相协调促进区域发展，这也是前文所提到的主体功能区规划与民族区域自治制度的关联之处。区别仅仅在于，重点生态功能区建设限制了这些区域的发展目标和发展模式，即限制进行大规模高强度工业化城镇化开发，以增强生态产品生产能力作为首要任务。这些民族地区的地方政府必须在实现管制目标，进而实现重点生态功能区的功能定位的要求下均衡本民族地区环境保护、社会发展与民生的关系。

　　因此，关于民族地区被划入重点生态功能区的地方政府事权的界定，我们借鉴政治学学者对地方事权的界分②，但融入重点生态功能区的发展目标和开发管制原则，这也是重点生态功能区建设对民族地区地方事权进行限制的体现，需要国家层面的立法予以明确规定③：（1）本级机关日常事务。主要是按照建设重点生态功能区的要求，实行"多规合一"，以区域空间规划整合综合性的经济计划、环境治理计划；管理辖区内的公务人员，确保行政履职符合区域发展目标；本级财政事务如制定政府预算、发放补贴要体现国家扶持重点生态功能区建设的财政政策。（2）本级监管任务。由于市场经济的主体地位已然得到确认，地方政府对社会经济各领域进行监管的目的仅在于维护市场秩序，发挥市场对资源配置的基础作用。但在建设重点生态功能区的目标下，地方政府

---

　　① 李国平、张文彬：《地方政府环境保护激励模型设计——基于博弈和合谋的视角》，《中国地质大学学报》（社会科学版）2013年第6期。

　　② 王浦劬教授将地方政府事务大致划分为以下三项：（1）本级机关日常事务；（2）本级监管任务；（3）建设或管理部分社会公共设施和提供部分公共服务，并详细列举了每一项事务的具体内容。参见王浦劬等《中央与地方事权划分的国别研究及启示》，人民出版社2016年版，第67—68页。

　　③ 我国多部国家层面的立法都有关于地方事权的规定，此类规定一般明确指出"县级以上人民政府""各级人民政府"负责实施法律规定。

对社会经济各领域进行监管有特定要求①："土地利用方面要严禁改变重点生态功能区生态用地用途，严禁自然文化资源保护区土地的开发建设；污染防治方面，限制开发区域要通过治理、限制或关闭污染物排放企业等措施，实现污染物排放总量持续下降和环境质量状况达标，禁止开发区域要依法关闭所有污染物排放企业，确保污染物'零排放'，难以关闭的，必须限期迁出；生态建设方面要推进天然林资源保护、退耕还林还草、退牧还草、风沙源治理、防护林体系建设、野生动植物保护、湿地保护与恢复等，增加陆地生态系统的固碳能力。""有条件的地区积极发展风能、太阳能、地热能，充分利用清洁、低碳能源；产业发展方面，严格市场准入制度，对不同主体功能区的项目实行不同的占地、耗能、耗水、资源回收率、资源综合利用率、工艺装备、'三废'排放和生态保护等强制性标准。建立市场退出机制，对限制开发区域不符合主体功能定位的现有产业，要通过设备折旧补贴、设备贷款担保、迁移补贴、土地置换等手段，促进产业跨区域转移或关闭。"（3）建设或管理部分社会公共设施和提供部分公共服务。"加强县城和中心镇的道路、供排水、垃圾污水处理等基础设施建设。在条件适宜的地区，积极推广沼气、风能、太阳能、地热能等清洁能源，努力解决农村特别是山区、高原、草原和海岛地区农村的能源需求。在有条件的地区建设一批节能环保的生态型社区。健全公共服务体系，改善教育、医疗、文化等设施条件，提高公共服务供给能力和水平。"②

（二）地方立法的内容

民族地区地方立法的内容针对地方事权的行使进行规范，其立法内容在范围上和国家立法对地方事权的规定大体相同。但国家立法重在央地事权划分的界定及中央政府对地方事权的限制性要求，地方立法重在规范地方事权的行使方式、方法及程序等执行问题，如《野生动物保护

① 《全国主体功能区规划》第八章限制开发区域——限制进行大规模高强度工业化城镇化开发的重点生态功能区，第四节开发管制原则；第十一章区域政策——科学开发的利益机制。

② 《全国主体功能区规划》第八章限制开发区域——限制进行大规模高强度工业化城镇化开发的重点生态功能区，第四节开发管制原则。

法》第 7 条规定："国务院林业主管部门主管全国陆生野生动物保护工作，国务院渔业主管部门主管全国水生野生动物保护工作"；"县级以上地方人民政府林业主管部门主管本行政区域内陆生野生动物保护工作，渔业主管部门主管本行政区域内水生野生动物保护工作"。据此，2019年 10 月 18 日通过的《黑龙江省野生动物保护条例》详细规定了黑龙江省各级政府职能部门在野生动物保护领域的职责建构、执法手段、奖惩机制等具体问题。即"地方事权的建构、规范与实现，一是通过中央立法明确规定，二是由地方立法详细构造"①。

　　其实学者们做了很多努力，力图清楚地界分地方立法与中央立法的各自边际，有的研究从央地立法权一般性界分的角度展开，有的研究结合特定领域的央地立法权界分进行②。但研究也表明，"地方立法与中央立法的各自边际难以有效划定。只能否定性地认定哪些事务不属于地方立法事项范围之内，却无法清楚正面界定地方立法事项的范围，因为即便是地方性事务，实际运行的机制便只能是通过中央与地方的博弈竞争，在确保中央权威和法制统一的前提下，动态地调整地方在自主立法过程中'地方性事务'的具体内涵"③。的确，在央地立法事权划分的过程中，能够明确的仅仅是中央事权不可能成为地方立法事项，但地方事权在中央立法和地方立法中如何分配呈现出一个动态的缺乏稳定性的状态。结合我国《立法法》关于地方立法权及《民族区域自治法》对民族地区自治立法权的规定，民族地区建设重点生态功能区的地方立法内容，大致可以分为以下几种类型：

　　一是为执行法律、行政法规的规定，需要根据本行政区域的实际情

　　① 余凌云：《警察权的央地划分》，《法学评论》2019 年第 4 期。

　　② 刘雁鹏：《中央与地方立法权限划分：标准、反思与改进》，《河北法学》2019 年第 3 期；封丽霞：《中央与地方立法事权划分的理念、标准与中国实践——兼析我国央地立法事权法治化的基本思路》，《政治与法律》2017 年第 6 期；俞祺：《重复、细化还是创制：中国地方立法与上位法关系考察》，《政治与法律》2017 年第 9 期；王万华、宋烁：《地方重大行政决策程序立法之规范分析——兼论中央立法与地方立法的关系》，《法学》2016 年第 12 期；杨柳：《论社区矫正地方立法的权限范围》，《法学杂志》2018 年第 7 期；等等。

　　③ 周尚君、郭晓雨：《制度竞争视角下的地方立法权扩容》，《法学》2015 年第 11 期。

况作具体规定的事项。这类地方性法规在内容上多系中央立法的具体化，甚至重复性规定，以至于《立法法》第 73 条最后一款特别指出"制定地方性法规，对上位法已经明确规定的内容，一般不作重复性规定"。目前，民族地区自治区层面制定的环境保护条例，大多都属于这一类别，在内容上与《环保法》有高度同构性。如《环保法》第 29 条规定"各级人民政府对重要的水源涵养区域应当采取措施予以保护，严禁破坏"，《新疆维吾尔自治区环境保护条例》（2018 年修正）就此设置了对违反禁止行为的处罚规定。《条例》设置的对违反禁止行为的处罚规定，包括在水源涵养区、饮用水水源保护区内和河流、湖泊、水库周围建设工业污染项目的，责令停止违法行为，处 10 万元以上 50 万元以下罚款，并报经批准，责令拆除或者关闭。在饮用水水源保护区建设畜禽养殖场、养殖小区的，责令停止违法行为，处 10 万元以上 50 万元以下罚款，并报经批准，责令拆除或者关闭。

二是针对地方性事务立法。地方事务是"不需要或在可预见的时期内不需要由全国制定法律、行政法规来作出统一规定的事务。例如，对本行政区域内某一风景名胜的保护，就属于地方性的事务，一般来说不需要国家作出规定。因此，这类事项显然不必要由国家统一立法"①。但将此种界定放在地方事务解释这部分，还须明确指出一点，这类立法是有国家立法的上位法规定的，这个论断来源于对《立法法》第 73 条的文义解释和体系解释②，以此区别于下面要论述的第三部分立法内容，即针对国家专有立法权事项之外的法律空白制定的地方性法规。民族地区建设重点功能区是在特定的国土空间展开，这个国土空间由既定的自然资源、人口、经济发展水平乃至民族文化汇聚而成，区域发展过程中

① 张春生主编：《中华人民共和国立法法释义》，法律出版社 2000 年版，第 195 页。
② 《立法法》第 73 条第三款明确规定"设区的市、自治州根据本条第一款、第二款制定地方性法规，限于本法第七十二条第二款规定的事项"，可见 73 条第一款和第二款是关于地方性法规的制定事项，两款之间是并列关系，第二款已经指出其适用范围是"除本法第八条规定的事项外，其他事项国家尚未制定法律……"，而第一款之（一）明确规定"为执行法律、行政法规的规定"，据此可将第一款之（二）理解为是已有法律、行政法规的规定但属于地方性事务需要制定地方性法规的事项。

必将产生大量的地方性事务需要法律授予和规范地方政府的行政事权，比如行政区域内自然资源的保护、人口退出政策的实施、产业发展的限制，等等。《恩施土家族苗族酉水河保护条例》就是针对本行政区域内某一流域进行保护，立法内容是典型的地方性事务，该条例第一条明确规定"为了加强酉水河保护，防治河流污染和生态破坏，推进生态文明建设，根据《中华人民共和国环境保护法》《中华人民共和国水法》《中华人民共和国水污染防治法》《湖北省水污染防治条例》等法律法规的规定，结合自治州实际，制定本条例"。

三是针对除国家专有立法权事项之外的法律空白。伴随我国经济的整体快速发展，地区间不均衡发展的现象时有出现，有些新出现的社会问题需要法律规范，但短时间内出台国家立法有一定难度，在这种情况下地方可先行立法，且先行先试，为国家立法积累经验。从近年来环境保护领域新问题进入国家立法的过程来看，先"自上而下"再"自下而上"的模式是比较可行的。"'自上而下'是指党中央、国务院的政策精神逐级贯彻执行下去，地方创设制度进行试点；'自下而上'是指地方试点的经验为中央立法吸纳，最终完成国家立法的过程"[1]。这种模式既有助于改变"地方政府对本地区的环境事务缺乏积极主动的立法动机，导致地方政府缺乏环境立法的传统"[2]，也能够推动地方创设、实践制度，为国家立法完成可行性论证和积累经验。民族地区建设重点生态功能区，是贯彻国家空间分工的全新发展战略，是社会主义建设事业的伟大创举，可谓民族地区发展道路的重大创新，其间涌现出的许多新问题，可能既有民族地区特有的，也有全国生态文明建设中共性的问题。对于后者中尚缺乏国家层面立法的内容，民族地区立法机关可以在不违反宪法、法律基本原则的基础上进行开拓性的立法活动，既解决本行政区域内无法可依的问题，也为全国立法积累经验。如 2014 年 11 月 28

---

① 陈华兴：《坚持自上而下和自下而上的辩证统一——浙江省改革开放 20 年来一条带规律性的成功经验》，《浙江学刊》1999 年第 2 期。

② 王慧：《美国地方气候变化立法及其启示》，《中国地质大学学报》（社会科学版）第 1 期。

日广西壮族自治区第十二届人民代表大会常务委员会第十三次会议通过的《广西壮族自治区湿地保护条例》就是这类地方立法。

四是行使自治立法权。基于我国民族区域自治的基本政治制度，民族地区享有立法自治权和变通权。2015 年《立法法》颁布之前，少数民族自治州和少数民族自治县人民代表大会通过的自治条例和单行条例都是行使自治立法权的表现①，如 2013 年颁布的《云南省迪庆藏族自治州香格里拉普达措国家公园保护管理条例》。2015 年《立法法》颁布之后，少数民族自治州的地方立法权内容变得复杂，需要识别。其既享有一般的地方立法权，即《立法法》第 72 条的规定——"设区的市的人民代表大会及其常务委员会根据本市的具体情况和实际需要，在不同宪法、法律、行政法规和本省、自治区的地方性法规相抵触的前提下，可以对城乡建设与管理、环境保护、历史文化保护等方面的事项制定地方性法规。自治州的人民代表大会及其常务委员会可以依照本条第二款规定行使设区的市制定地方性法规的职权"；也享有自治立法权，可以依照当地民族的特点，对法律和行政法规的规定作出变通规定。这种复杂情况在酉水河保护条例的制定中充分体现。酉水河保护条例由湖北恩施土家族苗族自治州和湖南湘西苗族自治州联合制定，分别通过。但最后通过的《湖北恩施土家族苗族自治州酉水河保护条例》是地方性法规，而《湖南湘西苗族自治州酉水河保护条例》是单行条例，后者第三十条规定"按照统一规划、分步实施原则，规范并逐步淘汰酉水河干流和一级支流的网箱、网围、网拦等养殖活动"，变通了《中华人民共和国水污染防治法》第五十八条第二款："禁止在饮用水水源一级保护区内从事网箱养殖、旅游、游泳、垂钓或者其他可能污染饮用水水体的活动"。

---

① 虽然 2015 年《立法法》出台之前，我国五大少数民族自治区都同时享有自治立法权和一般地方立法权，但由于多方面原因，在自治区层面，还没有一部自治条例出台，也没有一部真正意义的单行条例出台。参见李英伟《民族地区立法自治权的反思与重构》，《广西民族研究》2019 年第 1 期。

第二节　国家层面立法的完善

完善立法需要考量立法面临的任务与要达到的目的。当前民族地区建设重点生态功能区是在落实《全国主体功能区规划》的整体布局下进行，国家立法面临的任务一方面要回应国家国土空间规划的法律定位问题，将地方建设重点生态功能区的具体要求转化为法律制度；另一方面要能够解决重点生态功能区建设在现实中遭遇的种种困境，解决现有立法空白过多、位阶过低的问题。中央立法要实现对地方政府实质性的规范作用，引领其按照国家战略规划主导区域发展，应该围绕"限制、补偿、激励"三方面完善立法才能够实现这一立法任务。

一　限制类立法

（一）制定《国土空间规划法》

《主体功能区规划》体现了国土空间是复合生态系统的科学理性，结合区域的自然资源禀赋和环境本底值确定主体功能和发展目标，实现国土空间资源开发利用的效益最大化。但其并不是我国国土开发中的唯一规划，现有规划体系包含了土地利用规划、环境保护规划、城乡发展规划等多种类型的规划，且各种规划边界存在交叉，如《主体功能区规划》中划定的25个重点生态功能区与原环境保护部实施的"三区推进"（即自然保护区、重要生态功能保护区和生态脆弱区）规划中"三区"的范围就不一致。2014年中央新型城镇化工作会议提出要开展"多规合一"，发展改革委、住建部、国土部和环保部联合发文在全国28个市县开展"多规合一"试点，解决权力的部门化及部门的利益争夺带来的管理源头问题。但仅有部分地方县市推行"多规合一"改革是远远不够的，主体功能区规划需要在国土全域实施。

2019年，《中共中央国务院关于建立国土空间规划体系并监督实施的若干意见》发布，要求"加快推进国土空间规划法的立法工作"。《意见》从重大意义、总体要求、总体框架、编制要求、实施与监督、法规政策与技术保障以及工作要求方面，提出了完成这项重要改革任务的正确路径和建立国土空间规划体系的顶层设计。随后不少学者都提出了自己的观点，有的就《国土空间规划法》的定性、定位、结构展开研究①；有的就国土空间规划法的立法逻辑与立法框架提出自己的观点②。课题组认为，从民族地区建设重点生态功能区的角度看，《国土空间规划法》应关注以下三个层面的问题，解决"多规合一"的问题。

首先要在国家立法层面确立《主体功能区规划》的法律地位，完成国土空间规划体系顶层设计。即立法明确主体功能区规划在我国规划体系中的基础地位，强化国土空间规划对各专项规划的指导约束作用，落实"山水林田湖草是生命共同体，统筹兼顾、整体施策、多措并举，全方位、全地域、全过程开展生态文明建设"③的指导思想，实现各级各类规划间的一致性、整体性。从而将涉及国土空间开发的各项政策如环境政策、产业政策、财政政策、投资政策等统一于主体功能定位，通过区分这些政策的针对性提升其有效性和公平性，实现精细化的空间管理。

其次，国家立法要从规划权力配置层面，明确《主体功能区规划》及各级各类规划的制定及审批主体。横向层面，通过法律授权中央政府作为《主体功能区规划》的制定主体，全国人大或人大常委会作为规划的审批机关，通过制定权和审批权分离的规定提高《主体功能区规划》的客观性、科学性和权威性，从而增强政府管理的规范性和制度化水平。纵向层面，明确地方各级政府制定、同级人大常委会审批的地方国土空间规划不得违背《主体功能区规划》设置的区域分工和差异化发展目标，为国土空间及其相关经济社会事务的管理提供统一平台。

再次，要围绕各主体功能区的发展目标，规定不同层级、不同类别主体功能区建设的责任主体及考核机制。以重点生态功能区为研究对

---

① 中国国土勘测规划院原院长程烨结合学习《意见》的初步认识，对国土空间规划法立法研究初期中面临的"三定"问题作出的思考，参见得也《制定"国土空间规划法"正在准备阶段，对该法几个方面进行研究探讨!》，搜狐网 2019 年 6 月 19 日，http：//www.sohu.com/a/321549089_ 100263013，2019 年 8 月 25 日访问。

② 严金明、迪力沙提·亚库甫、张东昇：《国土空间规划法的立法逻辑与立法框架》，《资源科学》2019 年第 9 期。

③ 习近平同志 2018 年 5 月在全国生态环境保护大会上的讲话。

象，由于《主体功能区规划》已经将 25 个重点生态功能区的范围限定
了到县一级行政区域，各个县级政府是重点生态功能区建设的直接责任
主体，当下财政部和生态环境部联合进行的年度国家重点生态功能区县
域生态考核机制，就是以县为单位依据考核结果决定下一年度国家重点
生态功能区转移支付的数额。但这个考核结果也仅仅具有这一个用途，
对重点生态功能区所在各级行政区域的政府并无其他约束力。如何通过
立法，明确各级政府对位于自己管辖区域内的重点生态功能区建设负
责，是后续研究要深入思考的问题。

（二）制定《国土空间规划法实施条例》

在制定《国土空间规划法》的基础上，制定《国土空间规划法实施
条例》，落实以主体功能区为基础的国土空间规划。以重点生态功能区
的建设为目标，建立相应的用途管制制度、产业制度及责任主体的考核
机制。

首先是生态空间用途管制制度，这类具有自然属性、以提供生态服
务或生态产品为主体功能的国土空间在重点生态功能区占比最大。以位
于黄土高原丘陵沟壑水土保持生态功能区的宁夏彭阳县为例，该县空间
规划划定生态空间 1649.1 平方千米，占县域总面积 65.1%，主要集中
分布在县域北部、西部的生态保育地区，包括生态保护红线以及没有划
入生态保护红线的主干河流及堤围、水库及防护林等生态基质①。应通
过立法分级分类细化生态空间区域准入条件，以许可权为核心构建生态
空间用途转用许可制度，构建多元化生态空间用途管制模式，完善生态
空间用途管制实施效果评估指标。

其次，立法应重视产业制度在国土空间规划实施中的重要性，产业
制度决定了区域内市场主体的盈利状况及生计由来，也决定了地方财力
的大小。在产业制度设计上应针对不同的主体功能区实施不同的产业准
入政策和产业扶持政策。提升重点生态功能区产业准入负面清单制度的
立法位阶，明确依托环境影响评价制度确定"限制类产业"的管控标

① 《彭阳县空间规划》，载彭阳县人民政府网站 2018 年 11 月 22 日，http：//www. pengy-
ang. gov. cn/xxgk_ 13872/zfxxgkml/ghjh/fzgh/201811/t20181122_ 1177600. html。

准，完善"禁止类产业"退出机制，同时鼓励重点生态功能区发展适宜主体功能的新型产业。

第三，责任主体及考核机制的构建。地方政府在重点生态功能区的建设中居主导地位，其行为选择决定了建设成效。经济学博弈论的分析表明，"中央政府的监管和考核是地方政府行为选择的最主要影响因素"[①]。中央政府虽然不能直接观测到地方政府的行为选择，但一个区域的自然资源和生态环境状况具有客观性，中央政府可以透过一定的指标体系了解地方政府的行为选择。2017年年底，中共中央办公厅、国务院办公厅印发《领导干部自然资源资产离任审计规定（试行）》，标志着一项全新的、经常性的审计制度已经建立。该制度围绕领导干部执行自然资源政策法规情况和所辖区域自然资源管理、保护、利用情况，对领导干部开展综合评价，作为党政领导干部综合考核评价的重要参考。规定还特别提到审计机关"应当充分考虑被审计领导干部所在地区的主体功能定位、自然资源资产禀赋特点、资源环境承载能力等，针对不同类别自然资源资产和重要生态环境保护事项，分别确定审计内容，突出审计重点"[②]。《国土空间规划法实施条例》应将这一制度写入，将国土空间规划执行情况纳入领导干部自然资源资产离任审计，实现中央政府对地方政府行为的有效监管，确保重点生态功能区的建设目标。

（三）我国环境法律体系的完善

民族地区建设重点生态功能区，首要发展目标是"生态环境质量改善、生态环境服务功能增强"，环境法律的适用既必要也重要。虽然民族地区建设重点生态功能区的法律机制应重在地方立法的完善，但其毕竟是在全国统一的环境法制环境中进行，国家层面的立法也有需要改进的地方。

1. 增加自然保护地立法

我国环境法律体系由作为基本法的《环保法》和各环境保护单行法

---

① 李国平、张文彬：《地方政府环境保护激励模型设计——基于博弈和合谋的视角》，《中国地质大学学报》（社会科学版）2013年第6期。

② 参见审计署负责人就《领导干部自然资源资产离任审计规定（试行）》答记者问，2017年11月29日。

组成,《环保法》规定了地方政府的环境责任,各单行法规定了地方政府相应职能部门的职责,体现了中央事务与地方事务同构,中央事务由各地的"地方性事务"共同组成的鲜明特征。这也形成了环境保护领域地方政府行政职能部门的职责由中央立法(法律、行政法规)所预先确定的传统。从现行环境法律体系的内容来看,包含自然资源法和污染防治法两大块,分别设定了地方政府相应职能部门的具体职责:如《中华人民共和国野生动物保护法》第七条规定"县级以上地方人民政府林业草原、渔业主管部门分别主管本行政区域内陆生、水生野生动物保护工作";《中华人民共和国水污染防治法》第九条规定"县级以上人民政府环境保护主管部门对水污染防治实施统一监督管理。交通主管部门的海事管理机构对船舶污染水域的防治实施监督管理。县级以上人民政府水行政、国土资源、卫生、建设、农业、渔业等部门以及重要江河、湖泊的流域水资源保护机构,在各自的职责范围内,对有关水污染防治实施监督管理"。

但这些环境法律多为禁止性条款,各级地方政府及其职能部门行使环境保护职责旨在制止市场主体因为追求经济利益而进行的环境污染和掠夺资源的行为。正如研究者所评价的"传统环境法更多关注抑损性规范建设(促进负外部性内部化为主的'负向构建'),缺少对增益性规范的重视、研究与构建(促进正外部性内部化的'正向构建');更多关注环境资源的'使用和消费',忽视其'生产和供给'"①。而重点生态功能区要实现提供生态产品的主体功能,政府职能部门仅执行"抑损性规范"是不够的。民族地区被划入重点生态功能区的地区均为目前生态系统有所退化但关系全国或较大范围区域的生态安全,需要发展对已有生态环境进行保护以保持生态产品供给的能力,也需要实施生态恢复工程,提高生态产品供给的能力。实证研究也证明,"生态恢复是森林、

---

① 刘国涛、张百灵:《从环境保护到环境保健——论中国环境法治的趋势》,《郑州大学学报》(哲学社会科学版) 2016 年第 2 期。

灌木和草地等生态资产面积增加的主要原因"①。

重点生态功能区划出较大面积的土地作为生态空间，其中包括国家公园、自然保护区等禁止开发的自然保护地，在这些相对封闭的区域禁止开发、进行生态恢复活动，涉及复杂的不同权益主体的权益关系及其协调问题，但目前缺少"正向构建"规范对这些利益冲突进行调整。一直以来，自然保护地的相关立法在我国环境法体系中得到重视程度不够，已有立法不仅内容少，而且位阶低，仅有《中华人民共和国自然保护区条例》《中华人民共和国风景名胜区条例》这样的行政法规。2019年7月，两办发文确定了以国家公园为主体的自然保护地体系，在此前后环境法学界就以国家公园为主体的自然保护地立法进行了广泛深入的研究，但相关立法还没有出台。从十八届三中全会提出构建国家公园体制以来，中央政府的文件都在不断地细化修改，在政策层面已经勾勒出了中国自然保护地体系的框架和主要内容。但就如汪劲教授在2019年中国环境资源法学会年会上的发言所指出的，"这种方式选择的结果是政策性语言和规范应用较多，与法律规范相比很多概念没有确切的定义，有些措辞的提法也未必严谨"。需要通过自然保护地的系列立法界定概念、构建制度明确自然保护地划定的标准、主体设定及明确央地关系、生态移民、社区共管等问题，通过权利义务体系的构造协调其中的利益关系。

2. 扩大环境影响评价制度的适用范围

目前，我国已经建立了较为完善的环境影响评价法律体系，将环境影响评价的范围确定为规划和建设项目，其中规划环评以综合性规划和专项规划为对象。但从制定规划的主体来看，目前《环评规划条例》仅将"国务院有关部门、设区的市级以上地方人民政府及其有关部门"制定的土地利用的有关规划和区域、流域、海域的建设、开发利用规划及各专项规划纳入评价范围，尚未从国土空间保护和开发的高度规定环评对象。有学者提出区域环境影响评价问题，区域环境影响评价是环境影

---

① 黄斌斌、郑华等：《重点生态功能区生态资产保护成效及驱动力研究》，《中国环境管理》2019年第3期。

响评价的一种，它着眼于一个区域内人与自然具体关系的评价，将区域作为一个整体（实体）考虑，评价的重点在于分析一个区域内经济项目的布局、结构和时序，根据区域的生态环境特点，为区域经济建设提供评价和建议①。区域环评体现了将国土空间视为复合生态系统，综合评价人类活动对自然生态系统的影响。当然，区域的范围是可大可小的，按照现行环评法律的规定，仅有"国务院有关部门、设区的市级以上地方人民政府及其有关部门"制定的区域建设、开发利用规划纳入环评，无法体现建设重点生态功能区的需要。

因为如果是"国务院有关部门"制定的区域建设规划，必然是专项规划，"国务院有关部门"仅能在自己职能范围内行使规划权，不可能对某一区域整体的建设行使规划权，只有国务院有这个权力。而地方市级以上政府虽然有权限针对自己辖区内的区域制定综合开发规划，但四大类 25 个重点生态功能区基本都跨越了市级甚至省级行政区划，重点生态功能区本身也是国务院制定的《主体功能区规划》的一部分，不在现行环评法规定的适用对象中。并且，从环评文件审批的角度来看，研究者提出的区域环境影响评价的原则包含诸多内容，其中有一个原则是战略性原则，即"区域环境影响评价不应局限于当地环境影响评价，而应该从国家、大区层次评价区域环境和经济活动"②。因此，有必要在《国土空间规划法》出台后，修改《环境影响评价法》及其相关条例，扩大环评对象至国务院制定的规划，由国务院组织各行业专家评价大区规划，确保区域发展规划的科学性。

3. 实施类型化与差异化的环境标准

我国的环境标准体系由环境质量标准、污染物排放标准、环境基础标准、环境方法标准、环境标准物质标准五类组成，其中后三类是针对环境管理工作制定的技术性标准，仅存在国家级别标准，所以《环保法》第 15 条、第 16 条是针对环境质量标准、污染物排放标准的制定权限做出规定。按照现行环境法律的规定，环境质量标准和污染物排放标

---

① 赵胜才：《论区域环境法律》，光明日报出版社 2009 年版，第 151 页。

② 同上书，第 153 页。

准都允许地方政府制定严于国家标准的地方标准，但制定权限仅限于省、自治区、直辖市人民政府。现行体制下，地方政府并无制定高于国家标准的地方环境质量标准和污染物排放标准的动力，所以实践中地方均执行各项国家环境标准。

　　"我国环境质量标准根据不同的环境功能区划一刀切，一级标准严于二级标准，二级标准严于三级标准，三级标准严于四级标准，以此类推，而且每一级环境质量标准对应适用于某类环境区域内的所有保护对象。在这种情况下，某一级别的环境质量标准不仅不因同一区域中的具体保护对象的差异而存在差别，而且也没有相应的警示标准。"[1] 污染物排放标准近年来实现了由浓度控制向总量控制的转变，《环保法》第44条规定了重点污染物排放总量控制制度，"但是，该法中的总量控制根本就不是奉献给地方国家政权机关的法宝。依据该条，'省、自治区、直辖市人民政府'只能接受'国务院下达'的污染物排放量指标，无权决定本地污染防治达到怎样的目标；'省、自治区、直辖市人民政府'所属的县级以上地方只能接受'省、自治区、直辖市人民政府''分解'的污染物排放量指标"[2]。

　　这样的环境标准体系显然不能满足建设重点生态功能区的要求。以环境质量标准为例，我国现行的《环境空气质量标准》（GB 3095—2012）分为一级（一类区），适用于自然保护区、风景名胜区和其他需要特殊保护的地区；二级（二类区），适用于居住区、商业交通居民混合区、文化区、工业区和农村地区。《全国主体功能区规划》设定的发展目标要求"水源涵养型"和"生物多样性维护型"生态功能区空气质量达到一级。但每个生态功能区都包括数个县，辖区内除了一些点状分布的禁止开发区应该适用一级标准外，还有大量的生态空间及点状建设的工业园区和城镇市集，全部要求适用一级标准则标准过高，将限制开发区等同于禁止开发区了；适用二级标准则过低，等同于工业区的空

---

　　[1]　刘卫先：《环境风险类型化视角下环境标准的差异化研究》，《中国人口·资源与环境》2019年第7期。

　　[2]　徐祥民：《地方政府环境质量责任的法理与制度完善》，《现代法学》2019年第3期。

气质量标准。应该允许重点生态功能区所在的地方根据县级空间规划，灵活运用一级和二级空气质量标准，甚至在一级和二级空气质量标准之间创设出中间级别，适用于特定空间，具体规定放权给地方立法。

二　补偿类立法

为贯彻环境公平原则，实现环境利益正向负担的合理性，保障中央对地方、受益地区对生态利益输出地区的补偿，在国家层面有必要出台两部法律。

（一）制定《政府间财政关系法》

2016年8月16日，国务院下发的《关于推进中央与地方财政事权和支出责任划分改革的指导意见》指出："2019—2020年基本完成主要领域改革，形成中央与地方财政事权和支出责任划分的清晰框架。及时总结改革成果，梳理需要上升为法律法规的内容，适时修订相关法律、行政法规，研究起草政府间财政关系法，推动形成保障财政事权和支出责任划分科学合理的法律规范体系。督促地方完成主要领域改革，形成省以下财政事权和支出责任划分的清晰框架。"这是首次在中央顶层设计层面明确了《政府间财政关系法》的建构目标，我国多位学者随之就《政府间财政关系法》的建构进行了多方位的研究。有就制定《政府间财政关系法》的时代价值、指导原则、调整对象与主要内容、难点及基本框架进行宏观论述的成果①；也有专门就政府间事权与支出责任划分规制进行深入阐释的成果②；财政部条法司第一党小组也在《中国财政》杂志上发表文章就日本、法国、美国和德国四国政府间财政关系的基本特点、改革过程和立法经验进行总结分析，进而提出制定我国《政府间财政关系法》的思路与具体制度建议③。

中央政府和地方政府在经济社会管理和政府基本公共服务领域都存

---

① 涂缦缦：《制定我国〈政府间财政关系法〉的重点与难点》，《政治与法律》2019年第8期。

② 苏㳆宇、王彦：《政府间事权与支出责任划分规制研究——基于"权责法定"原则的视角》，《东北财经大学学报》2019年第2期。

③ 财政部条法司第一党小组：《政府间财政关系研究及立法建议》，《中国财政》2019年第8期。

在大量的交叉事权，这是央地事权划分的显著特点。一方面，就民族地区重点生态功能区的建设而言，未来制定的《政府间财政关系法》应明确国家重点生态功能建设是中央政府事权和地方政府共同事权。从国家重点生态功能区定位来看，其被界定为对生态系统十分重要，关系全国或较大范围区域的生态安全；从其生态保护的效果来看，外溢性较大，属于中央政府事权范围①。另一方面，民族地区建设重点生态功能区，也要兼顾区域发展转型，限制的仅是其传统的粗放型发展模式，而不是限制地区生产力增长和公共服务水平提高，地区发展也是地方政府的事权范围。此外，国家重点生态功能区建设中作为中央政府事权的生态环境保护和建设部分，也需要中央政府委托地方政府进行。

其次，根据事权与支出责任相一致的原则，《政府间财政关系法》应明确中央财政对地方国家重点生态功能区建设的支出责任。虽然目前财政部已经逐年向国家重点生态功能区拨付财政转移支付款，但拨付办法逐年变更，稳定性不是特别强，不利于国家重点生态功能区的持续稳定建设。作为均衡性转移支付，中央财政在测算转移支付标准时，不仅应考虑地方政府在环境保护和生态建设中的支出，还应通过明显提高转移支付系数等方式，加大对限制发展区域尤其是民族地区被划入限制发展区域的均衡性转移支付力度。并且考量民族地区因为建设重点生态功能区而牺牲的发展权损失，其中最为典型的是限制类产业升级改造的成本和禁止类产业退出的补偿，这也能够解决国家重点生态功能区产业准入负面清单制度在实施中遭遇的最大阻碍，即县级财力薄弱导致负面清单有关专项资金投入严重不足。

这要求适度修正国家重点生态功能区转移支付政策，现有的"转移支付政策与负面清单制度在目标上缺乏深度一致性。现行转移支付政策的目标在于弥补因生态保护而带来的财政收支缺口，对生态保护好的地区给予奖励，而负面清单制度的目标除了环境保护的要求之外，重点在

---

① 目前我国的重点生态功能区有两大类型，一类是国家重点生态功能区，即《全国主体功能区规划》设定的四大类 25 个重点生态功能区；另一类是地方重点生态功能区，即各省自己设定的重点生态功能区。后者应划归为地方政府事权。

于引导重点生态功能区产业发展，根本上是要使重点生态功能区以优质生态环境作为产业发展的核心资源"①。因此，转移支付的目的要体现财政政策对产业发展的宏观调控作用，建立与负面清单制度有机结合的转移支付测算方法，中央财政要继续加大重点生态功能区转移支付资金数量。在确定数量时不应只依据标准财政收支缺口测算转移支付金额，同时要考虑重点生态功能区实施负面清单制度后相关产业退出导致的地方财政收入直接流失数额、限制发展产业技改和环保设施升级需要投入的费用、新兴绿色产业发展的扶持资金三方面的因素。

此外，鉴于《政府间财政关系法》不仅应规范中央政府和地方政府之间的财政关系，也应规范地方政府之间的财政关系，包括纵向和横向两个方面。"尤其是对地方政府间财政关系的规定，不仅直接回应了上节揭示的横向府际关系规范较为薄弱的问题，也能为以我国《民族区域自治法》第 64 条②为代表的具体规范提供一般性的法律基础。"③ 同时，也为《环保法》第 31 条④的规定提供了法律基础。

（二）制定《生态补偿条例》

国务院法制办公室早在 2010 年就已将《生态补偿条例》的制定工作纳入立法规划，随后，相关部委组成的起草小组开始开展立法工作，但是，似乎至今仍未有实质性推进。

1. 制定的必要性

当前，我国已经在诸多领域开展了生态补偿实践。从受补偿主体的

---

① 许光建、魏嘉希：《我国重点生态功能区产业准入负面清单制度配套财政政策研究》，《中国行政管理》2019 年第 1 期。

② 《民族区域自治法》第 64 条规定："上级国家机关应当组织、支持和鼓励经济发达地区与民族自治地方开展经济、技术协作和多层次、多方面的对口支援，帮助和促进民族自治地方经济、教育、科学技术、文化、卫生、体育事业的发展。"

③ 涂缦缦：《制定我国〈政府间财政关系法〉的重点与难点》，《政治与法律》2019 年第 8 期。

④ 《环保法》第 31 条规定："国家建立、健全生态保护补偿制度。国家加大对生态保护地区的财政转移支付力度。有关地方人民政府应当落实生态保护补偿资金，确保其用于生态保护补偿。国家指导受益地区和生态保护地区人民政府通过协商或者按照市场规则进行生态保护补偿。"

角度看，有针对特殊区域的生态补偿，其中既有纵向的重点生态功能区转移支付也有横向的受益地区向生态保护地区进行的流域生态补偿，也有直接给付给从事了生态建设活动或因为保护环境限制自然资源利用的个体；从补偿的领域看，针对森林、草原、流域等环境要素保护的补偿都已出现；从补偿的法律依据看，已有上位法即《环保法》第31条的规定及各单行法和规范性文件的规定。但从现有法律的内容来看，《环保法》及各单行法仅就生态补偿制度作了宣示性的规定，既无概念界定也无要素规范，各领域开展的生态补偿处于受规章等规范性文件约束或无法可依的状态，且"从内容看，这些规章具有高度的分散性，通常只专注于某个生态保护领域，导致各领域生态补偿的资金来源与使用、补偿方式、补偿标准等均不统一和规范"①。

　　因此，有必要在《环保法》及各单行法规定生态补偿制度的基础上，由国务院制定《生态补偿条例》，明确生态补偿的概念和适用范围，统一适用标准，解决理论及实务中由于生态补偿概念不清导致的权利义务主体不明确、制度稳定性及科学性不足的问题，持续发挥生态补偿制度在重点生态功能区建设中的重要作用。实证研究已经证明，人类的农业开发、工矿建设和城镇化等土地利用行为与重点生态功能区增强生态系统稳定性以提升生态系统服务功能的定位是相悖的，且重点生态功能区多集中分布在中西部偏远地区，人地矛盾突出。通过制度化的生态补偿，"在管理中缓解人地矛盾，减少经济发展与生态保护间的权衡，是从根本上稳固和提升当地生态资产数量与质量关键所在"②。

　　2. 内容构想

　　《生态补偿条例》定位于国务院的行政法规，应在《环保法》及各单行法规定生态补偿制度的基础上，从可实施性和可操作性的角度就生态补偿的基本概念、适用范围、参与主体、权利义务、生态效益评估、补偿程序、法律责任等问题做出规定，并就鼓励地方政府之间开展横向

①　王社坤：《〈生态补偿条例〉立法构想》，《环境保护》2014年第13期。
②　黄斌斌、郑华、肖燚、孔令桥、欧阳志云、王效科：《重点生态功能区生态资产保护成效及驱动力研究》，《中国环境管理》2019年第3期。

生态补偿的机制做出规定，以解决我国现行立法中生态补偿概念不明、地位不清、功能混杂的问题。就民族地区重点生态功能区的建设而言，其涉及的生态补偿类型多样，无论是中央财政设立的重点生态功能区财政转移支付、还是以项目制体现的各环境要素生态补偿以及横向生态补偿，都在《生态补偿条例》规定的我国生态补偿制度的适用范围之内。且这些生态补偿的实施都涉及重点生态功能区内外的各方主体，不是仅由地方立法就能解决的问题，需要国家层面立法的制定和完善。

（1）生态补偿的概念

首先，《生态补偿条例》要界定生态补偿的概念，这决定了制度的内涵及其适用范围。生态补偿作为环境法上的一项制度，其概念的界定自然也不能脱离环境科学对生态补偿的认识。环境科学上的生态补偿强调被破坏生态环境的恢复，包括自然修复和人为修复，但将其引入法律，是因为围绕这种修复活动产生了新的社会关系，是原有制度不能调整的。所以，《生态补偿条例》不能照搬环境科学上生态补偿的定义，首先应明确自然修复不在生态补偿制度范畴之内，再从制度目标和制度定位进行研究来确定概念。从制度目的来看，生态补偿应解决的是环境保护的正外部性问题。环境问题的外部性既表现为正外部性即保护环境所生的生态利益外溢，也表现为负外部性即污染破坏者不承担环境污染破坏的后果，这都是市场失灵的表现，成为政府介入和环境法产生的重要理论基础。生态补偿源于人们从事了修复受损生态环境的活动，显然不可能去解决环境负外部性问题。从制度定位来看，作为一项新产生的制度，应区别于原有制度，解决已有制度不能解决的问题，而不是将原有的体现"开发者养护、污染者治理"的环境税费制度、土地复垦、生态环境损害赔偿制度都囊括进来。

综合以上分析，作为法律制度的生态补偿是指从事了生态修复活动或因生态还原活动放弃了自然资源利用行为的个人或组织，就其行为所生之生态利益与受益者之间产生的以补偿和生态保护为内容的权利义务关系。其既不是针对生态环境的补偿，区别于生态环境损害赔偿制度；也不是针对资源经济价值的补偿，区别于自然资源税费制度；更不是针对因为环境污染破坏行为造成受害者人身、财产损害的赔偿，区别于环境侵权制度。据此，生态补偿的适用范围仅限于森林生态补偿、草原生态补偿、流域生态补偿、石漠化治理生态补偿、自然保护地生态补偿、重点生态功能区补偿等。

（2）生态补偿的主体

依照谁受益谁付费、谁保护谁受偿的原则进行的生态补偿，理论上看似乎主体很好界定，是享受了生态利益从而承担补偿义务的补偿主体和承担了生态保护成本（包括积极的生态修复活动和消极的限制发展两个方面）的受偿主体两方，但具体在实践中如何界定这两类主体并不容易。一方面，生态利益的受益范围具有不确定性。因为生态利益的消费具有非排他性，要具体确定消费主体的范围和数量非常困难。"理论上讲，与特定环境资源要素空间联系紧密的受益者会比空间联系松散的受益者得到更多的份额，而且，其辐射的范围也可能跨越国界，这种特性就为确定受益者及其受益数量制造了难度。"① 所以，从国内法的角度来看，在无法确定具体受益主体的情况下，就只能以国家作为生态补偿的给付主体，因为按照公共信托理论，国家承担环境管理职责，是提供良好生态环境的义务主体之一，生态利益也关乎国家的生态安全。民族地区建设重点生态功能区就属于这种情况，由中央财政担当了生态补偿的补偿主体。在有些生态补偿领域，如流域补偿，由于流域的整体性全流域的人们处于同一生态空间，上游生态保护活动直接惠及中下游，就可以直接确定中下游的人们向上游主体承担生态补偿义务。但中下游人们是一个群体性概念，并不是准确的法律主体，也不可能有中下游的居民各自向上游人们提供生态补偿，由中下游的地方政府作为补偿主体是可行办法。从我国第一部综合性的生态补偿立法《苏州市生态补偿条例》的规定来看，其第三条"生态补偿是指主要通过财政转移支付方式，对因承担生态环境保护责任使经济发展受到一定限制的区域内的有关组织和个人给予补偿的活动"，直接限定了补偿主体就是政府，增强了条例的可操作性，《生态补偿条例》可以借鉴。

另一方面，从生态补偿的接受主体一方来看，也应细分为两种情

---

① 李永宁：《论生态补偿的法学涵义及其法律制度完善》，《法律科学》2011 年第 2 期。

况。区域性限制发展保护环境的情况下，很难区分区域内每个个体为生态保护做了多少可以量化的贡献，就只能以区域政府作为受偿主体，如重点生态功能区建设的转移支付资金经由省级政府直接拨到县级政府。这种情况下，应该通过地方立法规定程序和监督机制规范补偿资金的使用。还有一些以项目制进行的生态建设活动，就可以将直接从事具体生态建设活动的主体认定为受偿对象，如森林生态效益补偿基金项目、退耕还林、退耕还草、草畜平衡，等等。

（3）权利义务、生态效益评估、补偿程序

《生态补偿条例》通过规定补偿主体和受偿主体之间的权利义务关系解决环境保护的正外部性问题。补偿主体在享受生态利益的同时应承担进行补偿的义务，义务履行方式不限于金钱补偿，尤其是横向补偿可借鉴《自然生态空间用途管制办法》的规定，即"地区间建立横向生态保护补偿机制，引导生态受益地区与保护地区之间、流域下游与上游之间，通过资金补助、产业转移、移民安置、人才培训、共建园区等方式实施补偿，共同分担生态保护任务。受偿主体在享受获得补偿金或其他方式生态补偿时，承担积极的生态建设义务或消极的放弃自然资源利用义务"。

无论是补偿金的标准确定还是衡量受偿主体是否承担了义务，都以受偿主体提供的生态利益为衡量标准，所以如何评估受偿主体生态保护活动产生的生态利益，进而将其量化决定了生态补偿制度能否落到实处。虽然具体到每一种类型的生态补偿，生态补偿金额的计算都有其特殊性[①]，但《生态补偿条例》应统一生态效益评估的标准，为各类生态补偿金额的计算提供统一模板，保证补偿标准的稳定性和科学性。从理论上讲，确定生态效益补偿标准应该按照生态系统提供服务功能的价值来核算，但我国还未建立起一套科学合理的生态效益价值评估体系，理论和技术尚不成熟。也有学者指出，学术研究当中提出的一系列生态服务价值计量方法，包括市场价值法、非市场价值法、条件价值法等，给

---

① 如重点生态功能区财政转移支付是通过财政部制定转移支付办法确定拨付金额，其他环境要素补偿也是通过相关主管部门的规范性文件具体规定。

出的评价结果往往数值巨大而且相当不稳定，起码对补偿者来说是难以接受的，因此，生态系统服务价值只是提供了生态补偿标准的上限[①]。李永宁教授提出将生态补偿分为基于私人利益失衡的国家补偿项目和基于地区利益失衡的国家补偿两大类，并分别制定补偿项目，是比较可行的。前者以生产性成本投入、土地改良物、履行公法义务的相关支出为补偿项目，后者以受限地区预期财政收入损失和开发利益的返还性补偿为标准，至于具体的计算，应当归属于经济学、财政学、统计学等研究领域，法学所能做的仅是将符合正外部性语境下国家补偿的基本法理及其公平和功能性原则的各项内容"幻化为"具体测量公式所必需的法定变量[②]。

　　从我国现行生态补偿的立法实践来看，地方立法已经走在了中央立法的前面。《苏州市生态补偿条例》作为我国第一部综合性的生态补偿立法，第十条就补偿标准进行了详细规定："制定生态补偿标准应当根据生态价值、生态文明建设要求，统筹考虑地区国民生产总值、财政收入、物价指数、农村常住人口数量、农民人均纯收入和生态服务功能等因素。生态补偿标准一般三年调整一次。""根据这一规定，补偿标准既考虑了生态系统的生态价值这一基本标准，也考虑了农民的接受意愿、政府的补偿能力，虽然并没有很明确的补偿细则，但《条例》中对于理论界认为确定补偿标准应当遵循的主要因素都予以了考虑，并把它作为确立标准的基本依据。此外，《条例》还实行了补偿标准的动态调整机制，而不是一定若干年不变，以适应物价指数等因素的变化。"[③]

　　我国未来要制定的《生态补偿条例》应借鉴《苏州市生态补偿条例》的经验，从可操作性的角度将理论界认定为确定生态补偿标准的主要因素如生态价值、不同受偿主体的具体损失、地区差异、接受意愿等考虑因素纳入条文，并规定补偿标准的动态调整机制。补偿程序由于生态补偿包括

---

①　张海鹏：《森林生态效益补偿制度的完善策略》，《重庆社会科学》2018年第5期。

②　李永宁等：《生态保护与利益补偿法律机制问题研究》，中国政法大学出版社2018年版，第163—164、192—193页。

③　施海智：《苏州生态补偿立法评析》，《知识经济》2018年第21期。

纵向的均衡性中央财政转移支付、项目制下的专项财政转移支付、地方政府之间横向的转移支付，程序无法做出统一规定，但都应注重信息公开和监督程序的构建，保证资金拨付、使用实现生态补偿的效果。

（4）法律责任

法律责任也是制定生态补偿条例的一个难点，因为生态补偿旨在解决环境保护的正外部性问题，不像解决环境污染破坏这些负外部性问题的规范，后者可以通过行为禁令和相应的责任条款来保障规范实施。但既然是法律，就要确保法律的威慑力与强制力，通过明确具体地规定法律责任，保障规则得以遵守。以流域保护为目的的横向生态补偿通过协议方式订立，双方应在补偿协议中约定责任条款。而以纵向财政转移支付为内容的区域生态补偿和项目制生态补偿，应就受偿主体的义务作出规定。如果项目制中的受偿主体不履行禁伐、禁牧等义务，没有造成严重后果的，可依照《环保法》及各单行环境保护法的规定追究行政责任；造成严重后果的，则按照刑法第六章第六节中的相关条款如非法占用农用地罪追究刑事责任。如果地方政府违反《环保法》中地方政府环境责任条款规定的义务，则可结合环境影响评价制度实施区域限批，并追究有关领导责任。

三　激励类立法

从产业发展，实现民族地区重点生态功能区县域公共服务支出高于全国平均水平和城镇、农村居民年均纯收入大幅度增收的目标需求来看，国家层面的立法应围绕以下三个方面。

（一）修订《循环经济促进法》

2009 年 1 月 1 日，《中华人民共和国循环经济促进法》（以下简称《循环经济促进法》）颁布实施，但实施数年来，这部曾经被寄予厚望的法律发挥作用极为有限，对"该法的修改已于 2016 年列入十二届全国人大常委会立法规划，目前正处于新法律起草前的调研阶段"①。针对这部典型的政策法律化产品，学者们的评价结论较为一致，认为其在制

① 郭延军：《立法是促进循环经济还是规范物质资源综合利用——以修订我国〈循环经济促进法〉为视角》，《政治与法律》2017 年第 8 期。

度设计层面有缺陷，导致操作性不强。如郭延军认为"采取何种经济发展模式，不是由人们的主观意志决定的，从本质上说，它是由生产力发展状况和相应的社会经济条件决定的"①，通过法律促进一种经济模式的发展是立法思路有问题；彭峰研究员认为该法立法目的不明，导致其适用困难，"从该法第一条、第二条所规定的立法目标和相关概念的界定看，循环经济更被导向于资源与废物的节约与再生利用。而从该法第三条规定的立法目的看，似乎落脚于产业的发展"。②经过分析论证，两位学者都认为这部法律的修订思路应该从促进产业发展落地到更具操作可能性的物质资源利用行为的规范上。

发展循环经济和物质资源的综合利用即节约与再生利用并不矛盾，循环经济作为一个产业概念统领了所有将物质资源综合利用的经济活动，换言之，循环经济是实现物质资源综合利用的产业模式。在自然资本价值逐渐高于人力资本、各项污染物排放指标日渐严格的趋势下，我国已经逐渐具备发展循环经济的市场需求。但现行《循环经济促进法》主要针对政府行为授权但缺少行为模式规定，或者有行为模式规定但缺乏配套行为结果的规定，使得该法脱离了法律规范的功能轨迹。修订后的《循环经济促进法》如何命名还可商榷，但应将《循环经济促进法》定位为规范我国循环经济发展的基本法，加上"《清洁生产法》和《可再生能源法》，以及将要有的'资源有效利用促进法'、'废弃物污染防治法'、'再生资源回收利用法'等等这些单行法构建围绕资源生命周期进行设计的主体权利义务制度，规定从政府主体、企业主体、社会中间层、消费者在资源（废旧资源）从开采（分类、回收）到生产、销售，再到分类回收（废弃）等各个环节各自的行为模式、权利义务及法律责任"。③

---

① 郭延军：《立法是促进循环经济还是规范物质资源综合利用——以修订我国〈循环经济促进法〉为视角》，《政治与法律》2017年第8期。

② 彭峰：《资源、废物抑或产业推动——我国〈循环经济促进法〉修订路径反思》，《政治与法律》2017年第9期。

③ 俞金香：《〈循环经济促进法〉制度设计的问题与出路》，《上海大学学报》（社会科学版）2019年第4期。

　　虽然民族地区被划入重点功能区的这部分地区多数工业基础薄弱，但只要制度得当可以发挥后发优势，以《循环经济促进法》的实施为契机，依照循环经济的模式发展经济。似乎发展循环经济最大的实际困难是资金和技术，但实践中也要区分具体情况，不是所有的循环经济发展都需要巨额的资金投入和先进技术运用的，人们的观念改变和行为模式变化也是重要甚至根本动因。生态农业、生态农业和生态工业结合都能成为循环经济的依托产业，在这部分民族地区可以因地制宜地发展循环经济。以农村的畜禽养殖业和烟草加工业为例，畜禽养殖业产生的废弃物是动物粪便，烟草加工企业建筑沼气池集中发酵动物粪便，产生的沼气用于烘烤烟叶可减少燃煤使用，节能环保，同时沼气还可以解决农村燃气的问题，沼气渣又可以作为肥料肥田，这就是一种循环经济模式。

　　因此，修改《循环经济促进法》，围绕通过自然资源综合利用的方式发展循环经济，规定各相关主体的义务及责任，将敦促人们资源利用模式的改变，如规定废弃物的产出主体应承担收集并无害化处理的义务，资源利用主体实现废弃物再利用给予享受税收优惠的权利，地方政府承担监管的义务，等等[①]。循环经济无论是作为限制类产业的发展模式还是作为禁止类产业的替代，都能够为民族地区重点生态功能区提供新的产业增长点，在不影响主体功能的前提下找到新的经济增长方式，实现居民增收的目的。

　　（二）少数民族文化资源权利保护立法

　　民族地区拥有丰富的文化资源，依托这些文化资源的产业发展实践中不乏成功案例，为民族地区带来增收的有效途径。有学者将这些民族文化产业分为民族工艺品输出、民族节庆会展、民族文化产业园区和民族文化体验四种类型[②]，除了第一种，后三种都需要体验者身临其境，

---

　　① 关于《循环经济促进法》的修订思路，我国已有多位学者撰文论述，在此不再赘述，总之是要"回归到行为规范的思维习惯中，去考虑行为的实在性和行为规范的目的与意义，并在符合行为规范基本规则的前提下去寻找那些与之相适应的、真实的行为规范内容"。参见翟勇《循环经济与循环经济立法研究》，《上海政法学院学报》2017年第6期。

　　② 李少惠、赵军义：《民族文化产业"富饶型贫困"的生成及其突破——基于定性比较分析的解释》，《广西民族大学学报》（哲学社会科学版）2019年第5期。

民族地区的旅游业就是依托于民族文化和自然风光发展迅速。这些民族文化产业的发展既能直接增加少数民族群众的收入，也有利于民族文化的保护和传承，往往也都是环境友好型产业，对资金及技术的投入要求也不是很高，是民族地区重点生态功能区建设中应重点发展的理想产业。但在现实发展中，仅靠当地少数民族群众和基层自治组织难以大规模对当地自然及文化资源进行规划、开发、经营，政府主导、公司运营、群众参与才是成功模式。而这种三方参与模式中，公司是主导方，其基于企业的盈利本性必将最大限度争取自身利益最大化，从而侵占当地少数民族群众权益，使得民族地区的文化红利并未辐射到当地群众。以现实中，运作较好的西江模式为例，研究者指出"村寨的民族文化资源及产生的收益应归全体居民所有，但由于法律的盲区和旅游开发中的复杂性，收取门票及其他的利益难以公平公正地惠及全体村民，无论是政府、旅游公司、村两委还是村民，都势必因文化资源的产权及其他权属而产生利益分配不公的诸多矛盾"①。

西江模式表明，虽然民族文化资源是当地民族世代相传保存下来的宝贵财富，深深植根于苗族人民的生产生活活动中，但由于法律不健全，没有赋予这些传统文化资源特殊财产权的属性，导致当地少数民族群众无法从其产业发展中获利，也丧失了对这些民族文化产业发展的主导权，进而将这些民族文化置于过度产业化、有损其保护和传承的岌岌可危的地位。虽然近年来，我国在知识产权、专利、非物质文化遗产保护等方面出台了一系列的法律法规对少数民族传统知识、传统技艺、传统名号等进行保护，如《中华人民共和国非物质文化遗产法》通过建立非物质文化遗产代表性项目名录，认定非物质文化遗产代表性传承人并对其进行资助等措施，加强非物质文化遗产的保护、保存工作。但现有立法重保护轻发展，缺乏让少数民族群众从传统民族文化资源的衍生利益中获益的制度设计。

因此，可以借鉴 1992 年《生物多样性公约》（*Convention on*

---

① 刘俊：《民族旅游村寨治理的法治维度——以贵州雷山县"西江模式"为例》，《原生态民族文化学刊》2019 年第 1 期。

Biological Diversity，以下简称"CBD"）对遗产资源的认可和保护，通过类似物权方法来保护少数民族群众对传统文化资源的权益。CBD"确认遗传资源及其相关传统知识为'有形物'从而运用类似物权的方法来确定权利归属，并以此为基础，建立起相关许可机制，保护其经济利益，体现所有人对所有物的处分权，同时以惠益分享权来落实对物的收益权"①。遗传资源多以动植物物种资源为载体表现出来，是地方特殊自然环境下产生的自然瑰宝，但遗传资源本身的保存和延续也是地方性知识的体现。民族地区的传统民族文化也是典型的地方性知识，其蕴含了少数民族群众的集体智慧，并构成一个民族特有的气质，是其宝贵的精神财富。在国家立法层面应该就这些少数民族传统文化资源权利保障出台专门规范，赋予其特殊财产权地位，并结合地域及民族因素，确定其权利归属。从而在此基础上，建立许可使用制度，保护他们分享由此产生的惠益，这样不仅能够让少数民族群众从企业开发、运营活动中获取经济利益，实现文化资源的经济价值，使依赖于自然风光和民族文化的产业发展成为重点生态功能区新的经济增长点，而且客观上也能最大限度地控制民族文化资源的使用，使民族元素不被滥用。

（三）构建以林业碳汇为代表的生态产品交易机制

"'生态产品'系生态系统通过生物生产并与人类生产共同作用，为人类提供最终福祉产品服务的重要基础之一。"② 从形成来看，生态产品是指纯自然功能提供给人类的生态服务，如清新的空气、清洁的水源。过去，由于这些生态产品提供的生态服务没有直接体现人类劳动，从劳动价值论的角度看，不认为其具有价值；且因为生态服务的无形性，虽不可替代但"用之不觉，失之难存"，人们也感受不到它的存在，更遑论经济价值。随着人类活动占据了越来越多的自然资源，生态产品的效用伴随稀缺性凸显出来，生态产品的保有和维持本身也需要人们投入劳

---

① 何平：《成本视角下的遗传资源财产权保护制度设计研究》，《法学杂志》2018 年第 10 期。

② 张兴、姚震：《新时代自然资源生态产品价值实现机制》，《中国国土资源经济》2019 年 12 月 4 日，https：//doi.org/10.19676/j.cnki.1672-6995.000374。

动①，所以无论是从"效用价值论"还是从"劳动价值论"的角度看，生态产品都具有经济价值。但这个经济价值如何实现？学者们提出生态服务资本化的思路，即利用森林、草地、湿地等生态资产的生态服务能力获取经济收益的方式。"基于政府政策的生态补偿和基于市场的生态服务付费是两种相互补充的生态服务价值实现机制，通过对生态服务价值的开发、资本运作，使生态服务许可证能够在市场平台上进行交易，使其价值得以真正实现。碳汇交易是目前发展相对较成熟的生态服务交易形式，企业减排二氧化碳的义务可通过在市场上购买森林固碳作用价值得以抵消。"②

基于政府政策的生态补偿重在补偿，体现环境利益正外部性的公平分配机制，仅能弥补生态建设者的成本和损失；从激励的视角看，构建市场的生态服务付费机制才能实现增收的发展目标。提供生态产品本身就是重点生态功能区的主体功能，如果在生态补偿的基础上能够通过市场交易机制实现生态产品的经济价值，就为民族地区重点生态功能区找到了经济发展的新途径。但显然不是所有的生态产品都适宜通过市场的付费机制实现经济价值，有的依附传统产业如旅游业为当地群众增收，有的可以独立发展为新型产业，如学者们提出的碳汇交易。碳汇交易建立在林业碳汇的基础上，林业碳汇是指"通过实施造林再造林和森林管理、减少毁林等活动，吸收大气中的二氧化碳并与碳汇交易结合的过程、活动或机制"③。民族地区有着丰富的碳汇资源，马楠博士曾基于第七、第八次全国森林资源普查数据，核算了民族八省区目前森林碳汇总体储量以及市场价值约 43.39 亿元，总量较为可观，④ 被划入重点生态功能区的地区，林业碳汇量将进一步增加。虽然实践中国内外的碳汇经

---

① 放弃利用的消极劳动或者类似造林营林的积极劳动。

② 高吉喜、范小杉、李慧敏、田美荣：《生态资产资本化：要素构成、运营模式、政策需求》，《环境科学研究》2016 年第 3 期。

③ 张伟伟、高锦杰：《碳汇林供给的经济条件分析——兼论政府在碳汇交易机制中的作用》，《东北师范大学学报》（哲学社会科学版）2019 年第 1 期。

④ 马楠：《民族地区森林碳汇与碳汇经济发展的研究》，《广西民族研究》2018 年第 4 期。

济项目类型①民族地区已经实现全覆盖，但项目总数有限，且各项目的经济价值有限，收益在区域经济发展中所起的效应微乎其微。

要实现林业碳汇经济成为民族地区重点生态功能区建设中持续性、普遍性发展的产业，需要国家层面的统一立法使交易具有规范性和可操作性，尤其是立法要创生出大规模的碳汇需求，毕竟供求机制才是产业发展的基础，仅靠体现社会责任的个体捐资发展民族地区的碳汇经济无疑是杯水车薪。因为从国际市场来看，美、日相继退出《京都议定书》，有减排义务的发达国家数量减少；且《京都议定书》中规定的"CDM项目核准的独立第三方不在中国，碳汇项目从注册到审核都不由中国决定，这无疑都增加了碳汇交易的难度"②。而欧盟碳汇交易制度虽日趋完善，但发展趋势却是非欧盟体系国家完全参与不进去。根据欧洲议会和理事会第 2003/87／EC 号指令，只允许欧盟成员国的经营者之间，以及欧盟成员国的经营者和已批准《京都议定书》附件 B 所列的第三方国家的经营者之间可以进行欧盟碳排放配额的交易。

从国内市场来看，林业碳汇交易分为自愿交易和碳排放权交易下的林业碳汇交易即负有强制减排义务的企业购买林业碳汇以折抵自身碳排放量的一种碳排放权交易。前者如中国绿色碳汇基金会建立的捐资造林碳汇项目，企业和个人捐资到中国绿色碳汇基金会，由基金会实施碳汇造林、森林经营等项目，林木所吸收的二氧化碳记入企业和个人碳汇账户并在网上公示。目前这些项目也在民族地区有部署实施，如云南腾冲、内蒙古多伦，但供求机制才是产业发展的基础，仅靠企业和个人的捐资发展民族地区的碳汇经济无疑是杯水车薪。后者中国自愿减排项目（CCER）也不能为民族地区碳汇经济发展提供充分稳定的市场需求。虽然目前全国共有九个交易机构完成备案准许开展 CCER 交易业务，CCER 先于碳排放额实现了全国性交易，可在各试点碳市场中流通，是

---

① 目前，我国参与的国际林业碳汇项目主要有三种类型：联合国清洁发展机制项目（CDM）、国际核证碳减排标准项目（VCS）、国际核证碳减排黄金标准项目（GS）。国内项目是根据发展改革委 2012 年 6 月发布的《温室气体自愿减排交易活动管理暂行办法》实施的中国自愿减排项目（CCER）和中国绿色碳汇基金会组织实施的项目。

② 陈欣：《我国林业碳汇交易实践与推进思路》，《理论探索》2013 年第 5 期。

形成全国统一碳市场的纽带。但仅有被纳入碳排放配额管理的企业才有购买需求，而根据国家发展改革委印发的《全国碳排放权交易市场建设方案（发电行业）》和前期地方碳排放权交易试点的情况来看，实行配额管理的企业覆盖行业绝大多数为热电、钢铁、化工等高耗能行业，全国范围内的企业配额管理尚未实现。并且，即便是在已经实行配额管理的行业和地区，企业能够用于抵消碳排放量的碳减排量十分有限①。

因此，通过立法构建林业碳汇交易机制，是实现林业碳汇市场经济价值的制度条件。首先，在自然资源开发利用形式多样化的背景下，碳汇作为自然资源，也必须明晰产权，即确定交易标的及其权属，这是交易的前提。立法要确认碳汇的物权属性，并结合林业产权构建碳汇认证制度，由于产权是一揽子权利的统一体，包括所有权、使用权、经营权、收益权、处置权、转让权等，林业产权具有复杂样态，而碳汇是附着于林业资源的衍生自然资源，其归属权的认定要结合林业产权不同样态做出确定，明确碳汇归属权及其计量方法。其次，有排放配额压力且允许企业购买碳汇折抵排放量是企业购买碳汇资源的动力机制，应在全国范围内尽快实现全行业企业配额管理，并且在已经实行配额管理的行业和地区，允许排放企业通过购买林业碳汇抵扣减排任务，并加大企业能够用于抵消碳排放量的碳减排量，也可以考虑建立购买碳汇抵环境税制度。再次，制定全国统一的交易规则，就碳汇项目的开发、注册、交易、管理、监管以及交易过程中森林资源经营、森林生态保护做出统一规定，并就碳汇交易平台及中介机构的资质、业务范围、具体权利义务及责任做出规定，这些独立认证和监测（检测）机构、资产评估机构、审计机构、相关代理机构的积极参与会使得市场交易更为活跃和规范。最后，立法规定监管机制和风险防范机制。监管机制应包括交易总量的控制机制、交易结果的评价机制、交易全过程的监控机制，因为碳汇交易合同的履行需要对碳汇进行估算、测量，也需要相关行政职能部门监督交易双方是否履约，如碳汇出让方是否承担营林造林义务、碳汇购买方用于抵扣的减排量是否超过其所购买的林业碳汇的吸收量。风险防范

---

① 目前，各试点地区允许折抵的比例为1%—10%，即最高不超过10%。

机制是碳汇交易机制中保障林农参与碳汇交易积极性的重要举措，因为林业碳汇项目实施周期长，在林木生长的周期内，火灾、虫害都可能让林业资源发生不可逆转的损害；一旦签订碳汇交易合同，林农作为供给方不仅要承担林木生长的自然风险，还可能因林木毁损承担违约责任，这显然将降低林农的参与积极性。

第三节　民族地区地方立法的主要内容和模式选择

在国家层面的立法从限制性规范、补偿性规范、激励性规范三个层面进行完善之后，民族地区就重点生态功能区建设的地方立法也应跟进，或在国家立法对地方事权提出限制性要求的基础上规范地方事权的行使方式、方法及程序等执行问题，或就重点生态功能区建设中的地方性事务出台地方规范，或就民族地区重点生态功能区建设中急切需要规范又缺乏国家立法的问题先行试点立法，或就涉及少数民族权益保护的问题行使自治立法权变通国家已有立法。总之，民族地区地方立法的内容是相对国家立法而言的，是在与国家立法的动态关系中变化的。因此，民族地区的地方立法应根据国家立法进程实际选择立法内容，并结合民族地区具体立法主体的层级，确定地方立法的形式是地方性立法①还是自治立法。在此，只能就民族地区地方立法的主要规范内容、立法模式、立法保障措施进行初步思考。

一　民族地区地方立法内容的初步设想

民族地区在重点生态功能区建设中行使地方立法权（包括自治立法权），通过立法做出哪些规定，应该由法规草案的制定主体在调研的基础上，结合本地实际情况，设计一系列法律制度来协调人与环境、人类不同主体的利益，即"要逐步建立使所有利益相关者（包括政府、土地使用者、公众等）都有积极性和主动性的制度"②。依照一以贯之的分析框架，此处仍然从限制类规范、补偿类规范、激励性规范三个方面来

---

① 此处地方性立法是狭义层面上的，仅指排除了民族地区自治立法的地方立法。

② 张蕾：《生态修复如何治标又治本》，《光明日报》2016年5月27日。

进行论述。

（一）限制类规范

1. 生态空间用途管制制度

一个地方的发展不可能完全与过去脱钩，像广西金秀县这样几乎完全依靠旅游文化产业的县域在民族地区毕竟不是全部，还有很多民族地区重点生态功能区的县域如湖北恩施州所辖各县还是要在保证主体功能的前提下发展经济，多头并进。因此，在国家层面制定了《国土空间规划法》后，所有地区都实现了"多规合一"的制度背景下，民族地区被划入重点生态功能区的县域都结合资源特色和历史基础制定了县域空间规划，科学划定生态空间、农业空间、城镇空间"三区"，实现县域每个地块用地属性的唯一性。为保障提供生态产品的主体功能，在重点生态功能区县域占比最大的必然是生态空间，如何通过开发许可、转用许可等手段来控制空间用途改变，需要通过地方立法细化落实生态空间用途管制制度。《中共中央国务院关于建立国土空间规划体系并监督实施的若干意见》也指出，应"因地制宜制定用途管制制度，为地方管理和创新活动留有空间"。

民族地区重点生态功能区的地方立法主要应从准入条件、转用规则、审批流程等方面着手构建符合地方实际情况的生态空间用途管制制度。区域准入对区域内的生产建设活动提出要求，必须符合区域内开发强度、范围等要求。生态空间用途管制与生态保护红线制度相关联，生态保护红线以内的生态空间原则上按照禁止开发区的要求进行管理，红线外的区域原则上按照限制开发区的要求进行管理。

在生态空间准入条件上，民族地区重点生态功能区的地方立法可以依照生态红线的划定，将生态空间分为重要生态空间和一般生态空间两类实行分别管理。重要生态空间是指生态保护红线以内的生态空间，在这类生态空间实行正面清单管理，只允许原住居民正常的生产生活活动和生态恢复和环境治理项目，一般生态空间是指生态保护红线以外的生态空间，对这类生态空间不同地区可以根据地方生态环境状况和产业发展的实际需求，细化准入制度。如对一般生态空间的准入条件规定，可以采取负面清单管理，也可以采取正面清单管理，或者明确允许、限制、禁止的产业和项目类型清单，提出城乡建设等活动的规模、强度、布局和环境保护等方面的限额要求，给地方政府较大的自由裁量权。

在制定转用规则上，仍然以生态保护红线为分界线区分内外两类生态空间。各地方立法原则上，都应规定禁止生态空间向城镇空间和农业空间转化的行为，但不禁止反向转化；是否鼓励反向转化，各地方视情况自行决定。特殊情况下，允许生态空间向城镇空间和农业空间转化，但应就转用条件和审批程序进行详细的规定。转用条件上需满足具有增加利得可能性、安排了占补平衡和补偿工作等要求，并且生态空间向城镇空间、农业空间转变及生态空间内生态用地转建设用地、农业用地还必须通过项目可行性研究环境影响评价。此外，应当严格限制重要生态空间转为一般生态空间，因为生态保护红线是国家生态安全的最底线，除非这类转化涉及国家重大工程需要或者涉及国家安全和社会公众利益。

审批流程上，本质上用途转用许可是行政许可的一种，应当遵守行政许可的相关程序规定。但民族地区重点生态功能区的地方立法可以构建有效的监督程序，尤其是重视社会监督程序设计。社会监督有助于确保公共政策执行信息反馈的完整性和科学性，加强对公共政策执行主体的行为监控和责任追究，防止公共政策执行失去实效，维护公共政策的权威。生态空间用途管制社会监督的前提是公众首先要知晓本地空间规划的情况，且在发现违反空间规划进行空间利用行为的时候知晓应向哪个部门举报，并有举报的动机。因此，为充分发挥群众监督的作用，地方立法应着力规定空间规划公开的方式及平台，注重对社会公众的空间规划教育。同时，建立行政部门联动机制，即无论哪个行政部门接到群众举报，都应立即将举报信息转到自然资源主管部门，因为社会公众不一定清楚生态空间用途管制制度的行政主管部门。并且，有必要通过立法建立举报有奖制度，鼓励公众提供执法线索。实践证明，举报有奖制度能够改变公众对损害生态环境但没有对自己的经济利益造成实质性损害行为的态度，如湖北恩施州 2015 年 4 月出台《恩施州环境违法行为有奖举报实施办法（试行）》，其后仅仅半年之内，全州环境违法行为举报受理中心受理各类环境违法行为举报 669 件，共查处 431 件，兑现奖励资金 13900 元。

2. 完善环境管理领导体制及问责制度

（1）完善领导体制

生态功能区建设涉及大气、水质、土壤、绿化以及动植物物种等一系列自然环境和人居环境要素的改进与优化，因此它关联的工作内容颇多，而且工作周期长。不仅如此，其每一项工作内容都牵涉众多政府职能部门。拿大气污染治理来说，与该项工作内容相关的职能部门包括环保、发改、经信、商务、住建、财政、农业、公安和质监等委局。以水污染防治为例，其责任部门包括环保、发改、财政、住建、公安、水利、水产局、畜牧、卫计、交运、规划、国土、农业、质监等委局。由于生态文明建设关涉的内容多，关联的职能部门多，而且很多工作必须守正笃实、久久为功、驰而不息才能取得成效，这不可避免地会使部分职能部门产生机会主义行为——懈怠执行、选择执行、推诿责任和逃避责任等。不仅如此，关涉众多的政府职能部门如果没有统一的领导机构或协调机构来沟通相关信息和整合相关资源，也不可避免导致政府内部各职能部门功能的过度分化与隔离——即各自为政，给信息和资源的深度利用带来一系列困难。

针对前文分析的没有权威领导机构协调工作和多头管理的问题，民族地区应通过地方立法完善领导体制，构建跨部门进行合作和协调的整体性机制，加强政府组织内部信息的有效沟通和行政资源的有效整合，进而通过权威性力量的输出来督促和约束下级政府与相关职能部门充分履行环境管理职责。具体而言，一方面，根据党政一把手对地方生态文明建设同负主体责任的规定，民族地区纳入生态功能区的各县要设立党委和政府一把手担任正副组长的生态文明建设领导小组，各专项工作要设立以分管的县委常委和副县长为正副组长的领导小组，其功能在于沟通上下级政府间与各职能部门间的信息，并协调整合行政资源强化执法；另一方面，要建章立制，保证各专项领导小组定期召开工作会议，通报各专项工作具体任务的进展和完成情况，并协调相关职能部门开展后续具体工作。必要时，下级政府和各职能部门在上级领导的协调下，定期开展相关联合执法行动。

（2）健全考核及问责制度

"任何一项对地方政府官员的考核，目的都是揭示官员的行为与当地政府绩效的关系，并以考核结果为依据对地方官员实施奖励或惩罚。通过奖励建立激励机制和惩罚建立约束机制，促使地方官员的行为收敛于考核指标，从而实现通过考核贯彻中央政策、促进地方发展的目的。因此，绩效指标对地方政府行为具有重要的引导作用，不仅要基于反映地方发展的客观状况，而且要充分考虑绩效考核指标的总体激励效果。"① 基于此，民族地区生态功能区的各级政府领导干部目标考核的指标内容一定要结合本地生态功能区建设的实际情况和现状，设计科学合理的考核指标内容体系，并量化考核标准，以便衡量和考核下级政府和各职能部门相关工作完成的情况，为问责程序的启动提供规范的依据。

以恩施州为例，从目前恩施州已有的各类关于生态文明建设的目标责任考核办法来看，待完善之处有以下几个方面：一是要科学区分下级政府和职能部门的工作内容和职责权限，不能将本属于职能部门的职权责任向下推移给乡镇政府。乡镇政府是最基层的政权机关，也是没有自己工作部门或执法权的基层政权，它更多的是配合上级职能部门来开展工作，如辖区发生环境污染事件，直接责任主体应是环境保护部门，而不是乡镇人民政府。二是设计客观合理的考核内容。如农村环境管理的重点指标内容是垃圾集中处理、沿河垃圾清理、畜牧养殖污水处理排放、村容整洁等内容，对破坏山体、森林、水质的违法行为乡镇政府是否及时上报处理等。对水污染防治的日常工作细节主要是沿河的排污和垃圾，考核指标内容是断面水质是否达标合格，但是水源地与老百姓的饮水安全息息相关，更要作为防治的重点。因此，水源地污染防治除了要强化河水流经地管控工作，同时也要对水源地周边排污和网箱养鱼等问题进行治理。三是设计合理的考核标准。如果仅有考核指标内容而没有考核标准，就无法通过量化的方式来掌握其年度工作目标的完成情

---

① 张万宽、焦燕：《地方政府绩效考核研究——多任务委托代理的视角》，《东岳论丛》2010年第5期。

况。因此，在大气污染防治专项工作中，除了要细化考核指标内容外，应尽快制定有关考核标准。

此外，要健全问责制，通过完善的责任追究与监督体系来避免环境保护工作有法不依、执法不严、违法不究甚至徇私枉法等种种不良现象的滋生，有效实施环境监管，推进生态文明建设。目前，恩施州虽建立了领导干部生态政绩考核评价体系，但是问责制并不是很细致，应根据《领导干部自然资源离任审计规定（试行）》和《党政领导干部生态环境损害责任追究办法（试行）》积极探索出台相应的责任追究实施细则。

从审计的角度看，在重点生态功能区县对领导干部做自然资源离任审计的时候，针对乡镇一级自然资源资产管理职能没有下放，仍掌握在县级相关部门的情况，地方立法应拓展审计对象范围，将乡镇党政主要领导干部和国土资源、林业、水利、农业等县级自然资源资产管理部门同时作为审计对象。并规定审计内容应考量被审计领导干部所在区域的生态环境现状、生态环境敏感度、生态系统主体功能定位等，针对自然资源资产的不同类型和不同功能，依据重点生态功能区类型分别确定审计内容。审计结果纳入领导干部个人档案，作为领导干部任用、处理时的重要依据。

从问责的角度看，地方立法要全面细致就以下内容作出规定：对于问责的主体，除了内部问责，还要发挥异体问责的作用，发挥大人、政协以及人民群众的监督制约作用。对于问责的对象，针对生态环境保护、生态文明建设中存在的党政分工不明而导致的党委决策、政府行政部门人员被追责的现象，恩施州要建立一套党政同责的问责制度。党委不仅仅是生态文明建设的领导者，更是责任者，构建党委的生态文明建设"主体责任"，进而改变当今名为党政问责实为行政问责的问责现状。对于问责的范围，不仅是指违法行使职权要追责，还包括在应该履职的时候消极怠工及履职中不勤勉精进，所以对于问责范围不能仅限于做错事，还要加强对于那些故意拖延以及能力有限的领导干部的处理。对于问责的程序，要细化问责的受理机关、启动程序，同时给予被问责的领导干部发表意见、申诉的机会。

3. 细化落实环境影响评价制度

环境影响评价①制度很好地体现了环境法预防为主的原则，是改变过去环境保护末端治理诟病的有效手段。目前，围绕环境影响评价制度，我国已经建立了较为完善的法律体系，除《环境保护法》中的相关条款外，《中华人民共和国环境影响评价法》已于 2002 年颁布，此外还有《规划环境影响评价条例》《建设项目环境保护管理条例》以及环境保护单行法如《海洋环境保护法》《大气污染防治法》中的相关规定及生态环境部颁布的相关规章，如《建设项目环境影响评价分类管理目录》等。虽然这些法律法规为在生态脆弱区建立重点保护区各项活动中执行环境影响评价制度提供了有力保障，但仅有这些国家层面的立法是不够的。

（1）地方立法扩大规划环境影响评价的范围

规划环评改变了过去政府部门在做宏观规划决策时将经济利益摆在首位的弊端，创新了宏观决策的科学模式。依照《环境影响评价法》和《规划环境影响评价条例》的规定，目前我国规划环评的范围是"国务院有关部门、设区的市级以上地方人民政府及其有关部门，对其组织编制的土地利用的有关规划，区域、流域、海域的建设、开发利用规划"②和"国务院有关部门、设区的市级以上地方人民政府及其有关部门，对其组织编制的工业、农业、畜牧业、林业、能源、水利、交通、城市建设、旅游、自然资源开发的有关专项规划（以下简称专项规划），应当在该专项规划草案上报审批前，组织进行环境影响评价"③。但具体范围，行政法规授权国务院环境保护主管部门会同国务院有关部门拟定后，报国务院批准后执行④。经过查询，笔者发现早在 2004 年国家环保总局就印发了《编制环境影响报告书的规划的具体范围（试行）》和《编制环境影响篇章或说明的规划的具体范围（试行）》的通知，明确

---

① 《中华人民共和国环境影响评价法》第 2 条规定："环境影响评价是指对规划和建设项目实施后可能造成的环境影响进行分析、预测和评估，提出预防或者减轻不良环境影响的对策和措施，进行跟踪监测的方法与制度。"

② 《环评法》第 7 条和《规划环境影响评价条例》第 2 条。

③ 《环评法》第 8 条和《规划环境影响评价条例》第 2 条。

④ 《规划环境影响评价条例》第 9 条。

列举了应当进行环境影响评价的区域规划和专项规划的范围（环发〔2004〕98号），该文件目前尚未废止，是目前确定规划环评范围的最权威依据。

从这个文件中可以看到，所有应该进行规划环评的区域和专项规划层级上必须是省级及设区的市级以上地方政府及其有关部门制定的，内容上必须是开发利用规划，包括土地利用总体规划、国家经济区规划、流域海域开发利用规划及国民经济各行业发展规划。而民族地区建设重点生态功能区应立足于当地国土空间的整体，可能有的地方仅仅是一个县域的范围划入了重点生态功能区，那么规划环评制度就无法适用于县级政府及其有关部门制定的规划。如被划入重点生态功能区的县建设工业园区的规划可能仅由县级政府或其有关部门制定，尚不属于适用规划环评的范围。因此，民族地区可以通过自治立法扩大需要进行规划环境影响评价的范围，明确规定重点生态功能区县域内的工业园区规划必须包含环境影响评价的内容。将工业园区建设纳入专项规划环评的范围，以园区选址为基础，以不对临近区域生态系统产生不良影响为目标，依据工业园区的产业定位及规模规划，分析工业园区环境承载力，即确定园区环境质量底线（包括水环境、大气环境、土壤环境质量目标）和污染物排放总量管控限值，并设计相应的环保基础设施规划，如污水集中处理规划、固废处理处置规划等。

在工业园区规划环评的基础上开展入园项目环评，做到项目环评与规划环评有机结合，实现从宏观到微观层面的环境准入，解决重点生态功能区产业准入负面清单制度中限制类产业发展管控标准缺失的问题。虽然在制度规定上，项目环评的责任主体是具体项目的建设单位，规划环评的责任主体是政府及各部门，且两者关注重点完全不同，不能相互替代。但两者之间密切关联，项目环评在规划环评前期计算出的园区环境质量控制上限、资源利用上限等总量控制的基础上，进行总量分解，对各个项目提出明确的准入标准，特别是污染物排放水平、清洁生产水平、资源利用效率等指标尽量量化。只有通过科学测算和分析，环评结论能够达标的项目才能入园，达不到标准的坚决不能入园，或进行技术改造升级后才能入园。

　　另一方面，规划环评所针对的适用范围是开发利用规划，而重点生态功能区建设目的是要逐渐消除人类活动对环境的不利影响，并通过科学论证设计符合自然规律的生态修复方案，加快自然修复过程。一个区域的生态修复方案显然不是现有规划环评制度所涵盖的范围。区域的生态修复方案虽然不是开发利用活动，且从总体上来说是对环境有正效应的活动，但生态修复过程毕竟会对区域环境直接产生影响，也应该纳入规划环评的范围。因此，应该通过地方立法扩大需要进行规划环境影响评价的范围。

　　（2）地方立法扩大项目环境影响评价的范围

　　项目环境影响评价在我国实施时间较早，按照《环评法》和《建设项目环境保护管理条例》的规定，"在中华人民共和国领域和中华人民共和国管辖的其他海域内建设对环境有影响的建设项目，必须进行环境影响评价"。建设项目是指"按一个总体设计组织施工，建成后具有完整的系统，可以独立地形成生产能力或者使用价值的建设工程"[①]。我国根据建设项目对环境的影响程度实行分类管理，生态环境部出台《建设项目环境影响评价分类管理名录》，具体规定了各种类建设项目环境影响评价的要求。在重点生态功能区进行生态修复既有宏观范围的修复计划也有局部尺度的具体修复项目，如人工造林、平整土地等。以人工造林为例，在实践中，"为了早见效或兼顾提高农民收入，许多生态修复工程会引进一些速生、高产或高经济价值的作物、树种或草种，一般在初期有很好的效果，但几年后不少项目会出现减产乃至绝产、病虫害增加、生物多样性减少、作物的化感效应蔓延等现象，不仅达不到预期目标，反而使生态系统更加退化"[②]。虽然《建设项目环境影响评价分类管理名录》规定了环境敏感区，建设项目的环境影响评价文件应当就该项目对环境敏感区的影响作重点分析。但这些人工造林项目本身不是建

---

　　① 参见百度词条：建设项目，https：//baike. baidu. com/item/%E5%BB%BA%E8%AE%BE%E9%A1%B9%E7%9B%AE。

　　② 蔡运龙：《生态修复必须跳出"改造自然"的老路》，《光明日报》2016 年 2 月 19 日，第 11 版。

设项目，不在环境影响评价制度的适用范围之内，而诸如此类的生态修复项目必须考虑生物与环境相适应，生物多样性是生态系统稳定的必要条件等自然规律，否则可能事倍功半。因此，有必要通过地方立法，扩大项目环评的范围，将生态修复工程也纳入环境影响评价的范围。以植树造林进行林区的生态修复为例，有些南方民族地区在空白林地种植了大量桉树，因为桉树生长周期短，可以快速成林，有"速生桉"之美誉。但桉树同时也是一种掠夺性极强的植物，其不仅大量吸水，而且会释放出有害物质抑制其他植物生长。因此，生态修复项目实施之前，也有必要进行环境影响评价，在评估项目实施之后对周围动植物及生态系统造成损益比的基础上再决定是否实施该项目。

此外，民族地区重点生态功能区所处地理位置有很多是特殊自然景观所在地，有很高的审美和艺术价值，可能会成为一些人文活动如影视剧的拍摄场所，而影视剧的拍摄造成自然景观和生态环境的破坏，早有报道。如由于剧情及拍摄的需要，剧组方会在景区搭建一些建筑，使用大体量的设备，还有剧组工作人员产生的生活垃圾等，都会造成景区生态环境的破坏。所以，环境影响评价的适用范围各重点生态功能区在制定地方立法时应结合当地的实际情况，有针对性地做出明确规定，增加建设项目以外的各种造成生态影响的人类活动作为环境影响评价制度的适用范围。在俄罗斯的环境立法中，有一种称为"生态鉴定"的环境影响评价制度可以借鉴。《俄罗斯联邦生态鉴定法》第一条规定："生态鉴定是指查明拟议进行的经济活动和其他活动是否符合生态要求，并确定是否准许生态鉴定对象予以实施。其目的在于预防这些活动对自然环境可能产生的其他后果。"生态鉴定制度的目的，就是要通过这一程序来证明拟议进行的活动是否有不能允许其实施的原因，证明该活动方案的设计人员是否有过错或过失。

（二）补偿类规范

1. 地方立法规范生态补偿资金的使用

地方立法一方面要结合各单行法中对于地方立法的授权性规定，根据地区实际情况，制定相关的补偿办法，在补偿主体、补偿对象、补偿标准等方面给予地方政府明确的执行依据。如根据《野生动物保护法》

第十九条①的规定，如果有的民族地区野生动物数量众多、野生动物分布地与当地群众生产生活区交织较多，就应该制定地方法规，明确规定补偿资金的来源、补偿对象的确定、补偿标准、补偿程序、主管部门、监督程序等，弥补当地群众的经济损失从而提升大家保护野生动物的积极性。

另一方面，地方立法要结合当地的实际情况包括财政财力大小，对省内层面的财政转移支付和省内的横向补偿机制做出规定。由于目前重点生态功能区财政转移支付资金由中央财政拨付到省，再由各省拨付到被划入重点生态功能区的县，为解决重点生态功能区县级财力薄弱导致产业负面清单有关专项资金投入不足的问题，民族地区在制定地方重点生态功能区转移支付分配办法时，可以在测算因素部分将贯彻产业准入清单制度的要求体现出来。目前各民族地区重点生态功能区转移支付资金分配办法规定的计算公式具有共性，即某县重点生态功能区转移支付补助额＝按标准财政收支缺口测算的转移支付＋按生态治理及环境保护因素测算的转移支付＋生态护林员补助＋奖惩资金。其中，生态护林员补助按 2016 年国家林业局联合财政部和国务院扶贫办下发《关于开展建档立卡贫困人口生态护林员选聘工作的通知》统一发放；体现地区差异的主要是生态治理及环境保护因素的测算标准，如广西以石漠化防治因素、森林因素、国家保护区因素、漓江保护因素四个方面测算，宁夏以生态保护系数、环境质量系数、生态治理系数三个方面测算。可以在这个计算公式的基础上，增加一项"按产业准入负面清单实施因素测算的转移支付"，测算标准由产业退出补助、产业升级技改资金投入、绿色产业扶持引导三部分组成。同时，"在推进区内横向转移支付工作时首先应出台区一级的单行条例，如《广西重点生态功能区财政转移支付

---

① 《中华人民共和国野生动物保护法》第十九条规定："因保护本法规定保护的野生动物，造成人员伤亡、农作物或者其他财产损失的，由当地人民政府给予补偿。具体办法由省、自治区、直辖市人民政府制定。有关地方人民政府可以推动保险机构开展野生动物致害赔偿保险业务。有关地方人民政府采取预防、控制国家重点保护野生动物造成危害的措施以及实行补偿所需经费，由中央财政按照国家有关规定予以补助。"

条例》，将区内横向转移支付行为纳入法治的轨道"①。

并且，作为受偿地的民族地区还应通过立法明确规定受偿资金的使用范围、途径、标准和监督机制。所有生态补偿的地方立法都离不开政府这个主体，从不同角度看，政府既是补偿者也是受偿者。一方面，地方政府作为地方公共利益的代表，对为生态保护做出贡献提供良好环境公共产品的主体进行补偿；另一方面，地方政府作为地方群众的代理人和地方生态保护的组织实施者接受上级政府拨付或横向给予的生态补偿资金。而确保地方政府掌握的各种来源的生态补偿金成为当地群众收入来源的一部分，才能使生态补偿惠及当地群众，成为弥补世居民族发展权损失的有效手段。因此，还要通过立法规范、约束地方政府使用生态补偿金的行为，包括使用主体、适用范围、使用方法、使用程序、监督机制等，其中尤其要注重规范性程序的规定，在决定资金用途的时候要贯彻公众参与原则，信息公开，吸纳当地利益相关者、有关专家、社会组织参与讨论，在广泛征求意见的基础上形成科学决策，这也是对利益相关者发展权损失进行弥补的需要。地方立法也应当结合当地实际情况，通过生态补偿资金的运用创新管护制度，将实践中行之有效的方法固定下来并持续发展，如实施"退牧还草"的重点生态功能区，不只是要"退牧"，更重要的是还要"还草"，不仅要对"退牧"后主要生活来源减少的牧民进行补贴，更要组织、激励大家进行生态治理，"还草"并治理草原上的鼠虫害问题。

2. 地方立法保障生态移民的权利

考虑到移民成本的问题，已经进行的生态移民实践按照迁移距离有就近安置和跨县区安置两种模式，具体模式有学者在进行田野调查后归纳出四种类型：跨县农业集体安置方式、就近安置（还是被安排在贫困县的生态脆弱区内）、城镇安置方式（新兴城镇吸纳周边农牧区迁出人

① 谭洁：《民族地区重点生态功能区财政转移支付法治化研究——以广西三江、龙胜、恭城、富川为例》，《中南民族大学学报》（人文社会科学版）2019年第1期。

口）、整体搬迁的三江源生态移民①。虽然该学者是以我国西北部地区的
生态移民为研究对象，但其实我国民族地区的生态移民也基本上是采取
这几种安置方式进行的，如云南、贵州。可见，即使是跨区域安置，也
只是跨县。从发展的角度看，也有学者在研究新疆少数民族地区生态移
民的政策措施时，提出"从长远来看，如果仅限于地州范围内实施移民
搬迁，那么实施后效果不明显，可能存在二次搬迁需求。因此需要彻底
打破行政区划限制，实施新疆范围内的移民搬迁规划，从而在根本上为
南疆贫困地区农村发展开辟新的空间。要制定一系列迁入补偿政策，鼓
励各地州积极参与并接收贫困地区搬迁人口"②。但无论如何，未来生态
移民跨省迁移不大可能出现，毕竟跨省迁移各方面成本太高。

此外，生态移民毕竟不是在全国范围内普遍发生的社会事实，没有
必要在全国范围内统一立法。民族地区被划入重点功能区有生态移民需
要的地方，可以结合当地的实际情况，以地方性法规的形式规范生态移
民事项。制定地方性法规的地方人大及其常委会由地方各族群众选举的
人大代表组成，既有政府部门的公职人员、也有普通群众，代表不同的
利益群体，地方人大代表一般也生于地方、长于地方，熟悉地方情况，
能够结合地方的经济发展程度、风土人情、文化习俗等因素进行立法，
保证地方立法的可行性和必要性，建立起保障生态移民权益的长效机
制。立法内容框架大致可以包括以下几个部分。

（1）生态移民的权利

以立法明确规定生态移民的权利，实质上是通过立法赋予生态移民
法定权利，是实现权利从应然状态到实然状态的关键一环，避免生态移
民因为权利的不确定性而导致利益得不到保障。并且通过规范性的法律
文件，赋予移民主体这些法定权利，是"将边缘群体引入决策或边缘群
体自动参与决策事务的过程，是个人或群体尤其是弱势群体涉足、影响

---

① 孟向京：《西部生态移民迁入地选择与生态保护》，《西部发展评论》2011年（年
刊），第75—82页。

② 陈玉兰、刘维忠、匡延昌、热合曼江·居马：《新疆少数民族地区生态移民的方式及
政策研究》，《现代农业科技》2007年第22期。

经济社会的能力的增强。对于像移民群体这样的弱势群体来说，他们参与的能力与条件极为不足，实际影响力太小，所以才迫切需要增强，需要赋权，从而帮助他们和其他群体一样通过行使自己的正当权利而维护自己的利益"①。

首先，从尊重人权的角度出发，迁徙自由权是应该赋予生态移民的权利。而迁移自由权行使的结果很大程度上取决于人们对于迁移后生活情况的了解程度，所以知情权是必不可少的。并且移民影响着相关人群的重大切身利益，参与权是必须赋予移民的权利。因为在移民参与权缺失的情况下，移民规划的制定与实施可能会给移民的生活、生产带来很多不便，最终降低人们对政府的信任感和对移民规划的认同感，反对移民的实施和相关项目的建设，引起社会混乱。其次，目前最大的问题是移民后续发展问题，虽然一部分人有故土难离的心结，但如果彻底解决了后续发展问题，人们还是愿意向往更好的生活。但在迁移过程中，原有的房屋、承包的土地这样一些基本生活、生产物资是无法随之迁移的，其他财产损失也不可避免，所以因为搬迁导致的财产损失能否获得补偿决定了迁移的意愿，补偿权是有必要赋予环境移民的法定权利。搬迁后的后续发展，包括产业转移、受教育情况等，内容较多且不同地区情况不同，可以笼统概括为发展权。对于少数民族地区的生态移民而言，还有文化权益的保障问题，可以称之为文化权。再次，为了保障生态移民的权益，对组织移民的主体、实施补偿的主体的监督权是必不可少的。

（2）义务主体及其义务

权利总是对应着义务的，一方权利的实现依赖于相对方义务的履行，正如消费者权利的实现依赖于经营者、社会、国家责任的履行一样，生态移民的法定权利在法律做出明确规定后仍然停留在纸面，实践中必须通过义务主体履行义务才得以变成现实。

从民族地区建设重点生态功能区的主导主体是地方政府和移民实践的可行性两方面探讨，政府是最重要的义务主体，无论是从迁入地点的

---

① 黄廷政、段跃芳：《通过赋权创新移民安置方式》，《人民长江》2009年第3期。

选择还是移民规划的制定，到后续的补偿及发展所必需的基础设施、政策制定等，无一不是政府职能的体现。的确，政府强有力的行政管理手段和完备的行政网络使得政府成为移民组织者的最佳人选。且由于生态移民一般在相对固定的范围进行，在国家财政拨付支持资金的前提下，基层地方政府是组织实施的适宜主体，甚至有学者直接提出"乡级政府在生态移民中起主导作用，是环境移民的具体落实者"①。从尊重迁徙自由权的角度出发，生态移民应该是一种诱导型移民，"在需要迁移的地区，需要政府积极工作，将生态移民与退耕还林（草）、构建和谐社会、社会主义新农村建设等农村工作紧密结合起来，促使生态恶化地区居民实现迁移。这时通过政府的土地政策、户籍政策、资金补助优待等诱导力的强化，可以强化生态移民压力，使移民的压力超过潜在移民者移民所需推力的熵值，从而形成移民的动机"②。

从宁夏、内蒙古等省区的实践看，生态恶化地区的人们是否愿意迁移及迁移后能否安心在新居住地生活涉及的关键问题包括户籍政策、土地承包政策、迁移补助政策、产业发展扶持政策，等等。因此，组织实施移民的地方政府要及时发布信息，让移民群众了解发展项目与移民安置的各种信息。并且，从制度层面上保证移民群众有正式的参与途径，通过移民代表，让移民群众介入移民项目及移民规划当中。迁移前，地方政府要完成迁入地房屋、基础设施的建设，迁移补偿款发放等工作；迁移完成后，地方政府要及时为移民办理落户手续，应制定一套具体可行的管理办法，放松对限制开发区域和禁止开发区域的生态移民落户限制，简化落户手续。还有土地承包经营权的异地置换、产业发展的基础投入等工作都要跟上。

3. 地方立法规范社区共管

当前，我国正在进行以国家公园为代表的自然保护地建设，各种类型的自然保护地作为禁止开发区在重点生态功能区内呈点状分布。作为

①　张小明、赵常兴：《诱导式生态移民的决策过程和决策因素分析》，《环境科学与管理》2008 年第 5 期。

②　同上。

一种能够兼顾自然保护与当地经济发展，且借助地方性知识保护自然、保存与自然息息相关的民族文化的有效方式，社区共管应得到重视。民族地区被划入重点生态功能区的地区，要注意借鉴自然保护区建设中社区共管的经验教训，各地通过调研在准确把握共管内涵的基础上，结合当地实际情况①，通过地方立法设计切合地方实际的社区共管模式，构建起具有长效效应的社区共管机制，包括构建社区共管体制、建立有效磋商机制、确立管理契约制度、设立有关特许经营制度②，等等。其中，核心问题是要通过地方立法明确当地社区的权利，从而围绕权利构建一系列的行权机制。

首先，立法应该通过一定方式明确管理方和公众方对于当地自然资源的权利义务，明晰产权，形成约束，实现共赢发展的共管目标。从公平正义的角度出发，要尊重确认世居民族利用自然资源的传统习惯及赋予世居民族参与自然保护地管理的权利；从有利于环境保护和修复的目的出发，要将世居民族开发利用自然资源的行为统一于自然保护地的建设目标并明确约束要求。其他国家由于土地权属制度不同，已经通过实践形成了一些卓有成效的做法，我们可以借鉴。主要是通过管理契约由管理部门与土地使用人就土地利用形式进行协商，在此基础上对土地使用人的权利和义务进行明确约定以实现保护区的管理目标③。

其次，要构建全过程参与机制，充分调动社区成员的积极性，使他们积极参与到共管中。"众多的研究表明，生存在自然资源社区周围、对自然资源有依赖的居民，他们的地方性知识所凝聚成的长期生活习俗与生活方式都隐含着对当地生物多样性保护极其有效的生态智慧和生存技能，这些智慧与技能对当地生态环境的维护具有直接的利用价值。"④ 在禁止开发区建设保护区的过程中，要充分尊重当地居民的意

---

① 如果有的自然保护地人烟稀少，不存在社区，也就没有建立社区共管制度的必要了。

② 这些具体制度的一般性设计论证，参见张华、张立《浅论构建我国自然保护区社区共管模式的法律机制》，《法学杂志》2008年第4期。

③ 英国、墨西哥、哥斯达黎加等国家都有类似做法。

④ 唐远雄、罗晓：《中国自然资源社区共管的本土化》，《贵州大学学报》（社会科学版）2012年第2期。

见，建立公众参与和磋商机制，建立管理部门与当地群众的沟通机制，吸收当地群众参与可能对其有影响的生态修复项目的决策和执行过程。如管理部门与当地群众签订生态管护合同，逐步建成完善的多元化社区共管机制，使生态保护与全民利益融为一体，从根本上实现生态保护社会化。

最后，地方立法规定保护区的管理部门承担规范、帮助、服务世居民族群众参与社区共管的义务。在管理方与当地社区签订共管协议的基础上，管理方要承担起督促检查当地群众按照协议约定的方式利用自然资源的义务，并为履约有困难的群众提供物质和技术帮助，以及相关的信息提供、财务结算等服务，为世居少数民族群众从自然资源中获取生计来源提供便利条件。

（三）激励类规范

重点生态功能区的建设是民族地区一次新的发展机遇，能较好地解决经济发展和环境保护的矛盾，这些地区在限制性规范的约束下实现主体功能并依法获得各种补偿。但在此基础上，各地还应结合地区实际情况调整产业结构实现增收，最终实现差异化发展目标。其中，有效运用地方立法也是促进地方产业结构调整的方式之一，通过法律的指引和规范作用，明确适宜地方发展的新型产业及政府、市场主体在产业发展中的行为界限，尤其是将地方政府对产业发展的宏观调控和市场规制职责固定下来，权利化、义务化、责任化地推动各项工作，让市场主体的投资行为有可预期的收益。

"一般认为，在重点生态功能区应当选择以当地再生资源禀赋为依托，拥有比较优势的环境友好型产业作为主导产业来培育发展。"① 一个地区的发展不可能与过去的基础完全割裂，从工业发展的基础来看，民族地区被划入重点生态功能区的地区有些有较好的工业基础，如依托当地丰富的森林资源森工产业发达；有些拥有得天独厚的自然环境，气候和空气指标优良，历史上不是工业地区，工业基础薄弱，甚至是几乎没

---

① 向平安、姚瑶：《重点生态功能区特色工业选择的实证研究》，《湖南社会科学》2016年第3期。

有环境污染的历史欠债。从少数民族文化传承的现状来看，有些位于自治州或自治区之下的县，早已实现多民族杂居，民族文化的鲜明特色呈现不突出；有些是少数民族自治县，拥有内涵丰富的民族文化，且各少数民族文化中都蕴含了自觉保护生态环境的传统美德，如划定渔猎时段、划定柴山等传统习俗就保护了自然环境。因此，各民族地区在建设重点生态功能区的过程中虽然要积极学习其他地方的有效经验，但经验不可完全复制，在产业发展上还是要思考如何结合本地特点走自己的道路。有的需要实现产业发展转型，传统工业变为限制类产业入园发展，满足更高的污染物排放标准和能耗标准；有的需要依托当地自然资源优势，开发有形特色产品及新型的无形产品如前文提及的林业碳汇；有的则可以通过特色鲜明的少数民族文化吸引外来游客，发展旅游业。

就通过地方立法促进产业发展的角度看，无论是选择哪一种产业作为民族地区重点生态功能区的主导产业，通过实践探索实现制度创新，立法大致都应包括以下内容：首先是明确地方政府应当将某产业发展作为长期战略，从战略定位和目标设定的高度明确产业地位，发挥立法的指引作用，为地方主导产业发展指明方向。其次，在地方立法的主体内容部分，要具体规定保护和发展两大块的行为规范。无论是传统产业升级还是新型产业开发，都要从这两个方面去设定政府及市场主体的行为规范。就传统产业升级而言，保护的行为规范重在禁止产业发展持续造成对当地自然环境的污染和自然资源的耗费；就新型产业开发而言，保护的行为规范重在建立各种具体制度如建立档案、确定保护名录及制止滥开发利用行为等保护自然资源和民族文化。保护类规范还应确定政府主管职能部门及其监管义务。在保护的基础上进行开发利用，相关的制度设计主要应着眼于地方政府及其相关职能部门的策划、帮扶、组织、宣传、教育职责，尤其要注重设置资金保障制度，如明确规定相关工作经费纳入政府财政预算，并依法发挥财政资金的引导作用，鼓励社会资本参与主导产业发展。最后，地方立法一定要设立相应的责任条款，针对市场主体的禁止性行为和政府主体的监管义务规定否定性的法律后果，在国家立法规定的处罚幅度内适当提高处罚下限，从重设定处罚。

二　民族地区地方立法的形式和方法

（一）要地方立法不要区域立法

目前，《主体功能区规划》划定的 25 个重点生态功能区都是大区，包括多个县级行政区。建设重点生态功能区，实质上是在一个特定区域进行生态系统管理，"必须要考虑的因素包括生态自然环境、地形地貌、降雨量、人口、经济发展总体水平、产业结构、农业状况、城市环境、政府财政、政府机构设置与协调等等非常多的情况。这些情况必须综合考虑，才能更好地实现生态系统管理。因此，生态系统管理应在区域或地方政府的管理下有助于发挥灵活、适度的管理"[1]。那么，在立法形式上，民族地区重点生态功能区建设的地方立法应采用区域立法还是地方立法的方式呢？

区域立法的概念经历了一个发展的过程，早期区域立法和地方立法区别不大，"区域立法是指省一级人大常委会针对某一方面的特殊需要，制定地方性法规，在本行政区的某一特定区域施行的立法活动"[2]。而"地方立法是指地方国家机关在行使监督权和行政管理权的过程中，制定地方性法规和地方政府规章的行为"[3]。从这两个概念的界定出发，早期区域立法的概念是从属于地方立法的，两者的立法主体同一，但区域立法仅指适用范围是立法主体所在行政区内某一特定区域。但随着区域发展一体化和区域环境保护的快速推进，区域立法的概念有所变化，现在所言"区域立法"中的"区域"概念"一般是由几个跨省行政区划的部分或全部组成的、具有内部同质性或功能一体化的地域范围，是一个由诸多部分组成的系统"[4]。从经济发展的角度来看，我国目前已经有长三角区域、泛珠三角区域、京津冀区域、东北区域等；从环境保护的角度来，流域区域也已出现，如长江流域、太湖流域等。可见，随着发展的需要，现在研究的"区域立法"，视角已经转变，特指超出省级行

---

① 赵绘宇：《生态系统管理法律研究》，上海交通大学出版社 2006 年版，第 96 页。
② 王泽云：《关于"区域立法"问题的探讨》，《法学论坛》1993 年第 1 期。
③ 张淑芳：《地方立法客体的选择条件及基本范畴研究》，《法律科学》2015 年第 1 期。
④ 王春业：《自组织理论视角下的区域立法协作》，《法商研究》2015 年第 6 期。

政区划的跨行政区划立法。毋庸置疑，区域立法现在也是环境保护立法领域的热点话题，区域立法能满足生态系统完整性不被行政区划分割的弊端，实现生态系统管理的法治化，现实中已经出现的流域立法就是典型的代表。《主体功能区规划》划定的 25 个重点生态功能区基本上都是跨省份的大区，似乎区域立法是更为理想化的模式，但实则不然。

第一，重点生态功能区与流域生态特性不同。在生态系统管理法治化的进程中，流域管理是最适合跨区域立法的一种类型，因为"流域在其边界范围内由于水资源的自然流动性形成了一个十分重要的自然—经济—社会复合生态系统，这一系统之内的自然要素、经济要素、社会要素相互联系、相互作用、相互制约"①。环境法学者普遍认为应该针对流域专门立法并设立流域管理机构，如曹明德认为，"江河流域的综合管理就是全面考虑整个流域的生态资源状况而采取的一系列管理方法和措施，改善全流域的规划、生态保护、水的开发和利用、森林、土地和水生资源等，以求经济和社会利益的最大化，形成公平的、可持续发展的流域环境系统。这个方法的实施要靠专门针对江河流域管理的法律以及合理的管理机构设置"②。但重点生态功能区是以土地为载体进行的区域划分，土地对比流域而言，相对静止和固定，一定区域内围绕着土地空间产生的环境影响对其他区域土地空间的影响较小，重点生态功能区建设的立法是否应采取区域立法的模式值得商榷，至少在必要性问题上不如流域立法。

第二，"土地环境演变的要素分析不是一劳永逸的，不同时期不同尺度同一区域土地环境影响要素都会不同，而具有不同发展特点的不同区域土地环境影响要素也不同"③。区域生态系统管理不仅要人们关注区域内的单个环境要素，还要关注各个环境要素构成的生态系统及外界因素对系统的影响，把区域内有关经济、社会发展问题都纳入区域立法的

① 陈晓景、董黎光：《流域立法新探》，《郑州大学学报》（哲学社会科学版）2006 年第 3 期。

② 曹明德、黎作恒：《〈黄河法〉立法刍议》，《法学评论》2005 年第 1 期。

③ 李景文、陆妍玲、叶良松、殷敏：《对象化土地环境天地生要素时空演变分析方法》，《土壤》2014 年第 4 期。

范围。目前重点生态功能区的划分是大区，跨越多个省、市、县，如果进行区域立法，难以体现各自的发展条件和现实需要。尤其是《立法法》修改后规定设区的市具有立法权①，这为重点生态功能区立法提供了新的思路，即不一定是由省级立法机关作为立法主体，设区的市也可能作为立法主体，而依照《民族区域自治法》的规定，自治县也可以制定自治条例和单行条例。各地应按照重点生态功能在本行政区域内的具体占比决定地方立法主体，进而决定地方立法的层级，保证地方立法切实可行。

　　第三，已有的流域立法实际上也没有脱离国家立法和地方立法的现行机制。在区域立法的主体问题上，我们赞同王春业教授提出的观点，"地方主体在区域立法协作中具有其独特的优势"②，但地方立法主体采取什么样的形式来进行区域立法呢？实践中已经出现了地方立法主体合作立法的模式，如湖北恩施土家族苗族自治州和湖南湘西土家族苗族自治州就酉水河保护合作立法出台《酉水河保护条例》；还有地方政府共同制定"区域规章"，如《东北三省政府立法协作框架协议》。《酉水河保护条例》由跨省的两个州人大合作立法，采取了分别委托专家拿出条例草案、分别讨论、联合讨论、分别通过的方式③，两部法律的基本原则和协作机制是一致的，但条文也不完全相同，如网箱养鱼问题，恩施州的条例规定完全禁止，而湘西州通过的条例由于解决移民安置问题的需要没有禁止，这也体现了区域生态系统管理与经济、社会发展问题一

―――――――――――

　　①　《立法法》第72条规定："设区的市的人民代表大会及其常务委员会根据本市的具体情况和实际需要，在不同宪法、法律、行政法规和本省、自治区的地方性法规相抵触的前提下，可以对城乡建设与管理、环境保护、历史文化保护等方面的事项制定地方性法规。"

　　②　王春业教授详细论述了中央立法难以包办地方立法中的事项，并从实验性、紧迫性、特色化三个层面论述了地方立法主体在区域立法协作中的优势。王春业：《自组织理论视角下的区域立法协作》，《法商研究》2015年第6期。

　　③　《湘西土家族苗族自治州酉水河保护条例》2017年1月9日湘西土家族苗族自治州第十四届人民代表大会第一次会议通过，2017年3月31日湖南省第十二届人民代表大会常务委员会第二十九次会议批准；《湖北恩施土家族苗族自治州酉水河保护条例》2016年9月29日恩施土家族苗族自治州第七届人民代表大会常务委员会第三十二次会议通过，2016年12月1日湖北省第十二届人民代表大会常务委员会第二十五次会议批准。

体化的现实需求，流域保护立法既要考虑流域整体保护的科学性，也要充分权衡地方流域资源对当地经济、社会发展的影响。

（二）灵活选择地方立法的具体形式

从有效性需求的角度出发，在国家层面制定《空间规划法》《生态补偿条例》等法律法规的基础上，民族地区重点生态功能区建设更应注重地方层面的立法。现行民族区域自治制度下产生了分别对应于省、市、县三个行政区划级别的自治区、自治州、自治县三个层级的自治机关，可以根据重点生态功能区在民族地区的划定情况灵活选择行使三个层级的地方立法权。如有的重点生态功能区所辖县全部位于一个自治区①，就可以出台自治区层面的立法；有的重点生态功能区所辖县不在自治区，但在自治州②，就可以出台自治州层面的立法；有的重点生态功能区所辖县既不在自治区，也不在自治州，但这些县自身就是少数民族自治县③，就可以出台自治县层面的自治立法。

诚然，从县一级的角度看，只有少数民族自治县享有立法权，可以制定自治条例和单行条例，而自治区和自治州层面的立法呈现出自治立法权和地方立法权之纠葛。就此纠葛，我国民族法学专家提出按照《立法法》和《民族区域自治法》的规定，"只有那些属于聚居少数民族独有的政治、经济和文化事务才能成为自治立法的事项范围，而那些聚居少数民族与其他散居少数民族和汉族的共同事务则超出聚居少数民族'内部事务'之外，外溢为民族自治地方共同的地方事务，成为地方立

---

①　阿尔泰山地森林草原生态功能区所辖县、塔里木河荒漠化防治生态功能区所辖县、阿尔金草原荒漠化防治生态功能区所辖县都全部位于新疆，呼伦贝尔草原草甸生态功能区所辖县、阴山北麓草原生态功能区所辖县都全部位于内蒙古，藏东南高原边缘森林生态功能区和藏西北羌塘高原荒漠生态功能区所辖县都全部位于西藏。

②　如武陵山区生物多样性与水土保持生态功能区跨湖北、湖南、重庆三省，其中湖北省的利川市、建始县、宣恩县、咸丰县、来凤县、鹤峰县都是湖北恩施土家族苗族自治州所辖县。

③　如武陵山区生物多样性与水土保持生态功能区下辖的重庆五县：酉阳土家族苗族自治县、彭水苗族土家族自治县、秀山土家族苗族自治县、武隆县、石柱土家族自治县，其中有四个是自治县。

法权涵括的事项范围"①。民族地区重点生态功能区建设中的地方立法理应秉持这一原则,在自治区和自治州层面决定是行使自治立法权还是地方立法权制定法规。

（三）专家立法是有效提升地方立法能力的方法

当然,立法首先是人类的智力活动,一部地方立法的出台需要前期调研、起草、论证修改等各个环节,智力支持不够是制约民族地区尤其是基层地方立法水平的重要因素,我们在金秀县人大走访时其法制办主任反复强调这一点。因此在为生态功能区建设提供法律依据的迫切任务下,提升民族地区地方立法的水平是亟待解决的问题。"专家立法"不失为一种迅速提高民族地区地方立法水平的可行方法。所谓"专家立法"是指专家参与立法,即立法机关以外的专家或者专门机构,通过一定的程序和形式参与到立法工作中来,承担一部分立法工作或者提出相关的意见建议。专家参与立法主要有以下几种表现形式:一是参加座谈会、论证会;二是委托开展立法调研评估;三是起草法律法规草案;四是全程参与立法;五是开展立法研究;六是担任立法助理②。其中,第三种方法起草法律法规草案是最直接有效的发挥专家智识,也是能够最快提升民族地区基层立法机关立法水平的方法。实践中已有多个地方人大采用这一方法,如《三亚市山体保护条例》就是委托武汉大学环境与资源保护研究所的专家团队起草条例草案,《珠海市环境保护条例》就是委托中南财经政法大学环境与资源保护研究所的专家团队起草条例草案。也有民族地区成功采用这一方法,如湖北恩施州人大制定的《酉水河保护条例》就以课题招标的形式委托湖北民族学院的专家团队起草该条例草案。

诚然,专家立法能够为民族地区基层立法权的行使提供智力支持,快速有效地解决民族地区基层立法权行使困难的问题。但专家立法要取

---

① 潘教授继而对"聚居少数民族独有的政治、经济和文化事务内容进行类型化分析,以期清晰地展示民族自治地方自治立法权的具体事项范围"。参见潘红祥《论民族自治地方自治立法权和地方立法权的科学界分》,《法学评论》2019 年第 3 期。

② 参见浙江省人大常委会法制工作委员会《专家参与立法体制机制研究》,中国人大网,2016 年 9 月 18 日。

得成效，也要求专家实现工作方式的转变，从思想者到行动者①。此外，生态功能区建设表面上看是要实现案牍上的规划，实则涉及复杂的利益调整。之所以通过立法规范生态功能区建设活动，就是要解决不同主体对环境资源多重属性价值的争夺，通过协调各方主体对环境资源的利益需求实现人与自然的和谐发展。因此，民族地区在制定生态功能区建设的地方法规时，必须协调好生态保护与世居民族生存发展的关系、生态保护与经济发展的关系、公民与政府的关系、不同政府部门之间的关系②。从操作性的角度探讨，委托专家制定的法规草案在论证环节可以组织当地地方政府各相关职能部门的工作人员、公众代表及没有参加草案起草工作的其他专家参加讨论。

（四）正当程序设计提高地方立法质量

"立法本质上是一个利益表达、利益协调、利益整合和利益分配的交涉过程，这个交涉过程是以求得共识、达成合意和做出决定为目的的。它必须通过正当、合法的程序来保障，否则，就难以制定出察民情、表民意、聚民智、促民生、得民心的高质量地方性法规、规章。"③民族地区建设重点生态功能区，适用的限制类、补偿类、激励类规范都关乎当地群众的切身利益，相比相对抽象原则的国家立法，地方立法更具操作性和实施性，直接影响各类主体的社会经济活动，需要设计正当程序规制，保障地方立法具有民主性和公开性，让公众充分参与地方立法过程。这既有助于发挥当地群众的生态智慧，也能增强地方立法的公信力。

所以，在委托专家起草的基础上，要设计适宜的立法程序，让更多的利益相关者参与立法过程中。无论是地方政府职能部门的工作人员还是直接利用自然资源的牧民、林农，也许比外来专家都深谙当地实际环

---

① 曾经作为专家参与《珠海市环境保护条例》的全国政协社会和法制委员会驻会副主任吕忠梅教授曾经撰文就此进行探索和思考，详见《地方环境立法中的专家角色初探——以〈珠海市环境保护条例〉修订为例》，《中国地质大学学报》（社会科学版）2009年第6期。

② 廖华：《民族地区生态红线制度的地方立法研究》，《湖北民族学院学报》2015年第3期。

③ 石佑启：《论地方特色：地方立法的永恒主题》，《学术研究》2017年第9期。

境及自然资源的合理使用方式，因此要通过多种途径征求意见，需要正式的听证、协商、公示、评估制度，也需要非正式的将草案文本"送法下乡"，倾听牧民、林农的意见，保证立法的科学性和正义性。同时，在民族地区要特别注重立法前的调研工作，收集整理与立法相关的民间习惯法，并通过立法程序将这些体现世居民族世代传承的生态智慧知识的内容写进法案。这种立法手段可以避免新法与社会生活脱节的现象，制定出与当地资源环境特点相适应的地方法规，也容易使立法得到人们的认同，减少法律实施带来眼前利益损害所导致的抵触情绪，保证居民和企业的开发利用自然资源的行为符合区域主体功能定位，从而实现重点生态功能区建设目标。

余　　论

当然，立法不是万能的。并不是所有民族地区重点生态功能区建设中的法律问题都要通过制定或修订法律来解决，只是囿于研究的可行性，课题最终将对策的落脚点放在了文本的制定和修改上。有些问题，通过改进工作机制、整合利用现有资源可以得到解决，如前文提到的环境行政公益诉讼；有些问题，随着已经出台的一些改革措施也会有改善，如民族地区基层环境执法能力偏弱的问题，随着省级以下环保机构垂直管理试点改革的进行，这个问题也许能一定程度上得到解决。此处，仅就环境行政公益诉讼在民族地区执行的问题做一点思考。环境行政公益诉讼呈现出的外部督促效应与行政机关内部的组织激励体制相结合，对地方政府的督政效应明显，已然成为民族地区社会治理建设生态文明的有效手段，我国广大民族地区在建设重点生态功能区的过程中，应充分运用这一法治工具。至于环境行政公益诉讼在实践中遇到的问题，民族地区与全国其他地区有很大的共性，都可以通过以下几个方面的努力加以完善。

1. 拓宽案件线索来源渠道

检察机关可以通过以下三个途径拓宽案件线索来源渠道：第一，充分利用"两法衔接"平台，在履职中发现案件线索。早在 2001 年 7 月，国务院颁布《行政机关移送涉嫌犯罪案件的规定》就正式建立了"两法衔接"机制，检察机关在涉罪案件处理过程中，不仅有权介入行政执法领域，监督行政权恣意扩张问题，并且有权审查监督行政案件办理的基本情况和个案情况，以判断哪些案件是一般行政违法案件，哪些是涉罪案件①。以发现环境行政公益诉讼案件案源为目的，检察机关可重点关注行政机关录入两法衔接平台的环境行政执法案件，对其执法依据、程序、证据、是否已进行行政处罚等做跟踪调查。2017 年 2 月，环境保护部会同公安部、最高人民检察院发布了《环境保护行政执法与刑事司法衔接工作办法》，明确规定了环保部门移送案件的条件、时限和移送材料的要求，为检察监督发现环境行政公益诉讼线索提供了有力保障。

第二，密切关注环保督察反映的重点问题，跟进调查发现线索。虽然"中央环保督察的对象重点是省级党委和政府及有关部门，但可延伸至地市级党委政府及问题突出的县级党委政府"②。2018 年 1 月，最高检下发了《关于对一批破坏生态环境公益诉讼案件线索予以挂牌督办的通知》，即是要求对环保督察反映的相关重点问题加大办案力度。地方各基层检察院可延续这一思路，主动作为，重视环保督察发现的问题，研究判断在本辖区是否有案件线索。2014 年中办、国办通报的腾格里沙漠污染问题，就牵出了内蒙古阿拉善盟阿拉善左旗政府、腾格里工业园区管委会，在落实环境保护整改措施中，存在不作为、慢作为的问题③，及甘肃武威市和凉州区环保局不严格履行监管职责，监督检查流于形式，存在失职行为④。

第三，加大宣传力度，采取有效措施方便社会公众举报线索。公众参与权属于公众的基本权利，已成共识，其不仅体现为环境信息知情权、重大决策参与权，也应涵盖对环境行政执法行为的监督权。由于目前我国环境行政公益诉讼的原告资格只赋予检察机关，非行政行为相对人的公众也无法通过传统的权利救济方式监督行政行为，公众在发现行

---

① 邓中钢、陈谦：《"两法衔接"机制运行中的检察监督》，《湖北师范大学学报》（哲学社会科学版）2018 年第 4 期。

② 刘奇、张金池、孟苗婧：《中央环境保护督察制度探析》，《环境保护》2018 年第 1 期。

③ 张瑾娴：《内蒙古多名领导因腾格里沙漠环境问题被追责》，中国新闻网 2014 年 9 月 26 日，2018 年 12 月 7 日访问，http://www.chinanews.com/fz/2014/09-26/6635755.shtml。

④ 《甘肃武威一企业向腾格里沙漠排污董事长被调查》，http://www.xinhuanet.com/politics/2015-03/22/c_127606140.htm，2015 年 3 月 22 日。

政机关有违法行政或不作为导致国家或社会公共利益受到侵害时,向检察机关举报是行使参与权的有效方式。2018 年怒江州已经拍摄了三部公益诉讼专题宣传短片并在怒江电视台、怒江广播电视台及网络平台播出,提升了公众对公益诉讼的认知度。也可借鉴其他地方检察院的做法,构建便捷的举报渠道。如江苏泰州高新区检察院在"官微"上线"随时拍"平台,福建厦门集美区检察院建立由"网格员"组成的"集美生态环境公益微信群",方便辖区群众能够全天候随时随地将公益诉讼线索上传给检察机关①。这些举措有效地拓宽和提升了检察机关发现公益诉讼案件线索的途径和效率。

2. 内外助力健全调查举证机制

针对检察机关在环境行政公益诉讼中调查举证难的问题,首先应从理论上明确检察机关应承担什么程度的举证责任,即举证责任的配置问题。就此问题,学界大致形成了三种观点:与一般行政诉讼原告相同的举证责任;谁主张、谁举证;加重被告举证责任②。笔者认为应正确理解《试点办法》第 44 条的规定,检察机关只需提交"国家和社会公共利益受到侵害的初步证明材料"即可。因此调查举证的目的是证明国家和社会公共利益受到侵害,从环境行政公益诉讼的特点来看,就是证明环境利益受到了侵害,且维护该环境利益是某特定环境行政职能部门的权责内容,即确定检察建议的发送对象及被诉主体后就环境利益受侵害的客观事实负证明责任,而行政机关应当证明行政行为的合法性。其次,从检察系统内部来看,应充分利用现有司法警察资源,职务犯罪侦查工作划转监察部门之后,司法警察的工作量有所减少,在民行人员配备不足的情况下,可以让司法警察参与环境公益诉讼调查举证。从外部来看,可以引进专家辅助人制度,对调查举证所涉的技术性和科学性问题做专门指导。也可结合我国正在试行的生态环境损害赔偿制度,中央及各地的《生态环境损害赔偿实施方案》都有对评估机构的资质认定和

---

① 李延生、刘光辉:《浅议检察公益诉讼的办案流程》,《中国检察官》2018 年第 21 期。

② 关于这三种观点的详细论述参见林仪明《我国行政公益诉讼立法难题与司法应对》,《东方法学》2018 年第 2 期。

常规管理，旨在推进评估机构建设，这些评估机构也是有效的技术力量，可以参与到检察机关的调查举证工作中。

3. 加强说理优化检察建议

首先要仔细研究法律法规并做好调查核实工作，准确认定行政违法行为或不作为行为责任主体，保证发出的检察建议在建议对象上没有偏差。如 2016 年最高人民检察院公布的全国检察机关提起行政公益诉讼诉前程序的 15 个经典案例之一，山东省青岛市李沧区检察院办理的督促该区安全生产监管部门依法履行环境污染事故处置职责一案，在查清了安全生产监管部门与环境保护部门职能分工的基础上，对安全生产监管部门的行政不作为发出检察建议，取得了良好效果。其次，检察建议要在合法性的基础上加强说理，做到法理阐述深入、证据分析透彻、逻辑论证严密，体现出充分的说服力和可信力，以维护检察建议的专业性和权威性。具体内容可以由以下几部分组成：列明国家利益及公共利益受损的基本情况、检察建议的法律依据、被建议行政机关违法行使职权或者不作为的法律后果，被建议行政机关整改落实行为的具体标准、履职期限。至于具体的整改步骤、应采取行政行为的类别如是否应对行政相对人进行行政处罚甚至处罚的数额等具体执法问题，检察建议中不必列明，留待被建议行政机关自行裁量。因为检察机关与作为被建议对象的行政机关相比，其办案人员的环境治理、环境监管方面的知识储备及经验积累明显不足，且"裁量是行政法的基本概念，是行政实践的核心管理手段"①。

4. 明确履职标准衔接诉前起诉

根据《司法解释》第 21 条第二款的规定，书面回复只是诉前程序结案或转入诉讼程序的一个形式要件，其实质在于行政机关是否已经依法履职，实践中出现的"行政过程标准"和"后果主义标准"即是两种模式的履职标准。从环境行政公益诉讼的发生缘由和目的来看，应该以"后果主义标准"判断行政机关是否履职，因为诉前程序的提起是因

---

① ［德］汉斯·J. 沃尔夫、奥托·巴霍夫、罗尔夫·施托贝尔：《行政法》（第 1 卷），高家伟译，商务印书馆 2002 年版，第 360 页。

为国家或社会公共利益受到了侵害，其目的在于督促负有监管职责的行政机关履行职责，制止公共利益受侵害的现象延续、损害扩大，甚至应该治理、修复受损的生态环境使受损的环境公共利益回复至损害之前，唯有如此才能实现环境行政公益诉讼的初衷。但现实情况是，行政机关不履行法定职责往往有多重不可归责于己的外部原因，因此，2018 年11 月在第二次全国法院环境资源审判工作会议上，最高法环资庭副庭长、第三巡回法庭副庭长王旭光指出，判断行政机关是否依法履职时，应考虑行政机关接到检察建议后是否已经及时启动行政处罚的立案、调查等程序，是否存在未能在两个月内履职完毕的客观障碍①。可见，"依法履职"的标准应结合"行为主义"与"结果主义"两个模式：一般情况下以"结果主义"为已经履职的标准，特殊情况下即存在履职完毕的客观障碍时，以行政机关接到检察建议后是否立即启动具体行政行为程序并执行完毕为认定标准。

---

① 王玮：《最高法环资庭副庭长、第三巡回法庭副庭长王旭光回应：如何判断被诉行政机关是否依法履职》，《中国环境报》2018 年 11 月 29 日第 8 版。

参考文献

一 著作

蔡绍洪：《西部生态脆弱地区绿色增长极的构建》，人民出版社2015年版。

陈清秀：《法理学》，元照出版社2018年版。

费广胜：《经济区域化背景下地方政府横向关系研究——基于竞争与合作秉持的角度》，中国经济出版社2013年版。

冯兴元：《地方政府竞争：理论范式、分析框架与实证研究》，译林出版社2010年版。

韩立新：《环境价值论》，云南人民出版社2005年版。

黄茂荣：《法学方法与现代民法》，元照出版社2011年版。

姬振海：《生态文明论》，人民出版社2007年版。

李小云、靳乐山：《生态补偿机制：市场与政府的作用》，社会科学文献出版社2007年版。

李星星、冯敏、李锦：《长江上游四川横断山区生态移民》，民族出版社2008年版。

李永宁等：《生态保护与利益补偿法律机制问题研究》，中国政法大学出版社2018年版。

梁剑琴：《环境正义的法律表达》，科学出版社2011年版。

林彦：《法律保留制度的现状——基于询问答复的考察》，《宪法研究》（第十卷），四川大学出版社2009年版。

吕世伦、文正邦主编：《法哲学论》，中国人民大学出版社1999年版。

吕忠梅主编：《环境法学概要》，法律出版社2016年版。

秦玉才、汪劲主编：《中国生态补偿立法路在前方》，北京大学出版社 2013 年版。

冉冉：《中国地方环境政治——政策与执行之间的距离》，中央编译出版社 2015 年版。

阮荣祥等主编：《地方立法的理论与实践》，社会科学文献出版社 2011 年版。

色音、张继焦主编：《生态移民的环境社会学研究》，民族出版社 2009 年版。

孙雪涛、沈大军：《水资源分区管理》，科学出版社 2013 年版。

万本太、邹首民：《走向实践的生态补偿——案例分析与探索》，中国环境科学出版社 2008 年版。

汪劲：《环境法学》，北京大学出版社 2014 年版。

王彬辉：《加拿大环境法律实施机制研究》，中国人民大学出版社 2014 年版。

王浦劬等著：《中央与地方事权划分的国别研究及启示》，人民出版社 2016 年版。

王崟屾：《地方立法权之研究——基于纵向分权所进行的解读》，浙江工商大学出版社 2014 年版。

韦惠兰、宋桂英：《森林资源社区共管脆弱性研究》，甘肃人民出版社 2009 年版。

杨奕华：《问法为何物——人本法学导论》，元照出版社 2013 年版。

余俊：《生态保护区内世居民族环境权与发展问题研究》，中国政法大学出版社 2016 年版。

张宝：《环境规制的法律构造》，北京大学出版社 2018 年版。

张春生主编：《中华人民共和国立法法释义》，法律出版社 2000 年版。

张千帆：《国家主权与地方自治——中央与地方关系的法治化》，中国民主法制出版社 2012 年版。

张雪梅：《产业结构法研究》，中国人民大学出版社 2005 年版。

赵绘宇：《生态系统管理法律研究》，上海交通大学出版社 2006

年版。

赵胜才:《论区域环境法律》,光明日报出版社 2009 年版。

周慧杰:《复合生态系统演变与生态经济发展模式——以广西大新县湿热岩溶山区为例》,科学出版社 2015 年版。

二　译著

[德] 迪特玛尔·冯·德尔·普佛尔滕:《法哲学导论》,雷磊译,中国政法大学出版社 2017 年版。

[德] 汉斯·J. 沃尔夫、奥托·巴霍夫、罗尔夫·施托贝尔:《行政法》(第 1 卷),高家伟译,商务印书馆 2002 年版。

[德] 拉伦茨:《法学方法论》,陈爱娥译,商务印书馆 2003 年版。

[法] 孟德斯鸠:《论法的精神》,张雁琛译,商务印书馆 1995 年版。

[美] 埃莉诺·奥斯特罗姆:《公共事务的治理之道:集体行动制度的演进》,余逊达、陈旭东译,上海译文出版社 2012 年版。

[美] 科马克·卡利南:《地球正义宣言——荒野法》,郭武译,商务印书馆 2017 年版。

[美] 托马斯·R. 戴伊:《理解公共政策》,谢明译,中国人民大学出版社 2011 年版。

[瑞典] 托马斯·思德纳:《环境与自然资源管理的政策工具》,张蔚文、黄祖辉译,上海三联书店上海人民出版社 2005 年版。

三　期刊

安富海:《论地方性知识的价值》,《当代教育与文化》2010 年第 2 期。

包智明:《关于生态移民的定义、分类及若干问题》,《中央民族大学学报》2006 年第 1 期。

薄文广、安虎森:《主体功能区建设与区域协调发展:促进亦或冒进》,《中国人口·资源与环境》2011 年第 10 期。

财政部条法司第一党小组:《政府间财政关系研究及立法建议》,《中国财政》2019 年第 8 期。

曹昶辉:《当前边疆民族地区乡村振兴的阻滞因素及应对策略》,

《广西民族研究》2018 年第 4 期。

曹姣星：《生态功能区建设中政府行为的理性回归》，《鄱阳湖学刊》2014 年第 6 期。

曹姣星：《生态功能区建设中政府行为失范的具体表现与诱发因素分析》，《云南行政学院报》2015 年第 3 期。

曹明德，王良海：《对修改我国〈野生动物保护法〉的几点思考：兼论野生动物资源生态补偿机制》，《法律适用》2004 年第 11 期。

曹明德、黎作恒：《〈黄河法〉立法刍议》，《法学评论》2005 年第 1 期。

曹明德：《生态红线责任制度探析——以政治责任和法律责任为视角》，《新疆师范大学学报》（哲学社会科学版）2014 年第 6 期。

曹书、陈婉玲：《产业法之政策法源考——基于产业政策与产业法的关联性分析》，《辽宁大学学报》（哲学社会科学版）2019 年第 2 期。

曹正汉：《中国上下分治的治理体制及其稳定机制》，《社会学研究》2011 年第 1 期。

陈海嵩：《"生态红线"的规范效力与法治化路径——解释论与立法论的双重展开》，《现代法学》2014 年第 4 期。

陈华兴：《坚持自上而下和自下而上的辩证统一——浙江省改革开放 20 年来一条带规律性的成功经验》，《浙江学刊》1999 年第 2 期。

陈建樾：《以制度和法治保护少数民族权利——中国民族区域自治的路径与经验》，《民族研究》2009 年第 4 期。

陈伟：《我国环境立法对生态村建设的保障及其不足》，《兰州学刊》2019 年第 1 期。

陈湘满、刘君德：《论流域区与行政区的关系及其优化》，《人文地理》2001 年第 4 期。

陈晓景、董黎光：《流域立法新探》，《郑州大学学报》（哲学社会科学版）2006 年第 3 期。

陈欣：《我国林业碳汇交易实践与推进思路》，《理论探索》2013 年第 5 期。

陈玉兰、刘维忠、匡延昌、热合曼江·居马：《新疆少数民族地区生态移民的方式及政策研究》，《现代农业科技》2007年第22期。

但新球、喻甦、吴协保：《我国石漠化地区生态移民与人口控制的探讨》，《中南林业调查规划》2004年第4期。

邓中钢、陈谦：《"两法衔接"机制运行中的检察监督》，《湖北师范大学学报》（哲学社会科学版）2018年第4期。

丁玮蓉、张帆：《均衡性转移支付制度会带来地方政府福利性公共服务支出偏向吗?》，《财经论丛》2018年第10期。

杜群、车东晟：《新时代生态补偿权利的生成及其实现——以环境资源开发利用限制为分析进路》，《法制与社会发展》2019年第2期。

樊杰：《中国主体功能区划方案》，《地理学报》2015年第2期。

丰霏、王天玉：《法律制度激励功能的理论解说》，《法制与社会发展》2011年第1期。

封丽霞：《中央与地方立法事权划分的理念、标准与中国实践——兼析我国央地立法事权法治化的基本思路》，《政治与法律》2017年第6期。

傅伯杰、陈利顶、刘国华：《中国生态区划的目的、任务及特点》，《生态学报》1999年第5期。

高国力、李天健、孙文迁：《改革开放四十年我国区域发展的成效、反思与展望》，《经济纵横》2018年第10期。

高吉喜、范小杉、李慧敏、田美荣：《生态资产资本化：要素构成、运营模式、政策需求》，《环境科学研究》2016年第3期。

高吉喜、王燕、徐梦佳、邹长新：《生态保护红线与主体功能区规划实施关系探讨》，《环境保护》2016年第21期。

高利红、李培培：《中国古代流域生态治理法律制度及其现代启示》，《吉首大学学报》（社会科学版）2018年第6期。

葛根高娃、云巴图：《蒙古牧区生态移民的概念、问题与对策》，《内蒙古社会科学》2003年第2期。

葛少芸：《民族地区生态补偿机制问题研究——以甘肃甘南藏族自治区黄河重要水源补给生态功能区生态保护与建设项目为例》，《湖北民族学院学报》（哲学社会科学版）2010年第2期。

古小东：《基于生态系统的流域立法：我国水资源环境保护困境之制度纾解》，《青海社会科学》2018 年第 5 期。

郭小靓、原丽红：《我国生态文明建设的公共价值探析》，《学术交流》2017 年第 12 期。

郭延军：《立法是促进循环经济还是规范物质资源综合利用——以修订我国〈循环经济促进法〉为视角》，《政治与法律》2017 年第 8 期。

国家发展改革委宏观经济研究院国土地区研究所课题组：《我国主体功能区划分及其分类政策初步研究》，《宏观经济研究》2007 年第 4 期。

韩耀元：《准确把握诉前程序基本特征科学构筑诉前程序工作机制》，《人民检察》2015 年第 14 期。

韩永伟、高馨婷、高吉喜、徐永明、刘成程：《重要生态功能区典型生态服务及其评估指标体系的构建》，《生态环境学报》2010 年第 12 期。

郝时远：《构建社会主义和谐社会与民族关系》，《民族研究》2005 年第 3 期。

何芳、徐友宁、乔冈、陈华清、刘瑞平：《中国矿山地质灾害分布特征》，《地质通报》2012 年第 Z1 期。

何立环、刘海江、李宝林、王业耀：《国家重点生态功能区县域生态环境质量考核评价指标体系设计与应用实践》，《环境保护》2014 年第 12 期。

何平：《成本视角下的遗传资源财产权保护制度设计研究》，《法学杂志》2018 年第 10 期。

侯卓：《领域法思维与国家治理的路径拓补》，《法学论坛》2018 年第 4 期。

胡平仁：《法律政策学的学科定位与理论基础》，《湖湘论坛》2010 年第 2 期。

胡中华：《论环境损害为环境法学的逻辑起点》，《中国地质大学学报》（社会科学版）2012 年第 1 期。

黄斌斌、郑华、肖燚、孔令桥、欧阳志云、王效科：《重点生态功能区生态资产保护成效及驱动力研究》，《中国环境管理》2019年第3期。

黄军锋：《自治权与〈民族区域自治法〉及其在西藏的实施》，《西藏民族学院学报》（哲学社会科学）2014年第5期。

黄燎隆：《基于经济结构调整的主体功能区战略——以广西民族地区为例》，《沿海企业与科技》2013年第5期。

黄廷政、段跃芳：《通过赋权创新移民安置方式》，《人民长江》2009年第3期。

季卫东：《决策风险、问责以及法律沟通》，《政法论丛》2016年第6期

贾永健：《中国检察机关提起行政公益诉讼模式重构论》，《武汉大学学报》（哲学社会科学版）2018年第5期。

蒋培：《关于我国生态移民研究的几个问题》，《西部学刊》2014年第7期。

景守武、张捷：《新安江流域横向生态补偿降低水污染强度了吗?》，《中国人口·资源与环境》2018年第10期。

孔德帅、李铭硕、靳乐山：《国家重点生态功能区转移支付的考核激励机制研究》，《经济问题探索》2017年第7期。

孔祥稳、王玎、余积明：《检察机关提起行政公益诉讼试点工作调研报告》，《行政法学研究》2017年第5期。

李斌、石永明、赵伟：《重点生态功能区"点上开发、面上保护"土地利用模式探讨》，《重庆工商大学学报》（社会科学版）2019年第1期。

李春晖：《民族区域自治权的宪政分析》，《中央民族大学学报》（哲学社会科学版）2012年第3期。

李丹、裴育：《城乡公共服务差距对城乡收入差距的影响研究》，《财经研究》2019年第4期。

李国平、张文彬：《地方政府环境保护激励模型设计——基于博弈和合谋的视角》，《中国地质大学学报》（社会科学版）2013年第6期。

李国平：《国家重点生态功能区生态补偿契约设计与分析》，《经济管理》2014 年第 8 期。

李红：《青海藏区生态功能区的保护和建设措施研究》，《产业与科技论坛》2011 年第 14 期。

李景文、陆妍玲、叶良松、殷敏：《对象化土地环境天地生要素时空演变分析方法》，《土壤》2014 年第 4 期。

李俪娟：《金秀瑶族自治县森林生态公益林管护现状与对策》，《农村科学实验》2018 年第 1 期。

李少惠、赵军义：《民族文化产业"富饶型贫困"的生成及其突破——基于定性比较分析的解释》，《广西民族大学学报》（哲学社会科学版）2019 年第 5 期。

李姝：《城市化、产业结构调整与环境污染》，《财经问题研究》2011 年第 6 期。

李文华、李世东、李芬、刘某承：《森林生态补偿机制若干重点问题研究》，《中国人口·资源与环境》2007 年第 2 期。

李文华、刘某承：《关于中国生态补偿机制建设的几点思考》，《资源科学》2010 年第 5 期。

李延生、刘光辉：《浅议检察公益诉讼的办案流程》，《中国检察官》2018 年第 21 期。

李英伟：《民族地区立法自治权的反思与重构》，《广西民族研究》2019 年第 1 期。

李永宁：《论生态补偿的法学涵义及其法律制度完善》，《法律科学》2011 年第 2 期。

梁福庆：《中国生态移民研究》，《三峡大学学报》（人文社会科学版）2011 年第 4 期。

梁文永：《一场静悄悄的革命：从部门法学到领域法学》，《政法论丛》2017 年第 1 期。

廖华：《重点生态功能区建设中生态补偿的实践样态与制度完善》，《学习与实践》2020 年第 12 期。

廖华：《民族自治地方重点生态功能区负面清单制度检视》，《民族研究》2020 年第 2 期。

廖华：《重点生态功能区建设对民族地区资源配置权的限制及应对研究》，《中南民族大学学报》（人文社会科学版）2019 年第 4 期。

廖华、潘佳宇：《美国路易斯安纳州自然资源损害评估制度及其启示》，《中国环境管理》2019 年第 3 期。

廖华：《民族地区生态红线制度的地方立法研究》，《湖北民族学院学报》2015 年第 3 期。

林仪明：《我国行政公益诉讼立法难题与司法应对》，《东方法学》2018 年第 2 期。

凌斌：《法律的性质：一个法律经济学视角》，《政法论坛》2013 年第 5 期。

刘大洪、段宏磊：《谦抑性视野中经济法理论体系的重构》，《法商研究》2014 年第 6 期。

刘大洪：《论经济法上的市场优先原则：内涵与适用》，《法商研究》2017 年第 2 期。

刘国涛、张百灵：《从环境保护到环境保健——论中国环境法治的趋势》，《郑州大学学报》（哲学社会科学版）2016 年第 2 期。

刘海波：《我国中央与地方政制结构的分析与改进》，《改革内参》2006 年第 6 期。

刘剑文、侯卓：《事权划分法治化的中国路径》，《中国社会科学》2017 年第 2 期。

刘剑文：《论领域法学：一种立足新兴交叉领域的法学研究范式》，《政法论丛》2016 年第 5 期。

刘俊：《民族旅游村寨治理的法治维度——以贵州雷山县"西江模式"为例》，《原生态民族文化学刊》2019 年第 1 期。

刘奇、张金池、孟苗婧：《中央环境保护督察制度探析》，《环境保护》2018 年第 1 期。

刘卫先：《环境风险类型化视角下环境标准的差异化研究》，《中国人口·资源与环境》2019 年第 7 期。

刘学敏：《西北地区生态移民的效果与问题探讨》，《中国农村经济》2002 年第 4 期。

刘雁鹏：《中央与地方立法权限划分：标准、反思与改进》，《河北法学》2019 年第 3 期。

刘政磬：《论我国生态功能区转移支付制度》，《环境保护》2014 年第 12 期。

卢超：《从司法过程到组织激励：行政公益诉讼的中国试验》，《法商研究》2018 年第 5 期。

罗成书、周世锋：《以"两山"理论指导国家重点生态功能区转型发展》，《宏观经济研究》2017 年第 7 期。

吕凯波：《生态文明建设能够带来官员晋升吗？——来自国家重点生态功能区的证据》，《上海财经大学学报》2014 年第 2 期。

吕中国、强昌文：《论软法视野下的主体功能区规划创制与实施》，《华东经济管理》2013 年第 4 期。

吕忠梅：《地方环境立法中的专家角色初探——以〈珠海市环境保护条例〉修订为例》，《中国地质大学学报》（社会科学版）2009 年第 6 期。

吕忠梅：《关于自然保护地立法的新思考》，《环境保护》2019 年第 3 期。

马楠：《民族地区森林碳汇与碳汇经济发展的研究》，《广西民族研究》2018 年第 4 期。

马晓青、王天雁：《自然资源开发地居民利益损失补偿模式研究——以 8 省（自治区）少数民族地区为例》，《贵州民族研究》2015 年第 8 期。

毛舒欣、沈园、邓红兵：《西南地区少数民族传统生计变迁与农户生计安全》，《生态学报》2018 年第 24 期。

南文渊：《山水环境保护与民族文化传承的一体性》，《大连民族学院学报》2015 年第 6 期。

宁国良、杨晓军：《生态功能区政府绩效差异化考评的模式构建》，《湖湘论坛》2018 年第 6 期。

潘红祥：《论民族自治地方自治立法权和地方立法权的科学界分》，

《法学评论》2019 年第 3 期。

彭峰:《资源、废物抑或产业推动——我国〈循环经济促进法〉修订路径反思》,《政治与法律》2017 年第 9 期。

彭羽、王艳杰:《中国少数民族地区防风固沙功能区的研究》,《中央民族大学学报》(自然科学版)2008 年第 2 期。

祁毓、陈建伟、李万新、宋平凡:《生态环境治理、经济发展与公共服务供给——来自国家重点生态功能区及其转移支付的准实验证据》,《管理世界》2019 年第 1 期。

秦美玉、吴建国:《重点生态功能区民族城镇化发展评价指标体系构建研究——以四川羌族四县为例》,《西南民族大学学报》(人文社科版)2015 年第 10 期。

邱倩、江河:《重点生态功能区产业准入负面清单工作中的问题分析与完善建议》,《环境保护》2017 年第 10 期。

渠敬东:《项目制:一种新的国家治理体制》,《中国社会科学》2012 年第 5 期。

曲艳红:《民族法学的学科定位与研究进路——兼与法人类学、法社会学比较》,《中南民族大学学报》(人文社会科学版)2019 年第 1 期。

任翠池、张叶锋、赵春颖:《我国的生态安全问题》,《广西轻工业》2010 年第 7 期。

任洪源:《论主体功能区划与生态功能区划的关系》,《天津经济》2007 年第 8 期。

任世丹:《重点生态功能保护区生态补偿法律关系研究》,《生态经济》2013 年第 8 期。

任世丹:《重点生态功能区生态补偿正当性理论新探》,《中国地质大学学报》(社会科学版)2014 第 1 期。

任雪萍、左孝翰:《承接产业转移中环境保护的公众参与研究》,《学术界》2018 年第 1 期。

汝思思:《央地政府间事权划分的法治建构方法——以日本行政事权划分制度为中心的探讨》,《法学家》2019 年第 3 期。

桑敏兰：《论宁夏的"生存移民"向"生态移民"的战略转变》，《生态经济》2004年第S1期。

沈迟：《我国"多规合一"的难点及出路分析》，《环境保护》2015年第Z1期。

沈寿文：《国际视野下的中国民族区域自治权》，《云南大学学报》（法学版）2010年第1期。

沈孝辉：《自然干扰、人为干扰与生态修复》，《世界环境》2009年第3期。

施国庆、周建、李菁怡：《生态移民权益保护与政府责任——以新疆轮台塔里木河移民为例》，《吉林大学社会科学学报》2007年第5期。

施海智：《苏州生态补偿立法评析》，《知识经济》2018年第21期。

施红英：《环境功能区划与主体功能区划关系的思考》，《能源与节能》2019年第1期。

石佑启：《论地方特色：地方立法的永恒主题》，《学术研究》2017年第9期。

史玉成：《生态补偿制度建设与立法供给——以生态利益保护与衡平为视角》，《法学评论》2013年第4期。

舒银燕、庞娟：《广西基本公共服务均等化及对策研究》，《广西社会科学》2012年第1期。

宋华维：《资源配置权是少数民族经济发展权的一项重要内容》，《内蒙古农业大学学报》（社会科学）2008年第1期。

苏力：《大国及其疆域的政制构成》，《法学家》2016年第1期。

苏婷婷、陈吉利：《论我国国家公园生态补偿机制的构建》，《中南林业科技大学学报》（社会科学版）2019年第4期。

苏洨宇、王彦：《政府间事权与支出责任划分规制研究——基于"权责法定"原则的视角》，《东北财经大学学报》2019年第2期。

孙鸿烈、郑度、姚檀栋、张镱锂：《青藏高原国家生态安全屏障保护与建设》，《地理学报》2012年第1期。

孙志梅、李秀莲、张旭丽：《主体功能区规划视野下民族地区环境规制与环境绩效问题探讨》，《内蒙古财经学院学报》2012年第6期。

谭洁:《民族地区重点生态功能区财政转移支付法治化研究——以广西三江、龙胜、恭城、富川为例》,《中南民族大学学报》(人文社会科学版) 2019 年第 1 期。

谭丽:《论地方政府财政预算监督的公众参与——一个财政立宪角度的分析》,《法治论坛》2010 年第 1 期。

唐远雄、罗晓:《中国自然资源社区共管的本土化》,《贵州大学学报》(社会科学版) 2012 年第 2 期。

田国行、范钦栋:《绿地生态系统规划的基本生态学原理》,《西北林学院学报》2007 年第 4 期。

涂缦缦:《制定我国〈政府间财政关系法〉的重点与难点》,《政治与法律》2019 年第 8 期。

汪劲:《论生态补偿的概念——以〈生态补偿条例〉草案的立法解释为背景》,《中国地质大学学报》(社会科学版) 2014 年第 1 期。

王彬辉:《新〈环境保护法〉"公众参与"条款有效实施的路径选择——以加拿大经验为借鉴》,《法商研究》2014 年第 4 期。

王灿发、江钦辉:《论生态红线的法律制度保障》,《环境保护》2014 年第 2 期。

王春业:《行政公益诉讼"诉前程序"检视》,《社会科学》2018 年第 6 期。

王华、王珏、王石:《美丽中国视域下主体功能区建设中的利益驱动机制》,《西安交通大学学报》(社会科学版) 2018 年第 5 期。

王慧:《美国地方气候变化立法及其启示》,《中国地质大学学报》(社会科学版) 2017 年第 1 期。

王娇、周阳:《"三线一单"在工业园区规划环评中的应用研究》,《环境与发展》2019 年第 5 期。

王社坤:《〈生态补偿条例〉立法构想》,《环境保护》2014 年第 13 期。

王树新、李俊杰:《公共服务城乡发展一体化的影响因素》,《河北大学学报》(哲学社会科学版) 2013 年第 6 期。

王树义:《流域管理体制研究》,《长江流域资源与环境》2000 年第

4 期。

　　王韬洋：《基本的环境善物与罗尔斯的"基本善"》，《华东师范大学学报》（哲学社会科学版）2012 年第 6 期。

　　王万华、宋烁：《地方重大行政决策程序立法之规范分析——兼论中央立法与地方立法的关系》，《法学》2016 年第 12 期。

　　王曦、胡苑：《水土资源管理法律制度评价的要素量化评估法》，《上海交通大学学报》2006 年第 6 期。

　　王永莉：《主体功能区划背景下青藏高原生态脆弱区的保护与重建》，《西南民族大学学报》（人文社科版）2008 年第 4 期。

　　王勇、俞海、张猫姐：《我国生态公益岗位政策与实践：进展、问题及建议》，《环境与可持续发展》2019 年第 5 期。

　　王玉德：《中国环境保护的历史和现存的十大问题——兼论建立生态文化学》，《华中师范大学学报》（哲学社会科学版）1996 年第 1 期。

　　王玉宽、孙雪峰、邓玉林：《对生态屏障概念内涵与价值的认识》，《山地学报》2005 年第 4 期。

　　王允武：《民族区域自治制度运行：实效、困境与创新》，《中央民族大学学报》（哲学社会科学版）2014 年第 3 期。

　　王泽云：《关于"区域立法"问题的探讨》，《法学论坛》1993 年第 1 期。

　　文晓波、郎维伟：《身份与权利：民族差异化政策的思考——基于"正义"双重含义的视角》，《行政论坛》2015 年第 4 期。

　　吴凯、汪劲：《论作为领域法的环境法：问题辨识与规范建构》，《辽宁大学学报》（哲学社会科学版）2019 年第 1 期。

　　兀晶：《西部民族地区传统产业升级路径研究》，《贵州民族研究》2016 年第 7 期。

　　向平安、姚瑶：《重点生态功能区特色工业选择的实证研究》，《湖南社会科学》2016 年第 3 期。

　　徐鸿翔、张文彬：《国家重点生态功能区转移支付的生态保护效应研究——基于陕西省数据的实证研究》，《中国人口·资源与环境》2017 年第 11 期。

徐琪：《论"两山"重要思想的辩证之维》，《中南林业科技大学学报》（社会科学版）2019年第1期。

徐祥民：《地方政府环境质量责任的法理与制度完善》，《现代法学》2019年3期。

徐英兰：《完善环境行政公益诉讼制度之探究———以检察机关原告资格为切入点》，《行政与法》2018年第10期。

徐永明：《内蒙古自治区国家重点生态功能区县域生态环境质量考核工作现状与存在问题》，《环境与发展》2014年第Z1期。

许光建、魏嘉希：《我国重点生态功能区产业准入负面清单制度配套财政政策研究》，《中国行政管理》2019年第1期。

严金明、迪力沙提·亚库甫、张东昇：《国土空间规划法的立法逻辑与立法框架》，《资源科学》2019年第9期。

杨柳：《论社区矫正地方立法的权限范围》，《法学杂志》2018年第7期。

杨伟民、袁喜禄、张耕田、董煜、孙玥：《实施主体功能区战略，构建高效、协调、可持续的美好家园——主体功能区战略研究总报告》，《管理世界》2012年第10期。

叶俊荣：《环境立法的两种模式：政策性立法与管制性立法》，《清华法治论衡》2013年第3期。

佚名：《自然生态空间用途管制办法（试行）解读》，《黑龙江国土资源》2017年第4期。

余凌云：《地方立法能力的适度释放——兼论"行政三法"的相关修改》，《清华法学》2019年第2期。

余凌云：《警察权的央地划分》，《法学评论》2019年第4期。

余翔：《对口支援少数民族地区的政策变迁与发展前瞻》，《华北电力大学学报》（社会科学版）2013年第6期。

俞金香：《〈循环经济促进法〉制度设计的问题与出路》，《上海大学学报》（社会科学版）2019年第4期。

俞祺：《重复、细化还是创制：中国地方立法与上位法关系考察》，《政治与法律》2017年第9期。

翟勇：《循环经济与循环经济立法研究》，《上海政法学院学报》2017 年第 6 期。

张诚谦：《论可更新资源的有偿利用》，《农业现代化研究》1987 年第 5 期。

张大伟、徐辉、李高协：《论法律评估——理论、方法和实践》，《甘肃社会科学》2010 年第 5 期。

张冬梅、李茂生、吴凡：《中央对民族地区转移支付和税收返还的效果评价与调整建议》，《西南民族大学学报》（人文社科版）2018 年第 8 期。

张锋：《检察环境公益诉讼之诉前程序研究》，《政治与法律》2018 年第 11 期。

张海鹏：《森林生态效益补偿制度的完善策略》，《重庆社会科学》2018 年第 5 期。

张华、张立：《浅论构建我国自然保护区社区共管模式的法律机制》，《法学杂志》2008 年第 4 期。

张丽君、张斌：《民族地区生态功能区建设》，《黑龙江民族丛刊》2008 年第 1 期。

张林波、虞慧怡等：《生态产品内涵与其价值实现途径》，《农业机械学报》2019 年第 6 期。

张佩芳、王玉朝、曾健：《自然保护区社区共管模式的可持续性研究》，《云南民族大学学报》（哲学社会科学版）2010 年第 1 期。

张淑芳：《地方立法客体的选择条件及基本范畴研究》，《法律科学》2015 年第 1 期。

张万宽、焦燕：《地方政府绩效考核研究——多任务委托代理的视角》，《东岳论丛》2010 年第 5 期。

张伟伟、高锦杰：《碳汇林供给的经济条件分析——兼论政府在碳汇交易机制中的作用》，《东北师大学报》（哲学社会科学版）2019 年第 1 期。

张文显：《法治与国家治理现代化》，《中国法学》2014 年第 4 期。

张小明、赵常兴：《诱导式生态移民的决策过程和决策因素分析》，

《环境科学与管理》2008 年第 5 期。

张小雁：《公共政策的法治化》，《探索》2003 年第 6 期。

张兴、姚震：《新时代自然资源生态产品价值实现机制》，《中国国土资源经济》2020 年第 1 期。

张媛、王靖飞、吴亦红：《生态功能区划与主体功能区划关系》，《河北科技大学学报》2009 年第 1 期。

赵洪发、周春华等：《生态城市建设的理性思考与对策研究——对胶南市生态城市建设的调查与思考》，《青岛行政学院学报》2004 年第 2 期。

赵磊：《新疆维吾尔自治区国家重点生态功能区县域生态环境质量考核工作现状与存在问题》，《干旱环境监测》2017 年第 4 期。

郑少华、孟飞：《生态文明市场调节机制研究——以法律文本的要素量化评估和法律适用评估为视角》，《法商研究》2012 年第 1 期。

郑燕燕、薛达元、郭泺、张渊媛：《中国民族地区主要生态功能区划》，《国土与自然资源研究》2013 年第 6 期。

郑永流：《重识法学：学科矩阵的建构》，《清华法学》2014 年第 6 期。

周飞舟：《政府行为与中国社会发展——社会学的研究发现及范式演变》，《中国社会科学》2019 年第 3 期。

周华坤等：《三江源区生态移民的困境与可持续发展策略》，《中国人口·资源与环境》2010 年第 3 期。

周拉、炬华：《断裂与重建：藏族水库移民社区宗教信仰及民俗文化重建研究——以青海省尖扎县夏藏滩移民安置区为例》，《青海民族研究》2014 年第 3 期。

周黎安：《行政发包制》，《社会》2014 年第 6 期。

周尚君、郭晓雨：《制度竞争视角下的地方立法权扩容》，《法学》2015 年第 11 期。

周云水：《小民族的生计模式变迁与文化适应———人类学视野中的独龙族社会结构变迁分析》，《阿坝师范高等专科学校学报》2009 年第 2 期。

朱伦:《关于民族自治的历史考察与理论思考——为促进现代国家和公民社会条件下的民族政治理性化而作》,《民族研究》2009 年第6 期。

朱未易:《我国地方法治建设的实践、问题及其路径》,《政法论丛》2017 年第 3 期。

左平熙:《〈公共图书馆法〉中读者激励性规范配置研究》,《新世纪图书馆》2019 年第 8 期。

四、论文

程进:《我国生态脆弱民族地区空间冲突及治理机制研——以甘肃省甘南藏族自治州为例》,博士学位论文,华东师范大学,2013 年。

李生:《当代中国生态移民战略研究——以内蒙古草原生态移民为例》,博士学位论文,吉林大学,2012 年。

吕静:《陕南地区生态移民搬迁的成本研究》,博士学位论文,西北大学,2014 年。

彭建军:《少数民族发展权法律保障研究》,博士学位论文,武汉大学,2012 年。

王升云:《少数民族移民的文化变迁与教育发展研究——基于湖北宜城市王台回族村的调查》,博士学位论文,中南民族大学,2012 年。

王晓玲:《主体功能区规划下的财政转型研究——基于区域协调发展的视角》,博士学位论文,天津财经大学,2013 年。

五　外文文献

A. J. Herbert son, "The Major Natural Regions: An Essay in Systematic Geography", The Geographical Journal, Vol. 25, No. 3, May 1905.

A. G. Tansley, "The Use and Abuse of Vegetational Concepts and Terms", Ecology, Vol. 16, No. 3, June 1935.

C. Hart Merriam, Life Zones and Crop Zones of the United Stated, Washington: Gov't Print. Off, 1898.

C. W. Yeatman, "Biogeography of Jack Pine", NRC Research Press Ottawa, Vol. 45, No. 11, Nov. 1967.

Fred Hobma &Willem Wijting, "Land–Use Planning and the Right to

Compensation in the Netherlands", Washington University Global Studies Law Review, Vol. 6, No. 1, Jan. 2007.

Hanina Ben‐Menahem &Yemima Ben‐Menahem, "The Rule of Law: Natural, Human, and Divine", Studies in History and Philosophy of Science, Vol. 81, June 2020.

John R. Nolan, "Zoning and Land Use Planning", Real Estate Law Journal, Vol. 34, No. 3, May 2006.

Michael Heller, "The Tragedy of the Anticommons: Property in the Transition from Marx to Markets", Harvard law review, Vol. 111, No. 3, May.1998.

Paul D. Barker, Jr, "The Chesapeake Bay Preservation Act: The Problem with State Land Regulation of Interstate Resources", William and Mary Law Review, Vol. 31, No. 3, May. 1990.

Rajeev Kumar Jaiswal, J. Krishnamurthy, Saumitra Mukherjee, "Regional Study for Mapping the Natural Resources Prospect & Problem Zones Using Remote Sensing and GIS", Geocarto International, Vol. 20, No. 3, Sep. 2005.

R. H. Coase, "The Problem of Social Cost", the Journal of Law & Economics, Vol. 56, No. 4, Nov. 2013.

Robert G. Bailey, Ecoregions of the United States, Washington: U. S. Government Printing Office, 1976.

Robert Poiriera& David Ostergren, "Evicting People from Nature: Indigenous Land Rights and National Parks in Australia, Russia, and the United States", Natural Resources Journal, Vol. 42, No. 2, Spring 2002.

Ryan K. Danby & D. Scott Slocombe, "Protected Areas and Intergovernmental Cooperation in the ST. Elias Region", Natural Resources Journal, Vol. 42, No. 2, Spring 2002.

Tomas B. Smith, "The Policy Implementation Process", Policy Science, No. 4, 1973.